예비 사회복지사를 위한

자원봉사론

오세영 • 박은아

창지사

머리말

본서를 집필하기로 결정한 이후 자료를 찾다가 우연히 '대한민국 자원봉사대상 사례집'을 보게 되었다. 그 사례집에 나온 어느 수상자의 소감 중 "나, 너. 이렇게 선 긋지 않고 '우리'로 사는 거지. '나'일 때는 극복할 수 없는 게 '우리'일 때는 채워지더라니까."라는 소감이 가슴에 와 스며들었다.

이를 다른 관점으로 해석하면 자원봉사활동은 '우리'라는 것으로 채워야 할 사회문제가 많은 현대 사회에서 시민들의 자발적인 참여를 통해 만들어진 '우리'로 사회문제를 해결하고 복지향상을 도모할 수 있는 방법이라 할 수 있다. 자원봉사활동은 인간의 삶의 질과 가치를 창조하는 활동이자 중요한 사회복지 자원이다. '우리'라는 관점은 작은 관심에서 시작될 수 있다. 이 작은 관심이 결국 산재되어 있는 많은 사회문제들을 해결할 단초가 된다. 이것이 자원봉사가 본질적으로 가지고 있는 힘이라고 생각한다.

2018년 '자원봉사진흥을 위한 제3차 국가기본계획'이 시작되었다. 제3차 국가기본계획은 '성장하는 자원봉사, 함께 가는 대한민국'의 비전을 제시하며, 자원봉사 참여문화 확산과 사회문제 해결형 자원봉사 모델 확산 등을 계획하고 있다. 많은 사람의 작은 관심이 모여 만들어진 다양한 '우리'를 통해 성공적인 자원봉사 성장을 기대한다.

자원봉사활동의 질적인 성장을 위해서는 자원봉사 현장에서 중심 역할을 수행할 우리 학생들의 자원봉사 기초교육이 중요하다. 본서는 미래 자원봉사자를 관리·지도할 학생들을 위한 기초교재로 집필되었다. 총 3부 11장으로 구성되어 15주 대학 강의에 적합하도록 구성하였다. 구성은 11장이나 각 장에서 다루는 주제에 따라 내용 분량의 차이가 있어 중간과 기말 주간을 포함한 15주 안에서 조정하여 진행할 수 있다. 구체적인 내용은 다음과 같다.

먼저, 1부 '**자원봉사 이해하고 시작하기**'는 1장부터 4장까지의 내용을 포함하고 있다. 여기에서는 자원봉사의 이해, 사회복지와 자원봉사의 관계, 자원봉사 활동의 역사, 자원봉사 이론에 대해서 다루었다.

2부 '**자원봉사활동의 실천**'은 5장부터 7장까지의 내용을 포함하고 있다. 여기에서는 자원봉사의 실천방법과 기술, 자원봉사 실천분야 및 실천대상으로 구분하여 기술하였다. 특히 자원봉사 실천분야 및 실천대상은 6장과 7장으로 구분하였고, 6장은 자원봉사를 받는 대상이면서 동시에 자원봉사 제공자로서의 역할을 수행하는 대상 중심, 7장은 주요 자원봉사 실천 주체와 현장 중심으로 서술하였다. 더 이상 자원봉사를 주체와 대상의 이분법적 측면으로만 이해해서는 안 되기 때문에 전체적인 차원에서 통합적인 관점을 가지고 학습하기를 바라는 마음으로 집필하였다.

3부 '**자원봉사관리자를 위한 자원봉사: 체계로 이해하기**'는 8장부터 11장까지의 내용을 포함하고 있고 총 3개 체계(관리체계, 추진체계, 지원체계)를 통해 자원봉사 관리에 대해 이해하도록 서술하였다. 자원봉사의 관리체계를 다룬 8장과 9장은 자원봉사 관리(자)의 개념은 물론 자원봉사 프로그램 개발부터 평가까지 전체적인 관리과정을 다루었다. 10장과 11장은 자원봉사가 실제로 진행될 수 있도록 추진 및 지원하는 조직(기관, 단체 등), 관련법 등에 대해서 서술하였다. 3부가 예비 사회복지사들이 자원봉사 관리를 체계적으로 학습할 수 있도록 구성되었다는 점이 이 책의 주요 특징이라 할 수 있다.

저자들의 고민과 노력을 통해 본서를 출판하게 되었지만 많이 부족하다는 점을 통감한다. 그러나 본서를 통해 자원봉사를 배우게 될 학생들을 생각하며 정성을 다해 집필한 그 마음은 전달되기를 바란다.

끝으로 이 책이 출판되기까지 많은 협조와 수고를 아끼지 않았던 최석영 과장님과 이윤미 편집장님을 비롯한 편집부 직원 여러분께 깊은 감사를 드리고, 이 책의 출판을 허락해 주신 창지사 김기섭 사장님께도 감사드린다.

2019년 8월

저자일동

차 례

PART 1 자원봉사 이해하고 시작하기

PART 2 자원봉사활동의 실천

PART 3 자원봉사관리자를 위한 자원봉사: 체계로 이해하기

V O L U N T E E R I S M

1부

자원봉사 이해하고 시작하기

1장

자원봉사의 이해

1. 자원봉사의 기본 개념

자원봉사의 개념은 국가나 학자의 관점에 따라 다양하게 정의된다. 미국 사회사업사전(Encyclopedia of Social Work, 1977)에서는 자원봉사를 “개인, 집단, 지역사회에서 발생하는 여러 가지 사회문제를 예방하고 통제하며 개선하는 일에 종사하는 공공과 민간의 여러 조직 활동에서 여러 참여활동에 대한 가치에 상응하는 보수 없이 자발적으로 참여하는 개인”으로 정의하고 있다(김영호 외, 2009: 22에서 재인용).

영국의 자원봉사센터는 자원봉사활동을 “자신이나 가족이 아닌 다른 사람을 위해 직접적인 보상 없이, 그리고 국가나 기관에 의해 요구되는 것이 아닌, 자유로운 선택에 의해 수행되는 활동”이라고 정의하고 있어 무보수성과 자발성을 강조하고 있다(류기형 외, 2009: 24에서 재인용).

일본 오사카자원봉사협회(大阪ボランティア協乎會, 1993: 7)에서는 자원봉사를 “자진해서 사회문제 해결을 위해 활동을 지원하는 사람”이라고 정의하였다. 이 정의는 다소 포괄적인 개념 규정이며, 무보수성보다는 자발성을 강조하고 있음을 알 수 있다.

한국사회복지협의회에서는 “자원봉사란 사회문제의 예방 및 해결 또는 국가의 공익사업을 수행하고 있는 공식조직에 자발적으로 참여하여 영리적 보상을 받지 않고서도 인간존중의 정신과 민주주의 원칙에 입각하여 낯선 타인들을 상대로 필요한 서비스를 제공함으로써 사회의 공동선을 고양시킴과 동시에 이타심의 구현을 통해 자기실현을 성취하고자 하는 활동”으로 규정하고 있다.

또한 「자원봉사활동기본법」 제3조(정의)에서는 “자원봉사활동이란 개인 또는 단체가 지역사회·국가 및 인류사회를 위하여 대가 없이 자발적으로 시간과 노력을 제공하는 행위”로 규정하고 있다(송민경, 2018: 503).

1) 자원봉사 관련 유사 용어 정리

그 동안 자원봉사는 유사한 용어들과 혼용되어 왔다. 이에, 자원봉사와 관련하여 유사한 용어들을 정리할 필요가 있다.[1)]

첫째, 사회봉사의 개념이다. 자원봉사와 사회봉사, 이 두 가지 용어는 봉사활동이라는 맥락에서 보면 거의 같은 개념이라고 할 수 있기 때문에 서로 혼용될 수 있다. 또한 물질적·경제적 반대급부를 기대하지 않는다는 점에서도 유사하다. 다만, 자원봉사활동은 봉사활동을 실천하는 사람의 자발성 혹은 무보수성 등의 개인적 주체로서 가지는 의도에 초점이 맞추어진 개념인 반면, 사회봉사활동은 봉사활동을 실행하는 장소나 현장 혹은 대상을 강조하는 개념으로 생각할 수 있다. 사회봉사는 자신의 유익을 벗어난 사회 전반에 초점을 맞춘 봉사활동으로서 자원봉사와는 달리 자발성이 약하거나 혹은 의무감, 강제성이 가미된 의미를 내포하고 있다.

둘째, 'voluntarism'의 개념이다. 'voluntarism'은 어떤 사회에서 자발적으로 행해진 모든 활동의 정신을 총칭하는 용어이다. 가장 광범위하게 쓰이는 일반적인 용어인 'voluntarism'은 종교와 박애주의를 포함한 모든 자발적 민간부문, 즉 민간의 비영리기관이나 단체들의 활동을 포함한다. 그러나 정부의 기관이나 제도는 법에 의해 강제화되고 조세에 의해 운영되기 때문에 여기에 포함되지 않는다.

셋째, 'volunteerism'의 개념이다. 'volunteerism'은 자원봉사자들이 자유의지와 책임을 가지고 행하는 활동과 구체적인 관련이 있는 정신, 철학, 주의 등을 일컫는 개념이다. 비영리조직은 물론 법원, 교도소, 도서관 및 정부기관에서 하는 모든 자원봉사활동이 이 용어에 포함될 수 있다. 그런데 'voluntarism'은 항

---

1) 사회봉사의 개념과 관련해서는 현외성(2011: 43-44)에 근거하고 있고, 나머지 개념들에 관해서는 류기형 외(2009: 25)의 〈표 1-1〉과 김범수 외(2007: 27)의 〈표 1-1〉, 그리고 김동배(2006: 73-75)의 내용을 참조하여 정리하였다.

상 'volunteerism'과 일치하지는 않는다. 즉, 민간의 비영리기관은 'voluntarism'에 의해 운영되고 있지만, 모든 일이 유급직원에 의해 이루어진다면 이는 'volunteerism'과는 아무 관계가 없다고 볼 수 있다.

넷째, 'voluntary action'의 개념이다. 이것은 자신의 의지나 선택에 의한 행위를 말하지만, 자발적으로 참여한 모든 활동을 자원봉사활동이라고 할 수는 없다. 자원봉사는 보통 자원봉사활동(voluntary activity)이라고도 불린다.

다섯째, 'voluntary agency'의 개념이다. 이것은 민간기관 또는 자원기관을 의미하는 것으로 어떤 욕구나 문제를 인식한 개인들에 의해 설립되고 사적 기금으로 형성된 조직체를 말한다. 우리나라에서는 보통 민간단체라고 불린다. 이 조직은 정부의 보조금이나 공공기금을 받는다 해도 정부에 의한 법률에 의해서 설립된 것이 아니므로 'voluntary agency'에 해당된다.

여섯째, 'volunteer association'의 개념이다. 이것은 자원봉사자협회로서 자원봉사자에 의해서 발전되고 자원봉사자로 구성된 회원집단(membership group)을 말한다. 이 단체는 유급직원을 채용할 수 있지만 자원봉사자 스스로 조직체의 중심을 형성한다.

한국 자원봉사의 이념적 틀은 'volunteerism(자원봉사주의)'에 기반하고 있다. 그래서 「자원봉사활동기본법」 제3조(정의)의 정의를 위에서 언급했던 바와 같이 개인 또는 단체가 지역사회·국가 및 인류사회를 위하여 대가 없이 자발적으로 시간과 노력을 제공하는 행위로 규정하고 있다(송민경, 2018: 503).

2) 자원봉사의 목적

자원봉사활동이 추구하고 지향해야 할 목적을 요약해보면 다음과 같다(한국사회복지협의회, 1997).

첫째, 자원봉사활동은 개인 내지 집단으로 하여금 자신들이 가지고 있는 문제를 확인하고 해결하거나 또는 극소화할 수 있도록 도와주는 것이다. 즉, 자원봉사활동은 어디까지나 목적적인 활동으로서 자원봉사자 자신의 선의를 과시하거나 허영심을 만족시키기 위해 행해지는 활동이 아니라, 대상자인 개인이나 집단이 고통받는 문제로부터의 해방을 도와주는 활동이어야 한다.

둘째, 자원봉사활동은 개인, 집단, 그리고 환경 내에 존재하는 잠재력의 영역을 발견하고 확인하는 것이다. 즉, 자원봉사활동은 일방적으로 자체의 능력과 자원을 동원하여 문제를 해결해 주는 활동이 아니며, 도움을 받는 개인 및 집단이 자신의 내부 또는 외적인 환경에 숨겨진 잠재적 자원 내지 능력을 발견할 수 있도록 도와주는 활동이다.

셋째, 자원봉사활동은 단순한 치료적 내지 예방적인 활동을 넘어서 개인, 집단 또는 지역사회가 소유한 잠재력을 극대화시키는 것이다. 즉, 자원봉사활동은 단순히 외적으로 나타나는 문제를 치료하거나 예방하는 데 그치지 않고, 보다 장기적인 안목을 가지고 각 개인, 집단 그리고 지역사회가 최대한의 잠재력을 계발, 강화하여 자체의 힘으로 발전과 번영의 경지에 도달하도록 도와주는 활동이 되어야 한다.

2. 자원봉사의 의의와 필요성

1) 자원봉사활동의 의의

자원봉사활동의 의의는 다양한 측면에서 찾을 수 있다. 예컨대 자원봉사자 측면, 자원봉사자 활용기관 측면, 사회복지적 측면, 국가·사회적인 측면으로 구분하여 살펴보면 다음과 같다(류기형 외, 2016: 32-35).

첫째, 자원봉사자 측면에서의 의의를 살펴보면, 자원봉사활동을 통해 자신의 잠재력을 발견할 수 있으며 일에 대한 성취감을 통해 자신감, 긍정적인 자아상을 확립할 수 있고, 인간의 존엄성과 사회적 연대감, 공동체 의식도 키우게 된다. 뿐만 아니라 자원봉사활동을 통해 자신의 행동에 책임을 지고 전체 집단의 이익을 위해 자신을 양보하고 집단 성원들과 의견을 조정하고 타협하는 과정에서 문제해결 능력을 고양하게 된다.

둘째, 자원봉사 활용기관 측면에서의 의의를 살펴보면, 자원봉사를 잘 활용하게 되면 업무의 질적 향상을 도모할 수 있고, 새로운 서비스를 확대시킬 수 있으며, 유급직원을 보완할 수 있다. 그리고 대부분의 자원봉사자가 근린지역에 살기 때문에 지역사회 접근이 용이하고 기관의 좋은 지지자가 될 수 있으며 운영비를 절약할 수 있다.

셋째, 사회복지적 측면에서 보면, 자원봉사활동은 사회복지제도의 재정과 인력 부족에 따른 복지제도의 불안전성을 보완, 강화하며 자원이 부족한 공적·민간 복지기관의 인력을 보충해준다. 그리고 자원봉사활동은 사회복지 전달체계의 공·사 역할을 분담하여 협동하는 데 자원봉사활동의 의의를 찾을 수 있고, 자원봉사활동을 통해 지역사회문제, 사회복지에 대한 이해를 하도록 전 국민을 대상으로 하는 민주·복지교육 및 훈련의 장을 제공함으로써 사회복지에 대한 저변확대에 기여한다.

넷째, 국가·사회적인 측면에서 의의를 살펴보면, 복지사회의 실현을 위한 공·사 협력관계를 구축할 수 있고, 사회통합의 촉진에 이바지하며, 유휴자원(퇴직자, 노인 등)을 활용함으로써 인적 자원을 효과적으로 이용할 수 있을 뿐만 아니라 재원을 효율적으로 사용할 수 있다.

2) 자원봉사활동의 필요성

자원봉사활동은 자원봉사자가 존재하는 것만으로는 성립되지 않는다. 한편으로 사람들이 가지고 있는 사회적 욕구(social needs)의 존재가 전제된다. 역으로 사회적 욕구가 존재하는 것만으로도 자원봉사활동은 성립하지 않는다. 자원봉사활동은 사회적 욕구와 자원봉사자가 만남으로써 비로소 성립된다고 할 수 있다.

즉, 자원봉사활동은 사회적 욕구와 자원봉사자 간의 사회적인 응답관계인 것이다(大阪ボランティア協會, 1993: 14).

그렇다면 자원봉사활동이 현대사회에 필요하게 된 배경은 무엇인가? 그것은 공급자 측면과 수요자 측면에서 살펴볼 수 있다(大阪ボランティア協會, 1993: 14-24).

공급자 측면에서 자원봉사활동이 필요하게 된 배경을 보면 다음과 같다.

첫째, 사람들의 여가시간이 증대되면서 많은 사람들이 자원봉사활동에 참여하게 되었다.

둘째, 다양한 사회변화와 더불어 소외감, 주체성의 상실감에 따른 삶의 불안이 증대하여 사람들 간의 교류를 통한 심리적 충족감을 얻고자 하는 경향이 많아졌다.

셋째, 각종 사회문제에 대한 문제의식이 높아지면서 자원봉사활동에 참가하게 되었다.

수요자 측면에서 자원봉사활동이 필요하게 된 배경을 보면 다음과 같다.

첫째, 가족 내의 노인, 아동, 장애인 등에 대한 케어 및 보육능력의 감소 등 가족기능의 약화로 인해 발생하고 있는 욕구(예컨대, 보육, 케어, 외출서비스, 인간적 교류 등)가 증대되었다는 점을 배경으로 들 수 있다.

둘째, 복지욕구의 증가를 배경으로 시설의 증대, 복지전문직의 배치, 연금급여 등 이른바 공적·제도적 서비스가 증대되고 있지만, 이러한 대응만으로는 한계가 있기 때문에 공적 서비스를 보완하거나 공적 서비스와 협력해 새로운 서비스를 창출하는 데 민간인들의 참여가 절실히 요구되었다.

셋째, 통합화, 노멀라이제이션, 탈시설화 등과 같은 복지관의 대두를 들 수 있다. 이것은 장애인 운동의 고양을 토대로 제기되고 있는 복지사상, 교육사상이다. 통합화는 장애인을 비장애인과 분리하거나 지역사회로부터 격리시키지 않고 지역사회 내에서 다양한 사람들과 같이 배우고 같이 일하고 같이 생활할 수 있도록 하자는 것이다. 노멀라이제이션은 주택, 교통, 시설 등의 환경 면에서 장애를 제거하고 장애인이나 노인 등이 지역사회 안에서 일반 사람들과 똑같이 생활할 수 있도록 하자는 것이다. 이러한 새로운 복지관이 대두되면서 기본적인 인권문제는 일상적인 생활상의 가치나 의식의 문제로서 받아들여졌고, 이것은 당사자들뿐만 아니라 복지운동의 대변자, 협력자로서의 자원봉사자의 존재의의를 지니게 되었다.

넷째, 지역사회에 대한 관심이 증가하면서 지역사회 만들기의 담당자 또는 방법으로서 자원봉사활동이 주목되었고 기대되고 있다는 점이다. 지역사회 만들기의 주체는 어디까지나 주민이며, 그 목표는 공동적·연대적 지역사회이다. 자원봉사는 지역사회 만들기의 핵심이 되고 있다.

다섯째, 자원봉사활동 그 자체가 지니고 있는 교육성과에 대한 관심이다. 자원봉사활동을 통해서 인간의 존엄성을 배우고 자기발견, 사회복지나 지방자치에 대한 이해를 고양할 수 있으며 일반 시민으로서의 주체적 역량을 형성할 수 있는 것이다. 그런 의미에서 학교교육이나 사회교육의 측면에서도 자원봉사활동에 대해서 경험교육, 사회교육, 민주주의 교육, 복지교육 등의 인간 형성의 역할기대가 높아졌다.

3. 자원봉사의 특성과 기능

1) 자원봉사의 특성

(1) 자발성

자원봉사의 제1의 조건은 자발성이다. 자발성은 자원봉사활동이 타인의 강요나 억압에 의해 행해지는 것이 아니라 타인을 돕고자 하는 자신의 자발적인 의지와 선택에 의해 이루어져야 한다는 것을 의미한다.

자발성은 타인의 어려움이나 사회문제를 자신의 문제로 받아들여 개개인 자신이 생각해서 스스로 결정하고 행동한다는 측면에서 자원봉사의 생명과도 같다. 좋은 일은 누구나가 생각할 수 있지만, 자발적으로 행동하지 않는다면 의미가 없다. 중요한 것은 자발적으로 먼저 행동하는 것이다. 이러한 자발성은 개인의 품성이나 의지에만 기대서는 안 된다. 자원봉사활동에 대한 교육을 통해 확보될 수 있다. 자원봉사론 시간에 학생들에게 자원봉사 실천을 권장하는 이유도 여기에 있다.

(2) 공공성

공공성은 자발성에 이은 제2의 자원봉사의 조건으로서 자원봉사활동은 자신의 유익을 추구하는 것이 아니라 사회 전체의 복지향상에 기여하고 사회 전반의 삶의 질을 향상시키는 활동으로서의 성격을 지닌다.

따라서 자원봉사활동은 개인의 자아실현뿐만 아니라 지역주민이나 욕구를 지닌 사람들의 복지향상과 관련되어야 한다. 자원봉사활동은 자신의 이익이나 일시적 감정으로서가 아니라 이웃과 더불어 책임감을 갖고 인간 복지향상을 위해 활동한다. 복지성은 자원봉사활동을 통하여 궁극적으로 추구해야 할 목표적 요소이다.

(3) 무보수성

무보수성은 자신의 활동에 대해 보수나 이익을 얻는 것을 목적으로 하지 않는 것을 말한다. 이것은 개인의 경제적 및 물질적 이득을 배제하는 것이지만, 자신이 행한 서비스에 대한 여러 형태의 심리적 및 사회적 보상은 권장되어야 한다는 것이 일반적이다.

최근에 와서는 자원봉사활동에 쓰인 최소한의 경비나 수당은 받을 수 있다는 여론이 많다. 일본에서는 약간의 비용을 지불하는 자원봉사자를 지칭하여 '아르바이트' + '볼런티어' = '아르바이티어(arbeiteer)'란 용어가 쓰이고 있기도 하다.

(4) 기타 특성

① 조직성: 자원봉사활동이 개인의 의지나 선택에 의해 이루어진 행위 즉, 모든 자발적 행동이 자원봉사활동이라고 할 수는 없다. 자발적 행동이 자원봉사로 정의되기 위해서는 조직성을 담보해야 한다. 자원봉사의 조직성이란 서비스의 효과와 효율을 증대시키기 위해 자원봉사자를 모집하여 활동에 필요한 내용을 교육한 후 그들을 적재적소에 배치해서 활동하게 하며, 적절한 보상체계를 마련하는 등 조직적이고 체계적인 일련의 활동을 말한다.

② 지속성: 자발적 행동이 조직적으로 이루어지지 않는다면 자원봉사라고 할 수 없듯이 마찬가지로 지속적으로 이루어지지 않는다면 자원봉사로서의 의미가 퇴색된다고 할 수 있다. 자원봉사활동이 자발적으로 시작되었다 하더라도 일단 활동이 시작되면 일방적으로 끝나서는 곤란하다. 자원봉사활동은 혼자서만 하는 활동이 결코 아니다. 자원봉사활동은 사회적인 욕구와 자원봉사자 간의 사회적인 응답관계이며, 자원봉사자, 봉사대상자, 코디네이터 등 여러 사람이 함께 수행하는 체계적인 활동이다. 또한 자원봉사활동은 근본적으로 시간적 과정이 중요한 활동이다.

③ 이타성: 자원봉사활동의 중요한 특성 중의 하나인 이타성 또는 이타주의(altruism)는 자신의 이익이나 목적보다는 타인의 이익이나 목적을 먼저 생각하고 배려하며 존중하는 정신을 말한다. 자원봉사활동은 이러한 이타주의적 정신에서 비롯된다. 물론 절대적인 이타성을 갖는 것은 불가능하지만 자원봉사활동을 통해서 이타성이 생길 수도 있기 때문에 적절한 훈련과 교육이 필요하다.

④ 교육성: 자원봉사활동에 참가하는 것은 체험학습을 통한 복지교육 및 민주시민교육의 효과를 가져온다. 자원봉사활동을 계획하고 실천하는 과정에서

자원봉사자 자신도 많은 것을 배우고 느끼게 되는 교육적 효과가 크다(김혜영 외, 2018: 16-17).

2) 자원봉사의 기능

자원봉사는 다음과 같은 기능을 지니고 있다(최덕경 외, 2006: 32-33).

① 예방적 기능: 사회에서 일어나는 수많은 병리현상에 따른 청소년문제, 노인문제, 빈곤문제 등과 같은 사회문제의 발생을 미연에 방지하는 기능을 갖는다.

② 치료적 기능: 이미 발생된 사회문제를 사후에 해결하고 수습하는 기능으로 예방적 기능에 비해 더 많은 사회적 비용을 필요로 하기 때문에 자원의 효율성과 효과성을 증대를 위해서는 사전적 예방기능에 치중하는 것이 필요하다.

③ 교육적 기능: 아동과 청소년들이 사회현장의 생생한 사회경험을 통하여 민주시민으로서의 책임감을 갖춘 자주적이고 독립적인 인격체로 성장하고 성숙할 수 있도록 한다.

④ 발전적 기능: 자원봉사는 사회의 부족한 인적·물적 자원을 채워줌으로써 국가와 사회의 발전, 사회복지 분야와 개인적 발전을 증대시키는데, 이는 사회 전체의 조화롭고 균형 잡힌 발전을 가능케 하고 보다 선진화된 복지사회로의 발돋움을 가능케 한다.

4. 현대 사회에서의 자원봉사 가치

현대 사회가 급변하면서 복잡해짐에 따라 다양한 사회문제가 발생하였고, 정부만으로는 발생하는 사회문제를 감당하기에 한계가 있어 자발적이고 적극적인 시민들의 참여를 통한 문제해결 움직임이 확대되었다. 즉, 현대 사회에서 자원봉사는 우리 사회의 문제를 해결하고 공동체 의식을 고양함으로써 자원봉사자의 자기실현 및 공익증진에 기여할 수 있는 사회적 상호작용의 과정이 되었다(이용환 외, 2013: 4).

그러나 자원봉사가 무엇이고 자원봉사가 왜 필요한지, 자원봉사의 가치와 의미에 대해 올바른 이해 없이 자원봉사에 참여하는 사람들은 지속적인 자원봉사 참여로 연결되지 않을 수 있다. 자원봉사의 가치에 대한 기본적인 교육을 처음에 참여하는 신규 자원봉사자뿐만 아니라 기존 자원봉사자들의 재교육 시에도 지속적으로 시행할 필요가 있다. 이는 자원봉사 가치의 올바른 이해가 지속적인 자원봉사활동에 동기 부여를 할 수 있기 때문이다(이용환 외, 2013: 43).

한편, 자원봉사의 가치는 자원봉사자가 봉사활동을 통하여 자신의 성취감과 보람을 느끼게 하고, 개인의 성취감과 보람은 더불어 살아가는 공동체 의식을 강화시켜 지역사회를 긍정적으로 변화시킨다. 이에, 자원봉사활동의 가치를 개인적 가치와 사회적 가치로 살펴보면 다음과 같다(박용순 외, 2015: 24-28; 유용식 외, 2016: 82-87).

① 자원봉사활동의 개인적 가치

- 봉사자의 기술과 지식을 나누어 줌으로써 보람과 가치를 느낀다.
- 봉사자 자신의 자존감과 정신건강에 도움을 준다.
- 봉사자 자신과 가족에 대한 애정이 강해진다.
- 봉사자 스스로가 자신감과 성취감을 맛보도록 한다.
- 인격적 성숙과 발전을 가져온다.
- 인간관계를 원만하게 개선할 수 있게 한다.
- 일상생활에서 즐겁고 안정된 생활을 하게 한다.

② 자원봉사활동의 사회적 가치

- 국가나 지방조직의 행정에 대해 보충하는 역할을 한다.
- 공동체적 사회의식과 참여의식을 높인다.
- 복지국가다운 사회로의 형성과 발전을 가져온다.
- 사회구성원들로 하여금 소속감과 안정감을 갖게 한다.
- 유휴자원을 효과적으로 활용함으로써 사회와 개인의 발전에 기여한다.
- 냉소적 이기주의를 온정적 이타주의 사회로 변화하게 한다.

2장

사회복지와 자원봉사

1. 사회복지와 자원봉사의 관계

1) 사회복지의 개념

사회복지의 개념은 학자에 따라 다양하게 정의된다. 예를 들어, 프리들랜더와 앱트(Friedlander & Apte, 1980: 4)는 "사회복지란 국민의 복지와 사회질서 유지에 반드시 필요한 사회적 욕구(social needs)를 충족시키기 위한 제반 시책으로 입법, 프로그램, 급여와 서비스를 포함한다."라고 정의한다. 던햄(Dunham, 1970: 14-20)은 사회복지를 "인구의 일부 또는 전체의 경제적 조건, 건강 또는 대인적 경쟁을 개선하고 유지함으로써 사회적 복지를 추진하려는 조직적인 활동"이라고 정의하였다. 존슨(Johnson, 1983: 10-11)은 "사회복지란 사회제도나 체계 간의 조직적인 활동으로서 인간의 복지를 유지하거나 개선하는 데 목적을 두고 있으며, 사회사업을 포함한 많은 전문직을 포함하는 개념"이라고 정의하였다. 자스트로(Zastrow, 2006: 4-5)는 "사회복지란 사회구성원의 사회적 기능향상과 각자가 지닌 사회적, 재정적, 건강 및 여가 욕구 충족을 위한 사회제도로서 사회문제를 예방하고 완화하거나 또는 문제해결에 기여함으로써 개인, 집단, 가족, 조직 및 지역사회의 복지를 직접적으로 향상시키는 것을 목적으로 하고 있다."고 정의하였다. 미국사회복지사협회(NASW)에서는 사회복지를 "사회의 유지에 기본적인 사회적, 경제적, 교육적 및 보건의료적 욕구를 충족시키려는 사람을 돕는 프로그램, 급여 및 서비스에 관한 국가의 체계"라고 정의하고 있다.

이와 같이 사회복지의 개념은 다양하게 정의되는데, 이들 정의에 근거해서 사회복지를 "인간의 기본적인 사회적 욕구를 충족시키고 사회문제를 해결하기 위한 모든 제도와 실천"으로 정의할 수 있다.

사회복지는 인간이 지닌 욕구를 충족시키기 위해 존재한다. 욕구(need)는 어떠한 목적을 위해 필요하거나 필수적인 것이 결여 내지 결핍된 상태를 충족시키기 위하여 필요로 하거나 원하는 상태 또는 상황을 의미한다.

사회복지의 존재 이유가 인간의 욕구충족에 있다고는 하나 인간에게 충족되어야 할 욕구의 내용을 모두 충족시키기란 불가능한 일이다. 개인의 기본 욕구를 해결함에 있어 개인들만의 힘으로는 역부족이기 때문에 사회복지라는 용어가 등장하게 되는데, 사회복지의 일차적 표적이 바로 사회적 욕구이다.

사회적 욕구(social need)란 사회적 위험(social risk)으로 인해 개인의 욕구를 충족시키지 못하는 구성원이 발생했을 때 그들이 당면하고 있는 사회적 위험을 사회가 공동으로 대처하려는 욕구를 말한다. 따라서 사회적 욕구는 기본적 욕구들 중에서 사회적 위험과의 관련성이 높은 욕구를 지칭하는 것이다. 사회적 욕구는 욕구가 충족되지 않은 원인이 사회구조적인데 있기 때문에 욕구 충족의 책임을 개인에게 물을 수 없으며, 사회적 위험을 야기한 가해자를 쉽게 찾아낼 수 없기 때문에 사회가 공동으로 해결할 수밖에 없다는 의미를 함축하고 있다(한국사회복지협의회, 1992: 16).

그러나 개개인의 욕구를 어느 정도까지 사회적으로 인정해서 해결해 주는 것이 적절하고 타당한가 하는 것은 해당 사회의 경제적, 정치적, 이데올로기적 상황에 따라 다를 수밖에 없다.

2) 사회복지와 자원봉사의 관계

사회복지와 자원봉사활동과의 관계를 살펴봄으로써 자원봉사 활동에 대해 명확한 개념과 방향성을 확인할 수 있다. 사회복지와 자원봉사와의 관계는 다음과 같이 정리할 수 있다(박차상, 2014: 78-79에서 일부 재인용).

첫째, 사회복지의 역사적인 측면에서 자원봉사활동이 사회복지 대상자에게 서비스를 제공하는 과정에서 이루어졌다. 즉, 사회복지활동의 원시적인 모습이 자원봉사활동으로 이루어진 것이다.

둘째, 복지국가의 위기 상황 속에서 국가 복지정책의 보완책으로 등장한 것이 바로 자원봉사활동이다. 1970년대 중동전쟁과 오일쇼크는 복지국가의 위기를 초래하였다. 이러한 복지국가의 위기 속에서 자원봉사활동으로 사회복지 수요를 충족하는 사례가 증가하였다.

셋째, 자원봉사활동의 주된 영역이 사회복지 영역에 해당한다. 최근에 자원봉사활동 영역이 정치, 경제, 환경, 문화, 국제 활동 등으로 다양하게 확산되어 가고 있지만, 여전히 많은 자원봉사활동 영역이 주로 사회복지 분야에서 이루어지고 있다. 따라서 사회복지와 자원봉사는 매우 밀접한 관계가 있다.

2. 사회복지자원과 자원봉사

1) 사회복지자원의 특징과 범위

(1) 사회복지자원의 정의

사회복지자원이란 사회적 욕구를 충족시키고 사회적 위험에 대비하며 사회문제를 해결하기 위해 필요한 유·무형의 서비스와 물질적 요소를 총칭하는 개념이다. 사회적 욕구를 해결하기 위해서는 자원(resources)이 필요하다. 사전적 의미에서 자원이란 인간의 생존을 위한 의식주를 비롯하여 경제적 생산을 위한 원료와 에너지 등 자연에 의해 주어져 인간을 활동케 하는 요소를 의미한다. 이는 인간의 삶을 정상적으로 영위하는 데 필수적인 물질적, 정신적, 환경적, 사회적, 인적 자원이 자원을 모두 포괄하는 개념이다(박세경 외, 2010: 21).

일반적으로 사회복지자원이라 함은 사회복지 대상자인 개인, 가족, 공동체 구성원 그리고 국민 전체의 사회적 욕구를 충족시키거나 그들이 당면한 문제를 해결해 주기 위한 수단을 의미한다. 자원을 구분하는 방법은 다양하다. 유형 자원과 무형 자원, 혹은 인적 자원과 물적 자원 등과 같이 형태에 따라 구분할 수도 있고, 공공 자원과 민간 자원처럼 공급자가 속한 조직의 성격에 따라 구분할 수도 있다(김상균 외, 2009: 138).

(2) 사회복지 자원의 특징

사회복지자원은 다음과 같은 특징을 지닌다(김교성 외, 2006: 26).

첫째, 가치재로서 인간에게 효용을 제공할 때 자원으로서의 의미를 갖는다.

둘째, 사회복지자원은 제한되어 있다.

셋째, 인간의 사회적 욕구를 해결하기 위한 요소이다.

넷째, 사회적 관계 속에서 자원으로서의 의미를 부여받는다. 예를 들면 한 인간의 욕구를 해결하기 위해 다른 사람의 도움을 받음으로써 인적 자원의 효용가치를 부여받는다.

사회복지자원은 기본적으로 'A는 (Y를 위해) X를 필요로 한다. A need X(for you)'라는 논리식을 통해서 인식되기도 한다. 여기서 A는 욕구를 가진 주체이고, X는 욕구의 대상이자 욕구충족의 수단이며, Y는 이러한 사건이 발생하는 목적을 의미한다.

그러나 이와 같은 인식법은 사회복지자원이 이념형(ideal type)의 사회복지라는 틀 속에서 개념화된 것에 불과하기 때문에 현실에서 설명력을 갖기 어렵고, 사회복지자원을 이해하는 데에는 유용하지 않다는 지적(김교성 외, 2006: 31-34)도 주목할 만하다. 예컨대, 현실에서 모든 인간의 욕구를 충족시킬 정도로 자원은 충분하지 않기 때문에 한편으로는 자원분배에 관한 일정한 기준을 마련하려고 하며 다른 한편으로는 새로운 자원을 개발하려고 한다. 또한 개인의 욕구보다는 공급자의 의도와 목적이 더 중요하게 취급되는 것이 현실이다. 왜냐하면 어떤 욕구에 대해, 얼마만큼의 자원을, 어떻게 제공할 것인가에 관한 기준과 권한의 대부분을 공급자가 갖고 있기 때문이다. 따라서 사회복지자원에 대한 이해를 더하기 위해서는 이념형의 사회복지에 기반하되 현실형(real type)의 사회복지에 맞는 새로운 틀(예: 공급주체는 욕구주체가 욕구충족을 위해 자원을 제공한다)이 필요하다는 것이다. 목적으로서의 욕구충족을 중요시하되 자원분배의 효과성이 그 목적의 실현가능성을 제한하는 현실을 인정하지 않을 수 없기 때문이다.

(3) 사회복지자원의 범위

이러한 문제의식을 바탕으로 사회적으로 승인된 욕구를 충족시키는 데 동원되는 사회복지자원의 범위가 어떻게 결정되는지를 살펴보면 다음의 세 가지로 정리된다(김교성 외, 2006: 34-35).

첫째, 자원의 범위는 욕구에 대한 사회적 승인에 의하여 결정된다. 사회적으로 승인된 욕구의 목록을 욕구범주(needs category)라고 할 수 있는데, 가장 적절한 예는 베버리지보고서이다. 보고서는 '요람에서 무덤까지'와 같은 욕구에 대한 인식과 그것을 구체화하여 어떤 욕구에 대응하여 어떤 자원을 공급할 것인가에 관한 욕구 대비 자원목록-흔히, 제도 또는 프로그램이 잘 나타나 있다. 공급주체의 입장에서 볼 때 욕구범주는 동원해야 할 자원의 특성과 범위를 파악하는 데 있어서 유용한 개념이다.

둘째, 자원의 범위는 공급주체에 의하여 결정된다. 좀 더 구체적으로 말하자면 공급 주체가 우선시하는 가치 또는 목적에 따라 자원의 특성과 범위가 결정된다. 공급 주체는 욕구의 확인, 제한된 자원, 욕구해결의 실현가능성에 기반한 욕구범주를 설정함으로써 어떤 욕구를 사회적으로 승인한다. 이 과정에서 공급 주체는 욕구범주를 충족시킬 수 있는 자원을 확인해야 한다. 필요에 따라서 자원을 추가적으로 개발해야 하는 경우도 있고, 가용한 자원 중에서 사회적 여건에 따라 더 이상 자원으로 이용할 수 없는 경우도 발생한다.

셋째, 환경변화는 자원의 범위에 영향을 미친다. 공급주체가 우선순위를 정하는 데 있어서 고려해야 할 사회적, 경제적, 정치적 요인과 다르게 인구학적 변동과 같은 환경변화는 자원의 범위를 정하는 데 있어서 지속적인 요인으로 작용한다.

(4) 사회복지자원 체계

사회복지자원체계란 사회복지자원이 인간의 욕구를 해결하기 위한 일련의 과정으로서의 구조를 의미한다. 사회복지자원체계는 제한된 자원을 분배하기 위한 공급주체, 욕구를 가진 대상, 전달체계, 재원 등의 하위단위를 구성한다(김교성 외, 2006: 28-30).

첫째, 자원의 공급 주체는 국가(공공), 시장(기업), 사적(민간), 제3섹터, 가족, 종교단체 등으로 구분할 수 있다. 주체에 따라 사회복지자원의 성격과 의도된 목적, 자원의 형태 등은 서로 상이하지만, 궁극적으로 대상자의 사회적 욕구를 해결하고자 하는 사회 통합적 차원의 목적을 수행하는 것은 동일하다.

둘째, 대상은 사회적 욕구를 지닌 개인을 의미한다. 물론 개인은 환경의 영향을 받기 때문에 개인과 환경 모두를 포함한다. 대상의 선정 기준은 크게 보편주의(universalism)와 선택주의(selectivism)로 구분된다.

셋째, 전달체계는 기관, 조직, 인력, 운영(재정)의 총체적 구성을 의미한다. 국가의 경우 법적 제도하에서 사회복지자원을 대상자에게 제공할 수 있도록 기관운영 또는 재정지원, 그리고 관리감독 등의 형태로 이루어진다. 민간, 제3섹터의 경우는 대상자에게 직접 전달되는 방법이나 사회복지기관을 통해서 전달된다. 기업, 종교단체의 경우는 사회복지관련 기관을 직접 운영하거나 공공복지기관을 통해서 전달되기도 한다.

넷째, 재원은 다른 자원의 활용을 가능케 하는 요인으로 매우 중요한 자원이다. 재원은 형태에 따라 현금, 현물(서비스 물품), 바우처 등으로 구분된다.

2) 민간 사회복지자원으로서의 자원봉사

(1) 민간사회복지란?

① 민간사회복지의 정의

존슨(Johnson, 1981)은 다양한 민간사회복지(voluntary social services)의 정의들을 검토한 후, 민간복지조직의 정의를 다음과 같이 내리고 있다(박광준, 2002: 153에서 재인용).

첫째, 조직이 정부가 아닌 자발적으로 모인 사람들의 집단에 의해서 구성된다.

둘째, 조직은 자주적으로 운영되고 조직의 규약이나 정책을 스스로 결정한다. 활동의 내용, 제공되는 서비스, 채택해야 할 방법 등을 결정하는 것은 조직의 구성원이다.

셋째, 조직의 자금 중 적어도 일부는 민간의 재원으로 조달되어야 한다.

넷째, 조직의 목적은 비영리적인 것이어야 한다. 주목적이 이윤을 추구하는 조직은 여기에 포함되지 않는다.

이 정의에 의하면 이러한 조직에 의해 조직적으로 행해지는 복지활동이 민간사회복지활동이라고 할 수 있을 것이다.

② 민간사회복지자원의 개념과 특성

민간사회복지자원이란 "민간부문의 사회복지자원으로 사회적 욕구의 충족, 사회적 위험의 대비, 그리고 사회문제의 해결을 위해 필요한 유·무형의 서비스와 물질적 요소로서 개인, 기업, 기관으로부터 받는 자원, 또는 조직이 서비스를 통해 직접 확보하는 자원"(박세경 외, 2010: 22)을 말한다.

민간사회복지자원은 개인으로부터 단체, 시설, 기관 그리고 시장, 기업 등이 제공하는 기부, 모금, 기업 사회공헌, 자원봉사, 사적이전, 이용료 등 다양한 유형을 포함하며, 현금 또는 현물형태의 방식으로 제공되는 특성을 가진다. 이러한 자원은 정부가 법이나 제도로 정해놓은 기준에 따라 자격을 취득한 수혜자들에게 보편적으로 분배되는 것이 아니라 특정 지역에 거주하거나 특정 기관과 일정한 관계를 맺고 있는 대상자들에게 제공된다. 예를 들어 모금은 자발적으로 개별 주체들에 의해 이루어지고, 그 활용은 특정 목적에 따라 지정된 지역에서 이루어지는 특성을 가지고 있다(박세경 외, 2010: 24).

③ 민간사회복지의 판단기준

민간사회복지의 판단 기준은 다음의 두 가지 요소에 의해 규정될 수 있다(박광준, 2002).

첫째, 복지 제공의 주체가 민간조직이기는 하지만 그 조직에서 제공하고자 하는 다양한 구제의 대상자를 선정하기 위한 일정한 기준을 가지고 있느냐 아니냐 하는 점을 고려해야 한다는 것이다. 어떤 활동이 사회복지활동인가 아닌가의 중요한 판단기준 중의 하나가 대상자 선정을 어떻게 하는가이기 때문이다.

둘째, 민간사회복지라는 개념이 현대에 있어서 공공사회복지에 대비되어 사용되고 있다는 사실과 관련된다. 즉, 민간사회복지는 공공사회복지의 하나의 파트너로서의 기능을 수행할 때 그 의의가 있는 것이다. 그러므로 민간사회복지의 근원을 파악하기 위한 노력들은 그 활동들이 당시의 공공복지활동과 어떤 관계 속에서 행해졌으며, 공공복지와 어떤 형태로 기능과 역할을 분담하고 있었는가를 고려하면서 행해져야 한다는 것이다.

(2) 민간사회복지자원과 자원봉사

① 민간사회복지자원으로서의 의미

자원봉사활동이 사회복지 분야에서 민간사회복지자원으로서 갖는 의미는 다음과 같이 설명된다(박세경 외, 2010: 36-37).

첫째, 복지국가의 위기로 국가가 공공서비스를 독점적으로 생산하고 공급하던 체계가 한계에 이르고 있기 때문에 이를 극복하기 위해서는 공공서비스의 주체를 다원화해야 한다는 것이다. 다원화의 핵심은 공공재 생산 및 공급에 있어서 민간의 참여확대로 곧 자원봉사자의 참여확대를 말한다. 자원봉사활동은 복지국가의 위기를 극복하고 동시에 새로운 욕구에 대응하는 중요한 사회적 자본으로 인정되고 있다는 것이다.

둘째, 자원봉사는 사회복지의 최대 인적 자원을 제공하며 막대한 자원을 대체한다는 것이다. 또한 참여자에 대한 최소한의 훈련으로 사회복지의 제 분야에서 다양하고 효과적인 서비스를 제공할 수 있다는 것이다. 그리고 자원봉사자는 자원이 부족한 공공 및 민간복지기관의 인력을 보충해 준다.

셋째, 자원봉사자는 보조자로서의 역할을 넘어 전문적 프로그램 운영을 담당함으로써 기관 서비스의 질 향상에 기여할 수 있다는 것이다. 최근 전문적 혹은 특수한 기술이나 재능을 가진 자원봉사자들이 증가하고 있고, 전문자원봉사 프로그램 개발이 강조되면서 일상적 도움의 제공이나 프로그램 보조보다는 기관의 주요 사업 중 하나의 프로그램이 자원봉사자들에 의해 운영된다는 것이다. 또한 자원봉사자는 노력과 시간뿐 아니라 물질적 기부의 자원으로 연결된다는 것이다. 특히 기업 자원봉사는 임직원의 모금을 통한 기부와 봉사활동을 동시에 제공하는 경우가 많아서 이는 사회복지기관에게는 인적 자원뿐만 아니라 물적 자원에서도 중요한 기여를 하고 있다.

② 민간사회복지자원으로서의 제3섹터

일반적으로 사회복지 공급체계는 크게 공공부문(public sector), 민간부문(civilian sector)으로 구성된다(김상균 외, 2009: 276-277). 이것은 공급자의 공공성과 사회복지 재원의 공공성 여부에 따른 분류인데, 때로는 공적 부문(public sector)과 사적 부문(private sector)이라는 말로 표현되기도 한다.

공공부문은 정부와 지방자치단체에 의해 이루어지는 서비스 영역이다. 따라서 그 운영재원이 국가 또는 지방자치단체의 조세(일반조세, 목적세 또는 사회보험료)로 충당된다. 공공부문에 해당하는 서비스의 예는 국민연금, 국민건강보험, 고용보험, 산업재해보상보험과 같은 공적 사회보험서비스, 국민기초생활보장과 같은 공공부조 서비스, 아동, 노인 또는 장애인을 입주시켜 보호하는 국공립 시설보호서비스, 시립아동상담소 같은 공공 상담기관 등이다. 이른바 법률에 의해 정부가 제공하는 서비스(statutory services)가 공공서비스에 해당된다.

한편, 민간부문의 특성은 공급자나 민간단체나 법인이고, 서비스 재원도 대부분 지역사회나 공동체 개인, 가족, 사회단체 및 기업 등에서 조달된다는 것이다. 즉, 민간부문 재원은 민간의 자발적 기부금이라 할 수 있다. 그러나 재원 면에서 보면 전적으로 민간재원으로 충당하는 경우도 있고, 민간재원 외에 부분적으로 정부의 재정지원을 받는 경우도 상당히 많다. 민간부문 사회복지서비스 수급자는 일정한 요건을 갖추어야 하는 경우도 있지만, 공공부문에서와같이 수급자격 규정이 엄격히 적용되지는 않는다.

민간부문은 영리성에 따라 다시 세분화된다. 즉, 공공부문을 제1부문(first sector)으로 한다면 민간부문은 영리추구의 상업 활동 부문(제2부문: second sector)과 비영리 자발적 단체의 활동부문(제3부문: third sector)으로 구분된다. 비영리 자발적 단체의 활동부문은 비영리조직의 활동부문을 의미하는 것으로 제3섹터로 불린다. 제3섹터란 자원봉사 부문을 비롯하여 민간비영리단체, 이웃, 가족을 포함한 사회부문을 일컫는다. 이 중에서 가족이나 이웃은 비공식적인 섹터로서 개별적으로 유형화되는 경우도 있다. 또한 비영리단체(NPO)와 비정부조직(NGO)은 실제로 중복되는 개념이지만 전자가 영리활동을 목적으로 하지 않는 것을 강조하는 것에 비해, 후자는 정부활동과는 구분을 하고자 하는 것이 강조된다.

그렇다면 제3섹터는 왜 존재하는가? 그 이유는 다음에서 설명하는 두 이론에서 보다 상세히 확인된다(오세영, 2018: 123-125).

- 시장의 실패: 한즈만(Hansmann, 1987: 29-33)에 의하면, 비영리 섹터는 이론적으로 시장의 실패에 대한 대응으로서 존재하고 있다고 한다. 이것을 그는 '계약의 실패(contract failure)'라고 말한다. 그에 의하면 영리라는 형태보다도 비영리 형태가 신뢰에 대한 가치가 있고, 정부에 의한 모니터링이 불가능한 경우 소비자에 의한 관리는 영리기업보다도 비영리의 형태가 훨씬 용이하다. 생산자는 소비자보다도 생산물의 품질에 관해서 보다 많은 정보를 보유하고 있다. 소비자는 품질의 수준을 관찰할 수 없기 때문에 생산자를 모니터링할 수 없고, 생산자는 항상 부정을 취할 수 있는 인센티브를 갖게 된다. 이 때문에 소비자는 영리의 형태보다도 비영리의 형태에 의한 조직의 서비스 제공을 바라는 것이다.

요컨대, 계약의 실패이론의 핵심은 정보의 비대칭성이 비영리조직을 존재하게끔 한다는 것이다.

- 정부의 실패: 와이스브로드(Weisbrod, 1986: 21–40)는 비영리조직을 공공재를 제공하는 사적 생산자로 정의하고, 비영리조직의 역할에 관해서 '정부의 실패'라는 관점에서 일반 경제이론을 제시하였다. 그에 의하면 정부는 대다수 국민을 만족시키는 수준의 공공재를 공급하는 경향을 보이기 때문에 이와 같은 중간적인 공공재보다도 수준 높은 공공재를 요구하는 사람들 사이에서 불만족과 충족되지 않은 수요가 남는다. 충족되지 않은 수요를 가지고 있는 사람들 즉, 고수요자들에게 '정부의 실패'를 보완하는 수단으로 남게 되는 옵션은 바로 민간영리 시장과 비영리 섹터이다. 그러나 민간영리 시장에 의존하는 것은 사적으로는 최적일지 모르지만 사회적으로는 비효율적이다. 와이스브로드는 여기에서 비영리 섹터 발전의 합리성을 보고 있다. 즉, 비영리조직은 잔여적인 수요에 대응해서 정부를 양과 질적인 면에서 보충하는 공공재를 공급한다. 좋은 품질과 높은 수준의 수요에 대해서는 민간이 대응하고 그렇지 않은 중간 내지 낮은 품질과 수준의 수요에 대해서는 정부가 담당한다. 와이스브로드는 정부와 민간의 역할분담을 상정하고 다양한 수요에 다양한 공급주체가 존재하는 것을 인정한다. 말하자면 정부의 실패에 대한 민간 활동의 대응을 설명한 이론이라고 할 수 있다.

③ 제3섹터의 한계: 자원부문 실패

제3섹터라고 해서 완전한 것은 아니다. 사라몬(Salamon, 1995)은 비영리 섹터에 내재하는 한계를 시장의 실패와 정부의 실패에 견주어 '자원부문의 실패(voluntary failure)'라고 이름을 붙이고 다음과 같이 정리하였다(오세영, 2018: 125–127에서 재인용).

첫째, 비영리조직은 커뮤니티의 복지욕구에 대처하는 데 충분한 재정을 조달할 수 없다는 문제이다. 즉, 공공재의 생산에 수반하는 무임승차문제 또는 부의 지역적 편재 때문에 자발적인 기부에만 의존하는 시스템으로는 서비스를 필요로 하는 지역에서 필요한 만큼의 재정이 안정적으로 조달된다는 보장이 없다.

둘째, 비영리조직 및 그 후원자는 특정의 집단(예를 들면 같은 종파의 사람)에게만 서비스를 제공하는 경향이 있고, 그로 인해 지역사회 주민 중에 서비스를 받을 수 없는 사람들도 생길 가능성이 있다.

셋째, 민간의 자선이 민간단체를 지탱하는 유일한 자원인 이상 민간단체가 제공하는 서비스의 내용이나 대상자의 결정 즉, 지역사회의 욕구 결정은 지역사회 전체가 아니라 그중에서 경제적으로 여유 있는 사람들에 의해 좌우될 수 있다. 그 결과 풍요로운 사람들이 바라는 서비스는 장려되고, 반대로 가난한 사람들이 바라는 서비스는 억제될 수도 있다.

넷째, 아마추어리즘의 문제이다. 빈곤이나 '부도덕' 등 인간이 안고 있는 다양한 문제나 욕구에 대해서 도덕적인 설득이나 종교적 설교를 취지로 하는 아마추어적 대응은 한계가 있다.

사라몬은 이 논의를 정부와 자원부문의 대립이 아니라 '자원부문에의 정부지원' 내지 비영리단체에 의한 '정부 프로그램에의 참가'를 정당화하기 위해서 사용했다. 정부는 이러한 자원부문에 내재하는 한계를 극복하는 장점을 들고 있고, 반대로 자원부문의 장점은 정부의 단점을 커버하고 있으며, 사라몬은 여기에서 양자 간 협력(collaboration)의 합리성을 찾고자 한다.

3) 사회적 자본으로서의 자원봉사

자원봉사활동은 시민들의 새로운 욕구에 대응하는 중요한 사회적 자본으로 인정되고 있다. 자원봉사활동은 지역사회의 문제를 해결하기 위한 주민들의 자발적인 참여에 의해서 이루어지는데, 이것은 지역사회 주민들의 시민의식의 지표인 사회적 자본을 필요로 한다. 사회적 자본은 주민참여와 더불어 복지사회를 위한 기반이 된다.

(1) 사회적 자본의 개념과 특성

① 사회적 자본의 개념

사회적 자본(social capital)은 물적 자본(physical capital)과 인적 자본(human capital)에 대비되는 용어로서 신뢰, 상호관계, 협력 등과 관계가 있는 시민의 가치와 태도를 구성하는 것으로 정의된다. 그것은 사람들 사이의 인간관계로 존재하며 사용하면 할수록 줄어드는 물적 자본이나 인적 자본과는 달리 사용할수록 축적되고 활용하지 않으면 고갈된다(김영호 외, 2009: 40에서 재인용).

미국의 사회학자 콜만(Coleman, 1988)은 사회적 자본을 사람들 사이의 신뢰관계를 내재한 것으로 규정한다. 그에 의하면 사회적 자본은 조직 내에서 공동 목적을 위해 함께 일할 수 있는 사람들의 능력으로서 개인에게 속한 것이 아니라 개인 간, 집단 간의 관계구조 속에 내재되어 있다.

한편, 퍼트넘(Putnam, 1993)은 사회적 자본을 "상호 간 이익을 위한 협력과 협동을 촉진시키는 네트워크, 규범, 사회적 신뢰와 같은 사회조직의 특성"으로 정의하였다. 그리고 그 구성 요소로서 주민참여 네트워크, 상호 호혜성과 규범, 사회적 신뢰를 들고 있다. 그는 사회적 자본이 축적된 사회에서는 주민참여 네트워크가 구성원 상호 간 신뢰를 증진시키고 상호 호혜성의 규범을 제고시킴으로써 의사소통을 활성화시키고 나아가 지역사회 공동체의 문제해결을 용이하게 한다고 보았다(김영호 외, 2009: 40에서 재인용).

정리하면, 사회적 자본은 사회적 관계와 구조 속에서 발생하는 신뢰(trust), 네트워크(network), 규범(norm), 상호 호혜성(reciprocity) 등의 자원과 이러한 자원들을 생산해 내는 상호관계를 의미한다.

② 사회적 자본의 특성

사회적 자본은 다음과 같은 특성을 지니고 있다(김영호 외, 2009: 41–42).

첫째, 사회적 자본은 행위자들 사이의 관계 속에 내재하고 있는 자본이다. 따라서 사회적 자본은 개인이 소유하고 있는 개인적 자원이 아니라 개인들 간의 관계를 통해서 접근할 수 있는 사회적 자원이다.

둘째, 사회적 자본은 그 이익이 공유된다. 사회적 자본을 통해 관계를 맺고 있는 구성원 사이에서만 이익이 배타적으로 공유되는 경우도 있고, 관계에 포함되지 않은 구성원에게조차 이익이 배분되는 경우도 있다.

셋째, 사회적 자본은 집단의 구성원들 사이에서 서로의 관계를 끊임없이 확인하고 재확인함으로써 인정을 받는 일련의 지속적인 교환과정을 거쳐야만 유지되고 재생산될 수 있다.

넷째, 사회적 자본은 사용하면 할수록 총량이 증가하는 특성을 지닌다. 예컨대, 신뢰를 주고받았다고 해서 준 것만큼 줄어들고 받은 것만큼 늘어나는 것이 아니라 오히려 거래 당사자 모두가 사용하면 할수록 더욱 축적되고 증가되는 정합(positive-sum) 관계로 나타나는 것이다.

다섯째, 사회적 자본은 개인의 동기가 서로 다르기 때문에 사회적 교환은 동시성을 전제로 하지 않는다. 예를 들면 아는 사람으로부터 도움을 받았을 때 즉시 보답하기보다는 적절한 기회가 생겼을 때 그렇게 하는 경우이다. 이처럼 사회적 교환은 서로가 주고받은 도움에 대해 보상을 받을 수 있다는 믿음이 존재해야 한다. 그러나 이 믿음은 언제든지 배반될 수 있다. 이런 점에서 사회적 자본은 일반적 호혜성(generalized reciprocity)에 기반을 둔 것이며 그 호혜성은 원천적으로 불안정한 성격을 지니고 있다.

(2) 사회적 자본의 역할과 기능

사회적 자본은 목적 달성을 위한 협동과 집합적인 노력이 요구되는 영역에서 협력활동을 촉진시켜 문제해결에 기여한다. 사회문제의 해결에 있어 사회적 자본이 중요한 이유는 그것이 개인의 사익 추구의 동기에서 유발되는 집단행동의 딜레마를 극복하여 공동선의 구현을 보다 용이하게 만들기 때문이다. 사회적 자본은 사회적 의무감이나 사회의식 없이 사익을 추구하고 이기적이고 자기중심적인 개인을 공동선을 지향하는 시민공동체의 구성원으로 탈바꿈시킴으로써 사회를 하나로 묶어주는 사회적 접착제의 역할을 수행한다(김영호 외, 2009: 44에서 재인용).

지역사회 주민을 위한 복지 수준의 향상은 그 지역사회가 어느 정도의 사회적 자본을 보유하고 있느냐에 달려 있다고 해도 과언이 아니다. 사회적 자본이 축적된 지역사회에서는 공동체 의식이 발달하여 지역사회의 발전과 공동체 형성이 촉진된다. 지역사회의 주민들로 하여금 공동체의 구성원으로서 소속감과 연대감, 책임감을 갖고 공공 문제해결을 위해 적극적으로 참여하고 협력하도록 만든다. 그럼으로써 지역사회의 생활조건이 개선되고 주민들의 복리가 향상될 수 있는 것이다(김영호 외, 2009: 46).

따라서 지역사회 주민들의 삶의 질 향상이라는 자원봉사의 목적을 달성하기 위해서는 사회적 자본을 형성시키고 유지시키기 위한 노력이 요구된다.

(3) 사회적 자본으로서의 자원봉사

지역사회의 사회적 자본은 지역사회의 규범과 네트워크 그리고 그들 관계 속에서 주민의 신뢰성을 의미하는 것으로 지역사회를 공동체화하는 기능을 가진다. 사회적 자본이 형성되어 있는 지역사회에서는 협력하여 일하기 쉬울 뿐만 아니라 신뢰를 회복시켜 네트워크를 강화시킨다. 그러므로 자원봉사활동과 사회적 자본은 불가분의 관계를 갖는다. 지역사회에서 사회적 자본의 증대는 자원봉사의 실천역량의 증대로 이어지고 이를 통하여 지역사회의 복지증진과 주민들의 삶의 질 향상이 담보될 수 있는 것이다(김영호 외, 2009: 45).

지금까지 자원봉사는 주로 정치학, 사회학, 사회복지적 관점에서 다루어져 왔고 경제적 측면에서는 거의 주목받지 못하였다. 근래 들어 세계적으로 실업 등 경제 침체 문제, 공·사 파트너십 강조 등 여러 가지 이유로 자원봉사활동이 주목을 받으면서 자원봉사활동이 사회적 자본의 하나로서 상당한 경제적 가치가 있음이 강조되고 있다.[1)]

뿐만 아니라 자원봉사활동은 사회적·심리적·신체적 측면에서도 효과가 있다는 것이 많은 연구들에서 발견된다(류기형 외, 2009: 37-41).

사회적 측면에서 자원봉사활동은 다른 사람과 사회에 대한 이해 및 대인관계 기술을 증진시키고 사회적 책임을 증가시키며 조직몰입, 지역사회 참여 증가와 같은 긍정적 행동을 유발한다. 또한 자원봉사활동은 세대 간 및 계층 간 이해, 사회적 약자에 대한 이해를 도울 뿐만 아니라 개인, 조직 및 사회에 긍정적 행동을 유발한다.

심리적 측면에서 자원봉사활동은 자원봉사자 및 자원봉사를 받는 대상자에게 심리적 안녕감, 삶의 만족, 임파워먼트, 자아정체감, 자기효능감, 행복감과 같은 다양한 심리적 건강에 유용하다. 특히, 청소년의 자원봉사활동 경험은 자아정체감 및 자아존중감에 긍정적 영향을 미친다.

마지막으로 신체적 측면에서 자원봉사활동은 신체적 건강을 증진시킨다.

---

1) 자세한 내용은 류기형 외(2009: 36-37)를 참조할 것.

3장

자원봉사 활동의 역사

본 장에서는 자원봉사에 관한 외국의 역사와 한국의 역사로 크게 구분하여 살펴보고자 한다. 외국의 역사로는 영국, 미국, 일본을 중심으로 살펴보고자 한다.[1)]

1. 외국의 자원봉사 역사

1) 영국

영국은 유럽에서 자원봉사활동의 전통이 가장 오래되었고, 또한 가장 활성화되어 있는 국가로 알려져 있다. 영국의 자원봉사활동은 기독교의 자선활동에서 기원을 찾을 수 있는데, 그 자선활동은 19세기에 들어서면서 폭발적인 증가현상을 보이게 된다. 이 시기는 산업혁명으로 야기된 사회문제, 특히 빈곤 문제해결을 위해 중산층의 박애주의적인 감정과 실천이 증가한 시기였다. 19세기 중기에는 빈곤의 구제, 구걸의 억제, 빈민에 대한 방문 등을 목적으로 하는 많은 자선단체들이 결성되었으며, 이 자선단체들에 의해서 자발적인 자선활동이 전개되었다.

그러나 자선단체들은 조정과 협력이 이루어지지 않았기 때문에 많은 문제를 노출하였다. 그리하여 중복구빈을 없애기 위한 여러 자선 활동을 조정하고, 적절한 환경조사 및 원조 제공을 통해 빈민의 생활조건을 향상시키고자 탄생한 것이 바로 1869년의 자선조직협회(Charity Organization Society)이다. 자선조직협회에서의 주된 역할을 담당하였던 것이 자원봉사자인 우애방문원(friendly visitor)들이었다.

또한 영국에서 자원봉사활동이 지역사회 내에서 뿌리내리기 시작한 것은

---

1) 자원봉사 역사에 관해서는 오세영(2011), pp. 301-311을 주로 참조하였다.

1884년 런던에 인보관(Settlement House)이 세워진 이후라고 할 수 있다. 사무엘 바넷(Samuel Barnett) 목사 부부에 의해서 시작된 인보관운동(隣保館運動: Settlement House Movement)은 빈곤문제가 심각한 지역사회, 지리적으로는 지역사회에 편입되어 있지만 사회적으로는 고립된 취약한 지역사회의 문제를 해결하기 위해 지식인이 그 지역에 현지정착(settlement)하여 함께 살아가면서 궁극적으로는 지역사회의 문제를 해결하고자 하는 운동이다. 이 운동은 초기에 인보관(neighbourhood center)이라는 시설을 중심으로 하여 행해졌기 때문에 인보관운동으로 불리기도 하였다. 이러한 자원봉사 정신을 기초로 한 인보관운동은 주로 지식인들이 주축이 되어 활동하면서 자원봉사활동을 정착시키는 계기를 마련하였다.

영국은 제2차 세계대전 이후 복지국가의 시대로 접어들면서 대체적으로 자원봉사의 중요성을 위정자나 시민들이 인정하고 있었음에도 국가가 사회복지 서비스의 제일선에 서고, 자원봉사활동은 보완작용에 머무른다는 인식이 형성되기 시작하였다. 복지국가 성립 후, 자원봉사활동은 국민보건 서비스제도를 중심으로 전개되는 지방자치단체의 사회복지서비스 영역에 포함되었다.

1960년에는 자선법(Charity Act)을 제정하여 민간단체 및 기관의 자원봉사활동을 보호하고 육성하기 위한 최초의 법적 근거를 마련하였다. 이를 통하여 자선위원회에 등록된 자원봉사기관들을 지방정부가 감독하는 동시에 이들에게 모금의 허가, 세금감면 등의 특전을 제공하도록 규정하였다. 이러한 자선법의 제정에 따라 자원봉사활동 주체의 등록 및 감독체계 등이 마련되면서 기존의 자원봉사활동이 단계적으로 제도화되기에 이르렀다(김동배, 2006: 120).

영국의 자원봉사활동 발전에 하나의 분기점이 된 것은 1968년의 아베스 보고서(Aves Report)였다. 이 보고서는 전문직원의 서비스를 보완하고 사회 서비스의 제공을 통합하기 위해 자원봉사자의 참여가 절대적으로 필요하며 이를 위해 자원봉사자의 증강, 훈련, 원조에 필요한 실천적 전문가의 표준이 필요하다는 점을 강조하였다. 이 보고서로 인해 영국의 자원봉사센터, 전국 자원봉사센터 네트워크,

공공과 민간기관에서 수많은 유급 자원봉사 조직가가 창출되었고, 그 결과 1970년대에는 자원봉사활동에 전문화, 관료화 현상이 발생하기도 했다(류기형 외, 2009: 55에서 재인용).

또한 1970년에 제정된 「지방정부사회복지서비스법(Local Authority Social Service Act)」을 근거로 1971년부터 지방자치단체의 사회복지 행정체제가 개편되었다. 즉, 종전의 복지국·아동국·보건국의 서비스가 각 지역사회를 단위로 통합될 수 있도록 하기 위하여 하나의 통합된 사회복지서비스국(Department of Social Service)이 각 지방자치단체에 설치되었다. 그에 따라 자원봉사활동도 1971년부터 사회복지서비스국으로 이관되어 사회복지서비스의 일부로서 통합·운영되기 시작하였으며, 특히 민간주도의 자원봉사활동을 지원하였다.

1970년대 석유파동 이후에는 '복지국가 위기론'이 대두되면서, 정부의 역할을 감소시키려는 보수 행정부의 의도에 따른 많은 법적인 서비스가 자원봉사부문의 역할로 바뀌었다. 이로 인해 자원봉사자들은 다시금 국가의 주요 자원으로 조명받기 시작했다. 자원봉사활동의 역할에 대한 재평가는 보수당뿐만 아니라 노동당 역시 지지하여 자원봉사자들이 사회에서 중요한 역할을 수행해야 한다는 견해가 널리 받아들여졌다(이강현, 2002; 김동배, 2006: 121).

이에 따라 정부 재정에 의한 정부 주도의 사회복지활동은 축소되는 반면, 민간 주도의 자원봉사활동이 정부지출 경감책으로 활성화되었고, 이를 위해 정부는 자원봉사활동 단체에게는 면세 및 비과세, 자원봉사활동 기부자에게는 소득공제 등의 혜택을 제공하였다. 1992년에는 「자선법」이 개정되어 세금공제 등 자원봉사활동 진흥을 위한 다양한 법안이 만들어졌고, 정부의 재정보조를 통해 새로운 자원봉사기관들이 설립되었다(김동배, 2006: 121).

1997년 선출된 신노동당 정부는 복지국가 위기론의 인식 위에 자원봉사활동을 활성화시키기 위한 일련의 주요 정책을 시행하기 시작하였다. 그리고 이를 위해 청년 자원봉사활동을 장려하는 새로운 전국적 시도, 노인과 흑인 및 소수민족들에게 초점을 맞춘 정책 등을 전개하였다(김범수 외, 2007: 47).

〈표 3-1〉 영국 자원봉사활동의 주요 조직 현황

조직명	주요 내용
전국 자원봉사센터연합회 (National Association of Volunteer Bureaux: NAVB)	• 영국에서 가장 규모가 큰 조직으로 전국 400여 곳의 자원봉사사무국과 지부를 회원조직으로 두고 있음. • 활동 내용: 지역자원봉사 발전 전략수립, 자원봉사활동 참여 유도, 정보제공, 훈련, 연구, 캠페인 등 • 재정: 정부보조금(80%), 기타 기업협찬, 수익사업 등
전국 자원봉사단체협의회 (National Council for Voluntary Organization: NCVO)	• 영국 최대의 자원봉사단체협의회(1924년 창설) • 활동 내용: 정부정책결정 자문·건의, 자원봉사관리자 교육, 자원봉사단체의 컨설팅 등 • 재정: 정부의 기금 지원
영국 자원봉사센터 (Volunteer Center UK)	• 자원봉사조직을 총괄하는 민간독립기구(1973년 창설) • 활동 내용: 영국 내 자원봉사활동을 전국적인 차원에서 지원, 대정부로비활동, 학술연구, 활동개발 등 • 재정: 정부보조금(80%), 기타
새천년 자원봉사단 (Millennium Volunteers)	• 영국에서 전국적인 규모로 시작된 자원봉사 프로그램(1998년 시범사업으로 시작) • 지역사회에 도움이 되는 자원봉사활동에 16~14세의 청년들이 참여하도록 영국 정부가 장려하고 인정하기 위해 시작됨. • 참여사업 범위: 개인에게 적합한 것부터 그룹 자원봉사를 위한 보다 큰 사업까지 다양하고 유동적임 • 자원봉사 100시간 이상 수행 시 인증서 수여, 200시간 이상 수행 시 우수상 수여

2) 미국

미국인들은 두 사람 가운데 한 사람이 자원봉사자일 정도로 자원봉사를 많이 하고 있다. 그래서 미국은 흔히 자원봉사의 나라라고 불린다. DiGeronimo(1995)는 오늘날 미국에서 자원봉사가 중단된다면 수많은 미국인들은 기아에 허덕이고, 청소년들은 약물남용에 빠지고, 문맹에 처하며, 강물은 오염되고, 도서관과 영화관은 닫히고, 아이들은 무시되고, 정신병자들은 불안해지고, 노인들은 포기되고, 학교와 교회는 문을 닫을 수밖에 없게 된다고 우려한다. 이렇게 미국에서 자원봉사는 자주적인 시민사회의 평범한 생활이자 윤리적 의무가 되어 거대한 미국사회를 지탱하고 있는 것이다(김상해, 2006: 머리말에서 재인용).

미국의 자원봉사활동은 17세기 초 종교의 자유와 새로운 나라를 찾아 유럽에서 온 이주민들이 생계를 위해 가까운 이웃끼리 서로 상부상조해야만 했던 당시의 생활 상황에서 출발했다고 볼 수 있다(김동배, 2006: 128-129).

1820년대를 시작으로 미국에서는 많은 민간기관들이 설립되기 시작했는데, 1840년대에 이르러서는 뉴욕에만 30개 이상의 민간단체들이 설립되었으며, 이러한 단체들 간의 연락과 조정을 위해 1843년에 빈민생활상태개선협회(AICP)가 조직되었다. 1877년에는 버펄로에서 자선조직협회가 설립되어 미국 전역에 퍼지기 시작하였고, 또한 빈곤지역에 상주하면서 환경의 변화를 시도하였던 인보관사업이 발전하기 시작하였다.

미국의 자원봉사활동이 제도화되기 시작한 것은 1920년 미니애폴리스에 자원봉사자의 모집, 훈련, 배치를 전담하는 자원봉사센터(Bureau of Volunteer Service)가 들어서면서부터 비롯되었다. 이후 1926년 보스턴에 적십자사의 지원으로 자원봉사센터가 설립되었고, 세인트루이스와 필라델피아에도 자원봉사센터가 계속해서 설립되었다(김범수 외, 2007: 50).

1929년 대공황 이후 사회복지 서비스의 책임이 주정부에서 연방정부로 전환됨에 따라 종전까지 현물이나 재정 지원을 담당하던 민간단체들이 공적 기관으로의 연결 서비스나 개별 서비스, 공기관이 수행하지 못하는 레크리에이션과 집단사회사업에 주력하게 되었고, 그에 따라 자원봉사의 필요성이 더욱더 커졌다. 1932년에는 전국 자원봉사자위원회(National Committee on Volunteers)가 설립되었고, 1933년에는 전국 28개 도시에 자원봉사국이 설치되고 지방사회복지기관협의회(Council of Social Service Agencies)가 구성되었다. 1950년에는 자원봉사자 사무국협회(Volunteer Bureau Association)가 조직되어 회원단체의 기능 강화를 위해 활동하고 간행물을 출판하였다(김동배, 2006: 129-130).

1960년대에 들어오면서 자원봉사활동을 확대하는 것이 국가 공공정책의 목표가 되었다. 1961년 케네디 대통령은 국제평화에 이바지하기 위해 평화봉사단(Peace Corps)을 창설하여 국제평화의 공헌과 여러 후진국의 경제 및 사회개발을 도와주는 대규모의 조직적 자원봉사활동을 추진하였다. 이후, 1964년에 존슨 대통령은 미국자원봉사단(Volunteers in Service to America: VISTA)을 조직하였는데, VISTA는 빈부격차 문제를 해결하기 위해 시민들을 동원하고 훈련시켜 빈민구제사업에 연결시키고 지원하는 기구로서, 무급 자원봉사자와 1년간 최소한의 생활비만을 받으면서 해당 지역에 거주하며 봉사하는 자원봉사자를 병행하여 활용하였다. 1967년에는 「사회보장법」을 개정하여 자원봉사활동에 대한 법적인 지위를 확보했으며, 1970년에는 전국 자원봉사센터(National Center of Voluntary Action: NCVA)가 창설되었다.

1969년 닉슨 대통령이 집권하면서 자원봉사에 대한 정부지원이 보다 강화되었고, 민간자원봉사 프로그램을 지원하는 정부의 독립기구로서 1971년에 ACTION을 창설했다. 또한 ACTION의 창설과 더불어 자원봉사활동을 법적으로 더욱 보장하기 위해 1973년 「국내자원봉사활동법(Domestic Volunteer Service Act)」이 만들어졌다. 이 법은 특별법으로 자원봉사자에 대한 연방정부의 각종 지원활동을 규정하고 정부의 직접적인 공공자원봉사단 운영에 관한 내용을 담고 있었다(김동배, 2006: 130).

1980년대에 접어들어 미국은 연방정부의 부담을 줄이는 대신 주 혹은 지방정부의 책임을 강조하면서 자원봉사활동이 더욱 강조되었다. 그리고 지방 공공기관에의 시민참여는 공·사 영역이 보다 많이 협력해야 하는 새로운 국면을 보여주었다. 이러한 결과로 공공서비스 전달에 있어서 효과적인 자원봉사자 참여에 대해 정부는 다시 관심을 가지게 되었다(최일섭 외, 1997: 111; 류기형 외, 2009: 68).

1990년 부시 대통령의 선거공약으로 촛불재단(Point of Light Foundation: POLF)이 설립되었고, 1990년대 들어서는 「국가 및 지역사회봉사법(National and Community Service Act)」이 제정되어 자원봉사활동 활성화를 위한 법적 지위가 강화되었고, 1993년 클린턴 행정부가 「전국 자원봉사지원법(National Service

Trust Act)」을 새로이 제정하여 자원봉사활동을 위한 별도의 전담기구 및 예산지원이 행해졌다(양점도 외, 2010: 88).

2002년 부시 대통령은 2001년 9·11 테러사태에 대한 대응으로 자국의 안전을 도모하기 위해 모든 국민이 2년간 4천 시간 국가를 위해 봉사할 것을 선언하며, 국가봉사단을 확대하였다. 미국의 자원봉사활동은 「자원봉사활동법」에 의해 실행되고 있으며, 정치적 배경과는 상관없이 새로이 선출된 대통령들이 자원봉사활동을 지원·육성하는 일관된 여러 가지 공공정책을 펼치면서 오늘날까지 발전되어 오고 있다(승금희, 2005; 양점도 외, 2010: 88).

〈표 3-2〉 미국 자원봉사활동의 주요 조직 현황

조직명	주요 내용
시민자원보존단 (Civilian Conservation Corps: CCC)	• 1933년 3월 뉴딜 정책의 일환으로 제정된 최초의 사회입법 • 18~25세 미국 청년들의 동원을 통해 캠프에 수용하면서 나무심기, 삼림개발, 도로보수, 하천공사 등의 일을 수행하게 하는 국가 재건 프로그램
평화봉사단 (The Peace Corps)	• 1961년 3월 케네디 대통령에 의해 창설 • 해외봉사활동의 성격이 강함 • 저개발 국가의 문맹퇴치운동, 빈곤추방, 청소년활동 등의 사업 수행
VISTA(Volunteers in Service to America)	• 1964년 존슨 대통령에 의해 창설 • 미국 내의 빈부격차 해소를 위한 국내 평화봉사단 • 지방정부, 지역사회 서비스 단체, 농촌조직, 교회 및 관련 프로그램, 대학과 다른 교육기관 등에서 주로 활동
ACTION	• 1971년 7월 연방정부에 의해 평화봉사단과 VISTA를 통합한 조직 창설 • 국내 또는 해외 자원봉사자 프로그램을 관리하기 위한 독립적 주요 자원봉사기관 • 5천 명 이상의 자원봉사 프로그램을 위한 전국 지원센터 운영, 시사문제 목록과 도서문헌 목록 작성, 저개발국가에 평화봉사단 파견, VISTA에 의한 빈곤지역의 소득, 교육, 환경 개선 사업 전개
촛불재단 (Point of Light Foundation: POLF)	• 「전국 및 지역사회봉사법(The National and Community Service Trust Act)」이 제정된 이후 1990년 5월 부시 대통령의 선거공약으로 설립 • 당시 자원봉사 전국 협의회인 VOLUNTEER와 통합 • 자원봉사활동의 중요성 전파 및 자원봉사자 확산 업무 • 촛불재단의 조직: 이사회(청소년 대표, 정부기관, 기업, 교육계, 종교계, 민간단체 등 26명으로 구성)가 존재. 대통령이 임명하는 회장, 5명의 부회장, 관리자, 조정자 등 60여 명의 직원으로 구성

조직명	주요 내용
국립자원봉사협력기구 (Corporation for National Service: CNS)	• 1993년 클린턴 대통령과 의회에 의해 창설 • 미국봉사단(AmeriCorps)이라고 불리는 청소년봉사프로그램, 촛불재단, 지역사회 봉사단체 등의 지원, VISTA와 미국노인봉사 프로그램을 확대 개선, 국가봉사 프로그램 개발 지원 등 • CNS 안에 미국봉사단과 전국 노인봉사단 운영 –미국 봉사단(AmeriCorps): 미국 연방정부의 후원으로 시도된 자원봉사 프로그램. 350개 이상의 민간조직과 전국적인 프로그램인 AmeriCorps·VISTA와 AmeriCorps·NCCC를 비롯하여 모든 주에서 활동 중인 프로그램의 연결망 –전국 노인봉사단(National Senior Service Corps: NSSC): 연방정부사업으로 55세 이상의 은퇴자들이 활동하는 단체. 퇴직노인자원봉사 프로그램, 양조부모 프로그램, 노인 동료 프로그램 등을 운영

3) 일본

일본의 자원봉사활동의 기원을 살펴보면, 그 활동이 1890년경부터 도입되었다고 하지만, 일반적으로 보급된 것은 1920년대부터라고 할 수 있다. 1924년에는 1923년 9월 1일에 발생한 관동대지진을 계기로 동경제국대학(현 동경대학) 인보사업을 비롯하여 학생인보사업이 각지에서 활동을 시작하였다.

이후 1940년대에는 전후 혼란한 사회를 배경으로 부랑아 보호를 위한 자생적인 단체가 민간 차원에서 생겨나기 시작했고, 1948년에는 「민생위원법」이 제정되어 '오사카 사회사업 볼런티어협회', '적십자 봉사단', '동경 소년보호 사회청년부' 등의 단체가 발족하게 되었다(김동배, 2006: 139).

제2차 세계대전에서 패전한 후에 제정된 「민생위원법」에 의해 정부가 위촉하는 관립자원봉사자인 '민생위원제도'가 시행되었으며, 1951년에는 사회복지협의회의 발족을 계기고 「사회사업법」이 제정되었다. 또한 이 시기에 태풍 등의 재해가 계기가 되어 동경대학을 중심으로 한 인보운동이 재개됨으로써 1955년에는 '전국 세틀먼트연합회'가 결성되기도 했다(김동배, 2006: 139).

전후 일본에서는 민주화와 더불어 인보운동의 활동가, 일본적십자사, YMCA,

YWCA 등에 의해 전쟁고아와 생활 빈곤자의 수용, 보호 등 도시부에서의 구빈사업을 중심으로 전개되어 1950년대부터 본격적인 활동이 시작되었다.

그 후 고도경제성장을 추진하여 공업화와 도시화에 따른 가족관계 약화, 지역사회 붕괴, 생활환경 악화, 교통사고 사상자 급증 등 각종 사회문제가 발생하였다. 게다가 인구의 고령화에 따른 고령자와 장애인, 아동 등이 고립되자, 사회적, 경제적 취약자의 기본적 인권의 존중이나 지역복지의 추진을 위한 '참가하는 복지'로서의 자원봉사활동에 대한 관심이 증대되기 시작하였다.

또한 1962년에는 전국 노인클럽연합회가 발족되었고 이듬해 1963년에 제정된 「노인복지법」에 기초하여 노인클럽 참가율은 갈수록 높아져 갔다. 그 후 오일쇼크를 계기로 경제성장이 둔화되고 고령화 사회로 접어들면서 1970년대 전반부터 복지재편론이 등장하였다. 이때부터 지역복지가 사회복지의 중심에 서게 되고 자원봉사활동은 행정시책을 보완하는 것으로 부각되었다.

이러한 가운데 지역주민의 자주적이고 자발적인 지역복지 추진기관인 지역사회복지협의회를 중심으로 각지에서 자원봉사활동을 중시하게 되었으며, 선의은행의 설치, 자원봉사 학교 개최, 자원봉사 센터 정비에 몰두하게 되었다. 1951년에 발족한 전국 사회복지협의회가 1968년, '자원봉사활동 육성 기본요강'을 책정하고 활동의 기본이념과 육성방침을 세우고 자원봉사협회, 일본청년봉사협회, 청년해외협력대가 발족한 것도 이 시기의 일이다.

한편, 전후 고도경제성장을 이룩한 반면 그에 따른 공해문제, 베이비붐에 따른 보육 및 교육문제, 교통사고에 대한 생활안전문제, 고령화에 의한 수발문제 등 각종 사회문제가 심각해져 갔다. 이로 인해 시민운동의 활동가들 사이에서 연대감이 조성되었고 그들의 활동이 확산되어 갔다. 1973년 오사카에서는 자원봉사학력은행이 설립되었다.

전국 사회복지협의회는 1975년 중앙자원봉사센터를 설치하였는데, 정부의 보조금에 의한 국가의 보조사업이긴 하였지만 자원봉사활동의 육성에 본격적으로 착수하는 계기를 마련하였다. 이와 같은 탑다운(top-down) 방식에 의한 정부의 지원·육성은 지방자치단체에도 영향을 미쳐 시민을 대상으로 한 자원봉사활동의 육성·촉진사업을 제도화하는 동기를 제공하였다.

이를 계기로 기존의 가정주부나 학생, 민생·아동위원 중심이었던 자원봉사활동은 국민 각층에 대해서 자원봉사의 기본이념을 심어주게 되었고, 일본의 자원봉사활동은 새로운 국면을 맞이하게 된다.

1980년대에 들어서면서 사회복지협의회를 중심으로 한 자원봉사활동은 1981년의 '국제장애인의 해'를 계기로 노멀라이제이션[2) 이념의 보급과 함께 그 대상도 장애인, 고령자, 아동 등으로 확대되었다. 그 영역에 있어서도 기존의 시설서비스에서 재가서비스로, 행정 주도에서 공사협력으로의 전환이 강조되었다(川村匡由編著, 2006).

그 후 1990년대에 들어서면서 일본 사회는 정치, 행정, 기업, 교육 등 전반적인 사회 시스템에서 문제가 드러나기 시작했고, 이러한 문제점들을 개선하기 위해서 자원봉사 영역이 더욱 확대되는 계기를 맞게 되었다. 특히 기업과 학교가 자원봉사활동에 적극적으로 참여하고, 자원봉사활동의 육성·촉진을 위한 사회복지협의회의 기능이 더 강화되었다(김동배, 2006: 141).

이와 같은 변화는 특히 전후 일본에서 일어난 최악의 지진으로 기록되는 1995년 '고베 대지진'을 계기로 커다란 발전의 기회를 맞게 되었다. 대도시 지역을 강타한 지진 발생 이후 3개월 사이에 총 120여 만 명이 넘는 자원봉사자들이 구조 및 복구활동에 참여함으로써 신속한 재해복구를 가능하게 했기 때문이다. 이처럼 짧은 기간 동안 많은 사람들의 자원봉사활동이 원활하고 효과적으로 이루어질 수 있었던 것은, 일본사회 내 네트워크형 지원조직이 유기적으로 활동을 지원하였고 1990년대 이후에 형성된 자원봉사자와 자원봉사 관리 조정자들 사이에 구축된 신뢰 관계와 기업의 적극적인 자원봉사활동 참여 등이 효과적으로 작용하였

---

2) 노멀라이제이션은 고령자나 장애인 등을 격리 대상으로 인식하지 않고 사회의 구성원으로서 일반인들과 더불어 살아야 한다는 관점의 이념을 말한다.

기 때문으로 평가된다(이성록, 1998; 이영철·서화자, 1996).

한편, 일본 정부는 1993년에 기업에 대해 자원봉사활동을 장려한 결과, 일부의 기업은 그 구체적인 대책으로서 자원봉사자 휴가제도를 도입하였고, 1989년에 경제단체연합회는 1년간의 경상수익의 1%를 기부하는 '1% 클럽'을 만들기도 하였다.

그 외에 상술한 주민의 자원봉사활동은 그 후 시민활동으로서 발전하여 시민문화 또는 복지문화로서 자리 잡게 되었다. 이러한 배경에는 1995년 고베 대지진과 1998년에 성립된 「특정비영활동촉진법(NPO법)」의 성립이 있다. NPO법은 특정비영리활동을 하는 단체에 합법적 지위 부여를 통하여 특정 비영리활동의 건전한 발전을 촉진하고, 공익의 증진에 기여하고 있으며, 보건복지의 증진, 사회교육추진, 더불어 사는 마을 만들기, 문화, 예술, 스포츠 진흥, 사회교육 추진, 재해구호활동, 지역안전활동, 인권옹호, 평화추진, 국제협력, 남녀평등, 어린이 건전육성지도활동 등 특정비영리활동 11개 분야를 대상으로 하고 있다(양점도 외, 2010: 109).

그 외에도 2002년도부터 초·중학교에서 '완전 주휴 2일제'가 실시되어 새로운 '종합적인 학습의 시간(종합학습)' 중에서 자원봉사 체험학습을 편성하였고, 대학시험이나 기업의 취직시험에서 자원봉사활동의 경험을 평가에 반영하는 경우도 있다.

한편, UN이 2001년을 '세계 자원봉사의 해'로 선정하였고, 이를 전후로 해서 미국에서 일어난 세계 동시다발 테러사건과 UN 평화유지군에의 자위대 파견, 이라크 부흥지원, 스마트라 지진·인도양 쓰나미 등을 계기로 자원봉사활동은 개인과 NPO 등의 조직을 통해 국제활동으로 확대해 가고 있다. 이런 의미에서 일본의 자원봉사활동은 기존의 행정, 기업에 이은 시민 섹터, 또는 글로벌 섹터로서 주목받게 되었다.

〈표 3-3〉 일본 자원봉사활동의 주요 조직 및 제도 현황

조직 및 제도명	주요 내용
민생위원제도	• 1917년에 조직된 방면위원제도가 시초 • 1948년 「민생위원법」 제정으로 전국적 조직으로 확대 • 민생위원은 지역의 토착적인 자원봉사자로서 각 현의 사회복지심의위원회의 추천으로 후생노동성 대신이 임명하며, 임기는 3년임 • 사회복지협의회 산하 자원봉사센터에 배치되어 지역사회의 복지시설을 돕는 활동 수행
자원봉사센터	• 1962년 설립된 선의은행이 1975년 자원봉사센터로 명칭 변경 • 정부위탁기관으로 설립된 사회복지협의회가 운영 담당 • 사회복지협의회를 통한 정부의 재정지원 • 자원봉사활동에 관한 상담, 교육, 연구, 활동원조 등의 기능 수행
전국 자원봉사활동 진흥센터	• 1975년 전국 사회복지협의회 부설기관으로 설립 • 지방 사회복지협의회의 연락 및 조정기관 • 직원개발훈련, 정보보급, 자원봉사 인식제고 프로그램 운영, 자원봉사관련 자료 및 연구보고서 발간 등의 활동 수행
일본 청년봉사협회 (Japan Youth Volunteer Association: JYVA)	• 1967년 문부성에 의해 설립된 전국 단위의 자원봉사단체 • 대표적인 활동 프로그램 –18~30세까지의 청년이 4월부터 1년간 집을 떠나 교육, 복지, 의료 등의 국제협력에 참가하는 프로그램 –학교에 다니지 않는 청소년들이 전일제로 봉사하는 '자원봉사 365일 계' 프로그램 –자원봉사 청소년들을 기관, 단체에 보내 활동하게 하는 '활동캠프' 프로그램 –아시아 국가 자원봉사자들이 1년 동안 일본의 사회복지시설에서 자원봉사활동을 체험하는 프로그램 –매년 아시아 지역의 청소년 자원봉사지도자 초청 연수 실시
광역 볼런티어 범주 연락회의	• 학교나 기업들이 참여하는 전국 조직체로서 1944년 6월 창립 • 전국적으로 사회복지협의회, 일본상공회의소, 일본노총, 전국 농협중앙회, 청소년단체 등 41개 단체가 모여 결성 • 국민 각계각층의 자원봉사활동 경험을 위해 7~8월을 볼런티어 기간으로 정하고 각종 프로그램 실시
자원봉사 보험제도	• 자원봉사 활동 중에 발생하는 사고에 대한 상해보험 및 활동 대상자 등 타인의 신체, 재물, 명예 등에 대한 손해 배상책임을 담보하는 상해보험을 합체한 보험제도 • 대상이 되는 활동은 자발적이고 사회적 의의를 지니는 무상의 활동이며, 활동에 수반되는 숙박, 학습·연수, 회의, 활동지의 왕복이동을 포함함

조직 및 제도명	주요 내용
자원봉사휴가제도	• 자원봉사활동을 추진하기 위한 정책 중 노동정책의 일환으로서 관공청이나 민간기업에 도입된 제도 • 자원봉사활동을 추진하기 위한 활동자의 시간확보를 측면적으로 원조하는 제도로 노동성(현 후생노동성)과 인사원 등의 정책으로서 실현됨 • 1997년부터 국가공무원에게 유급휴가 이 외에 연간 5일 이내의 자원봉사 휴가를 유급으로 부여하는 제도 도입 • 민간기업에서는 3일에서 1주간 정도의 자원봉사 휴가제도를 실시하는 곳이 증가함

2. 한국의 자원봉사 역사

한국의 자원봉사 역사를 선진국과 비교해 보면 그리 짧지만은 않다. 한국 자원봉사의 시작은 전통사회로부터 시작했다고 할 수 있다. 전통사회에서 활발하게 행해졌던 두레, 품앗이, 계 조직, 향약 등이 대표적이다. 이를 기점으로 시대가 변화하면서 전통사회에서의 자원봉사활동도 차츰 변화하게 되어 1900년대 이후 현대적 의미의 자원봉사활동으로 변화하였다.

1) 전통적 의미의 자원봉사활동

앞서 언급한 바와 같이 우리나라 자원봉사활동의 기원은 전통사회로 거슬러 올라간다. 예컨대, 고대부터 농촌부락 단위로 공동경작, 공동채집에 참가하면서 자발적으로 상부상조하는 두레와 농촌의 노동력 교환인 품앗이, 신라시대부터 성행된 계 조직, 그리고 지역사회의 발전과 지역주민들의 순화, 덕화, 교화를 목적으로 하는 지식인들 간의 자치적 협동조직인 향약, 집을 신축하거나 10세 이하의 아이가 사망했을 때 도와주는 부근 등이 대표적이다(김영호 외, 2006: 101–103).

두레는 공굴(共屈), 공굴이, 조리, 동네 논매기 등 다양한 명칭으로 불리며 촌락 단위로 조직된 성인 남자들의 작업공동체로서 협동과 공동오락, 사회적 약자에 대한 노동력을 제공하는 것이다. 이 중 과부, 병자, 노인 등 노동력이 없는 사람들의 농지에 무상으로 노동력을 제공하였다. 이처럼 두레는 공동체 의식이 강하게 작용하는 집합적인 것이며, 마을 주민이 연대의식을 가지고 평등한 관계로 형성되는 단체의 성격을 띠었다.

계는 지역사회에서 가장 전통적이고 보편적으로 협동정신을 반영하는 것이다. 이러한 계는 다양한 종류가 있다. 먼저 자녀들의 혼례가 있을 경우 경제적으로 도움을 주고받는 혼상계가 있으며, 학비가 없어 서당에 다니지 못하는 아이들에게 배울 수 있도록 도와주는 학계가 있다. 또한 노부모에게 정기적으로 경로·양로 잔치나 선물을 하며 필요에 따라 보살피는 양로계, 각종 과거시험에 동기로 합격한 사람들끼리 맺는 동방계가 있다.

향약은 그 범위가 면 단위 정도의 지역사회였으므로 두레와 같이 자연공동체의 성원 모두가 직접 참여하는 체제는 아니었다. 하지만 함께 어울려 사는 동네의 발전과 동네 사람들의 친화와 친목을 목적으로 한 지식인 중심의 자발적인 협동조직이라 할 수 있다. 이러한 향약은 지원자에 의하여 참여한다는 원칙에 입각하고 있었을 뿐 아니라 반상계층이었던 그 당시 누가 '약원(향약에 가입한 사람)'이 되느냐 하는 데에는 신분적 제약도 뒤따랐던 것으로 보인다.

부근은 북한지방에서 널리 행해지던 풍습으로 두레보다는 봉사범위가 넓은 개념이다. 이는 동네 사람이 집을 신축할 때나 10세 이하의 아기가 죽었을 때의 자사, 그 외에 부근 조직의 우두머리가 도와줄 필요가 있다고 인정했을 때 서로 협동하여 봉사하는 것이다.

그 외의 전통적인 자선활동으로는 마을에 흉사가 있을 때 무보수로 봉사하는 향도, 홀로 사는 과부, 홀아비, 노인들만 사는 집을 고치거나 지을 때 물자와 노동력을 제공하는 부조, 그리고 농번기 때 노동력을 교환하는 품앗이 등이 있다. 이를 정리하면 다음 〈표 3-4〉와 같다.

〈표 3-4〉 전통적 자원봉사활동 내용

구 분	내 용
두레	촌락 단위 조직이며, 성인 남자들의 작업 공동체
부근	집을 신축하거나, 10세 이하의 아이가 사망했을 때 도와줌
향도	마을에 흉사가 있을 때만 무보수 봉사하는 일종의 장의 봉사
부조	과부, 홀아비, 노인, 화재를 당한 집을 고치거나 정리
향약	친화친목을 목적으로 한 자발적 협동조직
품앗이	노동력을 주고받는 마을 공동체로 기본 나눔 형태
계	상부상조의 관행, 목적에 따라 다양함

출처: 이종복 외(2008), P. 396.

2) 현대적 의미의 자원봉사활동

현대적 의미의 자원봉사활동 시초는 1903년에 설립된 YMCA이다. 이는 기독교 사상을 바탕으로 선교사 및 한국의 젊은 대학생들이 중심이 되어 시작한 것이다. 즉, 산업혁명 직후인 당시의 혼란한 사회 속에서 시달림받고 있던 청년들이 정신적, 영적인 상태의 개선을 도모하기 위해 자발적으로 조직한 활동이 현대적 의미의 자원봉사의 시초로 볼 수 있다.

한국자원봉사활동의 형성기인 1900년대 초반에는 1903년 YMCA 설립 이후 1919년 3.1 운동을 계기로 전국적으로 조직되어 1923년 전국조직으로써 YWCA가 설립되었다. 일제강점기(1910~1945년)의 자원봉사 활동은 크게 두 가지의 성격으로 구분할 수 있다(이만식 외, 2017: 44). 먼저 조선총독부에서 설립한 인보관 중심의 교화사업 형태이다. 1938년 상부상조와 국민자각을 향상시키기 위하여 서울에 관립 「서부인보관」이 세워졌고, 1941년에는 4개소의 인보관이 설립되면서 관에서 임명하는 자원봉사자도 250명이나 되었다(김한구 외, 1997: 33). 두 번째 형태는 구국운동의 일환으로 시작한 학생운동의 형태이다. 학생들이 중심이 되어 전개한 농촌의 계몽운동이 일어났으며 해방 후에도 형식적 또는 비형식적 계몽운동 또는 봉사활동이 대학생들을 중심으로 이루어졌다. 또한 문교부, 보건사회부, 농림부 등의 정부기관에 의해 실시되어 온 자원봉사활동, 각 대학의 하계봉사활동, 농촌활동, 각종 사회복지 기관들에 의해 자원봉사가 이루어졌다(김영호 외, 2007: 99).

한국자원봉사활동의 확산기인 1970년대에는 경제적 부흥을 이룩하고자 국가에서 대대적으로 새마을 운동을 실시하였다. 이는 지역사회 주민들 간 단결 및 협동으로 생산 기반과 생활 능력을 개발하여 소득 수준을 향상시키는 등 자원봉사정신을 통한 발전을 강조했다. 이 당시 해외 상황으로는 1970년대 오일쇼크로 복지국가의 위기가 대두되었고, 국내에서도 이의 대안으로 자원봉사 활동의 활성화를 강조하였다.

1970년대까지는 자원봉사활동에 대해 인식 및 관심은 높아졌으나 비교적 산발적인 형태를 나타내고 있었다. 그러다가 1980년대 들어서면서부터 1986년 아시안게임 및 1988년 서울 올림픽 등 공식적인 행사를 진행하면서 본격적으로 자원봉사에 대한 관심이 높아지기 시작했다.

한편, 1990년대에는 자원봉사에 대한 관심을 이끄는 단계를 넘어 자원봉사를 더욱 견고하고 체계적으로 육성하려는 다양한 시도를 한 시기로 평가받고 있다. 자원봉사 육성의 시도로는 언론사의 대대적인 홍보와 1991년 2월 전국 최초의 전문민간 자원봉사단체인 한국자원봉사연합회가 부산에서 창립총회를 가졌다. 1992년 보건복지부가 재가복지봉사센터의 관리 업무를 한국사회복지관협회에 위탁, 1993년 한국사회복지협의회의 자원봉사 전산망(VT-NET) 구축, 교육현장에서 이루어진 자원봉사활동 제도화로 1995년 교육개혁을 통해 초·중·고·대학생을 대상으로 자원봉사활동을 권장하였다. 또한 삼성그룹의 기업 자원봉사활동 도입, 1995년 한국자원봉사포럼 창립, 1996에는 사랑의 문화봉사단 및 한국대학사회봉사협의회 발족, 대학생 봉사활동 활성화를 위한 총장들의 모임인 '한국대학사회봉사협의회' 발족, 1997년 자원봉사 활성화를 위한 연구·교육 기관인 볼런티어 21(現 한국자원봉사문화)이 창설되었다(김동배, 2006: 148-149; 김한구 외,

1997: 34).

한국자원봉사활동의 재정립기인 2000년대 이후에는 자원봉사활동 영역을 사회복지분야뿐만 아니라 문화, 환경 등 전 사회영역으로 확산시킬 필요성을 인식하여 정부 정책도 자원봉사활동 영역을 지속적으로 확대하였다. 2002년에는 세계자원봉사협의회(International Association for Volunteer Effort: IAVE)가 주최하는 세계자원봉사대회를 우리나라에서 개최하여 전 세계 자원봉사단체의 화합과 교류의 장을 제공하였고, 이후 2008년 아시아 최초로 이강현 회장이 세계자원봉사협의회 회장으로 취임하면서 우리나라 자원봉사활동을 전 세계에 알리는 계기가 마련되었다. 2005년 「자원봉사활동기본법」을 제정하여 자원봉사활동이 법적으로 지원을 받을 수 있는 기반을 마련하였다. 「자원봉사활동기본법」은 자원봉사활동의 진흥에 국가와 지방자치단체의 책임과 의무를 명시했다는 데에 그 의의가 있다. 「자원봉사활동기본법」에 근거하여 2007년 자원봉사활동 진흥을 위한 제1차 국가기본계획(2008~2012)이 수립되었고, 현재는 제2차 국가기본계획(2013~2017)을 거쳐 제3차 국가기본계획(2018~2022)이 수립되어 진행되고 있다.

이처럼 한국의 자원봉사활동은 전통사회부터 현대사회로까지 자원봉사에 대한 인식이 확산되면서 비공식적, 공식적으로 그 활동이 활발해져 왔다. 이처럼 자원봉사에 대해 다양한 활동을 전개한 자원봉사기관에 대해 정리하면 다음 〈표 3-5〉와 같다.

〈표 3-5〉 현대적 의미의 다양한 자원봉사활동 기관

구 분	내 용
한국 YMCA	• 설립: 1903년 설립 • 활동: 민족 계몽운동과 독립운동 등 • 주체: 대학생 및 기독교 선교사
한국적십자사	• 설립: 1905년 '대한적십자사'로 출현 • 활동: 의료활동 • 주체: 고종황제(칙령 선포)
인보사업	• 설립: 1921년 태화기독교 사회관 • 활동: 문맹퇴치를 위한 야학, 농촌계몽운동, 일손돕기, 질병구제 등 • 주체: 마여스(Mary d. Myers) 여사
새마을 운동	• 시작: 1970년대 • 활동: 초가집 없애기(지붕개량), 담장 바꾸기, 마을 안길 넓히고 포장하기, 다리 놓기 등 • 주체: 국가 및 지역주민
사회봉사 안내소	• 시작: 1978년 한국사회복지협의회 부설로 시작 • 활동: 자원봉사자 모집, 교육, 사후지도 등 • 주체: 보건복지부 • 변천: 1991년 지역복지봉사센터→1994년 자원봉사 정보안내센터(VT넷)→2001년 사회복지정보센터(복지넷).
한국사회복지 협의회	• 시작: 1952년 한국사회사업연합회로 설립 • 변천: 1970년 한국사회복지협의회로 개칭→1985년 시 · 도 지방사회복지협의회 조직→1998년 시 · 도 사회복지협의회로 독립법인 설립. • 주체: 국가
여성자원활동 인력은행	• 시작: 1984년에 설립 • 활동: 여성의 의식 개발, 여성의 사회참여 확대, 여성인력 개발 등 • 주창자: 한국여성개발원(현 한국여성정책연구원)
한국자원봉사 능력개발연구회	• 시작: 1987년 '한국자원봉사센터'로 설립 • 활동: 자원봉사자 양성, 배치, 활용, 자원봉사에 관한 조사, 연구 및 교육, 출판 등 • 주체: 김옥란
한국이웃사랑회 (현 굿네이버스)	• 시작: 1991년 6월에 공식적으로 출범. • 활동: 전문사회복지사업, 국제구호개발사업 등
한국자원봉사 협의회	• 시작: 1994년 36개 자원봉사단체의 참여로 시작. • 활동: 「자원봉사지원법」, 자원봉사 프로그램 개발 및 보급 등 • 주체: 정부 • 변천: 1992년 자원봉사단체, 학계, 정부 관계자 등이 모여 워크숍 개최, 1994년 '한국자원봉사단체협의회' 구성으로 시작, 2003년 '한국자원봉사협의회'로 개칭. • 2010년 기준 157개 봉사단체 참여

구 분	내 용
지역자원 봉사센터	• 시작: 1996년부터 전국 자치단체당 1개소씩 설치. 2017년 현재 전국 총 245개소 운영 중 • 활동: 자원봉사자 발굴 및 교육, 자원봉사활동 연계, 자원봉사 프로그램 개발 등 • 주체: 정부
한국대학자원봉사 협의회	• 시작: 1996년 140여 개의 대학 총장들이 모여 결성 • 활동: 대학생 사회봉사활동의 육성 발전을 위한 활동
한국자원봉사 관리협회	• 시작: 2004년에 창립한 비영리단체 • 활동: 자원봉사관리자의 전문화와 활성화를 위한 활동 • 변천: 2016년 '자원봉사이음'으로 명칭 변경

4장

자원봉사 이론

1. 자원봉사 실천의 이론적 기반

1) 자원봉사활동에 필요한 지식

자원봉사활동을 위해서는 인간에 관한 지식과 과학적 결과들에 대한 이론적 기반을 갖추는 것이 필요하다. 그러나 인간의 현상에는 예외성이 있기 때문에 인간의 행동은 자의적이며 예측할 수 없는 성격이라는 것을 전제해야 한다(최덕경 외, 2006: 175-176).

첫째, 인간발달과 행동에 대한 지식이 필요하다. 특히 전인적인 인간관을 이해하며, 인간은 각자가 속한 사회적, 경제적, 문화적 환경과의 부단한 상호작용에 의해 행동을 결정한다는 사실을 인지한다.

둘째, 인간관계에 대한 이해가 있어야 한다. 즉, 개인 상호 간의 관계, 개인과 집단 간의 관계, 집단과 집단이 어떠한 형태로 상호작용하는가를 이해해야 한다.

셋째, 인간이 행하는 의사소통의 다양한 방법들을 이해해야 한다. 즉, 인간은 의사소통에 있어서 언어적 내지 비언어적 방법들을 동원하는데, 특히 이러한 외적인 모습 이면의 내적 감정의 상태를 이해하는 것이 매우 중요하다.

넷째, 자기 자신에 대한 지식이 있어야 한다. 즉, 자원봉사활동은 자신을 통해 남을 돕는 활동이기 때문에 자신이 지닌 성격상의 강점과 약점을 객관적으로 파악하는 노력이 필요하다.

다섯째, 집단의 과정을 이해해야 한다. 인간이 집단을 구성할 때에 발생하는 개인의 역할과 집단의 상호작용에 의해 발생하는 집단의 역할을 이해해야 한다.

여섯째, 개인, 집단, 지역사회의 형태에 문화적 요인 내지 전통의 의미와 영향을 이해해야 한다. 즉, 개인, 집단이나 지역사회는 그들이 가지고 있는 종교적 신념 또는 영적인 가치관에 의해 많은 영향을 받으며, 또한 그들이 준수하는 법률, 또는 사회제도 내에서 행동이 결정되는 경우가 많기 때문에 이러한 문화적 요인에 대한 이해가 필요하다.

마지막으로, 지역사회 본질에 대한 이해가 있어야 한다. 즉, 특정 지역사회의 내적인 구조와 과정, 발달과 변화의 형태, 지역사회의 자원과 사회서비스의 현황 등을 이행해야 한다.

2. 자원봉사 동기 이론

1) 자원봉사 동기 부여의 정의와 중요성[1)]

(1) 동기 부여의 정의

동기 부여(motivation)란 원래 '움직인다'는 뜻을 가진 라틴어 모베레(movere)에서 나온 말이다. 일반적으로 심리학적 관점에서의 동기 부여란 행동 방향을 결정짓는 것이며, 행동을 계속하도록 하는 것이며, 행동이 발생하여 계속해 가는 시점에서 작용하는 것을 의미한다. 그러나 조직 관점에서의 동기 부여란 인간의 정태적인 상태를 동태적인 상태로 변환시키기 위하여 인간의 행동에 동기를 주입시키는 것을 의미한다. 동기는 인간행동의 주요 원인으로 최고 관리자는 목표지향적인 조직구성원들의 행동을 자극하고 유발시켜야 한다. 이러한 의미에서 동기 부여란 개념은 목표달성을 위한 조직구성원의 지속적인 노력을 효과적으로 유도하는 것이라 정의할 수 있다.

(2) 동기 부여의 중요성

자원봉사가 아무리 의미가 있고 가치 있는 일이라 해도 동기가 부여되지 않으면 자신의 귀중한 시간과 에너지를 남을 위해 쓸 수가 없다. 설사 자원봉사를 하고 있다 하더라도 동기 부여의 노력이 없으면 자원봉사자의 욕구는 충족될 수 없

1) 동기 부여에 관해서는 오세영(2018a) pp. 301-311을 주로 참조하였다.

으며 자원봉사의 지속성을 담보할 수가 없다.

따라서 자원봉사를 추진하는 조직의 관리자는 무엇이 자원봉사자들에게 동기를 부여해 주는지 알아야 한다. 즉, 동기 부여에 관한 지식을 기초로 하여 소중한 인적자원을 관리해야 한다.

(3) 동기 부여와 욕구와의 관계

동기 부여는 욕구 충족과 밀접한 관계가 있다. 동기 부여의 이론과 관련하여 가장 먼저 연구되었던 주제는 동기를 부여시키는 원동력이 무엇이냐, 무엇이 행동하도록, 무엇이 움직이도록 하느냐에 관한 것이었다. 이것을 밝혀내는 작업이 주로 심리학자들에 의해 욕구(needs)라고 정의되어 연구되었다. 인간은 누구나 어떤 욕구, 그 욕구를 충족시키려는 행위의도, 그리고 실제의 행동 등 세 개의 복합체로 구성되어 있다. 이 세 요소는 균형을 이루려 하지만 현실에서는 수시로 깨어진다. 충족되지 않은 욕구가 있으면 균형은 곧 깨지고 긴장이 조성된다. 또 긴장이 발생하면 개인은 균형을 다시 찾으려 노력하게 되며 그 욕구의 충족을 위해 무엇인가 하려고 하는 데 이 상태를 동기 부여라 한다. 그러므로 욕구이론가들은 욕구충족과 동기 부여는 상호 밀접한 관계가 있다고 보았던 것이다.

2) 동기 부여이론

동기 부여이론은 크게 내용이론(content theory)과 과정이론(process theory)으로 구분된다. 내용이론은 동기를 부여하는 실제적인 내용이 무엇인가에 초점을 두는 이론이다. 인간은 욕구를 충족시키기 위하여 동기 부여되기 때문에 내용이론을 욕구이론이라고도 한다. 과정이론은 내용보다는 동기 부여가 어떤 과정을 통하여 발생하는가에 초점을 두고 있다.

〈표 4-1〉 내용이론과 과정이론에 따른 동기 부여 이론

구분	핵심 내용	주요 이론	설명
내용 이론	동기를 부여하는 실제적인 내용이 무엇인가?	매슬로우의 욕구단계이론	위계화된 욕구들의 구성
		맥클리랜드의 성취동기 이론	성취 욕구의 중요성 강조
과정 이론	동기 부여가 어떤 과정을 통하여 발생하는가?	기대이론	결과에 대한 기대, 유의성, 수단성
		아담스의 공평성 이론	나의 투입과 산출 대 타인의 투입과 산출

(1) 동기 부여 내용이론

① 매슬로우의 욕구단계이론

매슬로우(Maslow)는 욕구와 관련하여 사회구성원들이 인생의 전 과정 동안 목표를 추구하고 그 목표를 달성하기 위해 내적으로 끊임없는 충동이 일어나게 된다고 주장하였다. 이런 충동의 근원인 욕구는 다섯 단계의 위계화된 욕구들로 구성되어 있으며 기본적이고 낮은 위치의 욕구가 달성된 후에 점차 보다 높은 단계의 욕구로 이전한다고 주장한다.

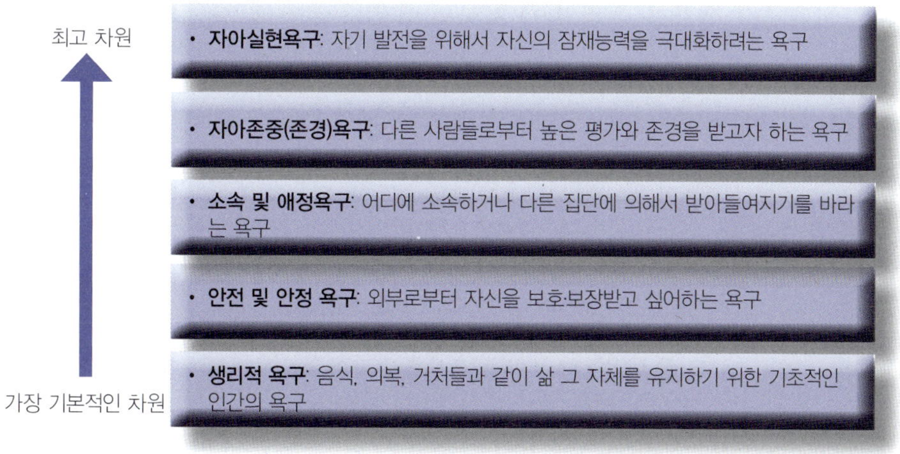

〈그림 4-1〉 매슬로우의 욕구 다섯 단계

이때 욕구는 의식주 및 생명유지와 관련된 가장 기본적인 것으로 생리적 욕구(physiological needs), 위협이나 공포, 피해 등 신체적인 안정상태의 유지와 관련된 안전의 욕구(safety needs), 소속감과 우정, 사랑의 감정을 추구하는 소속 및 애정의 욕구(belongingness and love needs), 자신이나 타인으로부터 존중받으려는 욕구인 자기존중의 욕구(self-esteem needs), 자신의 잠재력을 실현하고 자아를 개발하는 자아실현의 욕구(self-actualization needs) 순으로 전이한다.

따라서 생존의 욕구가 충족되면 안전의 욕구를 추구하는 동기가 유발되어 안전의 욕구를 목표로 하는 행동으로 옮겨지고, 그 결과 안전의 욕구를 충족하게 된다는 것으로 이렇게 하여 가장 높은 단계인 자아실현의 욕구까지 추구하게 된다는 것이다.

매슬로우의 욕구 5단계를 자원봉사활동의 동기에 비추어 보면 다음과 같다(양점도 외, 2010: 32).

첫째, 가장 낮은 차원에서는 생리적 욕구를 충족시키는 보조수단으로 자원봉사활동을 하는 경우이다. 둘째, 직장을 유지하기 위한 안전장치의 하나로 자원봉사활동을 하는 것을 볼 수 있다. 셋째, 개개인이 사회로부터의 고립과 외로움을 해소하기 위한 방편으로 자원봉사활동에 참여하는 단계로 이동한다. 나아가 사람들이 자신의 활동을 통해 자기 자신을 인정해 주고 존중해 주길 바라는 자존의 욕구에 의해서 많은 사람들이 봉사활동에 참여한다고 볼 수 있다. 넷째, 평소에 자신이 습득하고 있으나 일상생활에서 잘 사용하지 않는 재능과 특기를 살려 이웃과 지역사회를 위해 발휘할 수 있는 자아실현 욕구에서 자원봉사활동을 한다고 할 수 있다.

② 맥클리랜드의 성취동기이론

성취동기이론(achievement motivation theory)은 매슬로우의 이론과 마찬가지로 인간의 욕구에 기초해서 동기 부여를 설명하려는 이론이다. 이 이론의 연구자들은 한 개인의 퍼스낼리티는 인간의 행위를 동기 부여시킬 수 있는 잠재력을 가진 여러 욕구들로 구성된다고 보았다. 이러한 욕구들에는 우수한 결과를 얻기 위해서 높은 기준을 설정하고 이를 달성하고자 하는 성취욕구(need for achievement: N-Ach), 다른 사람과 우호적이고 따뜻한 관계를 유지하려는 친교욕구(need for affiliation: N-Aff), 다른 구성원에게 통제력을 행사하거나 행동에 영향을 미치는 권력욕구(need for power: N-Pow) 등이 포함된다. 그중에서도 맥클리랜드(D.C. McClelland)는 특히 성취욕구의 중요성을 강조하였다.

이 이론에 의하면 성취욕구가 강한 사람들은 성공에 따르는 보상 그 자체보다는 개인적인 성취를 추구한다. 그들은 자신의 책임하에서 문제의 해결책을 찾아낼 수 있고 자신의 성과가 개선되었는지를 쉽게 판단할 수 있도록 성과에 대한 신속한 피드백(feedback)이 주어진다. 또한 어느 정도 도전적인 목표를 세울 수 있는 상황에서 일하고자 한다. 그러나 성취동기는 예를 들면 우연성에 의해 결정되는 게임의 경우와 같이, 자신의 힘으로는 어찌할 수 없는 것과 같은 업무에 대해서는 관심을 보이지 않는다. 또 성취동기가 높은 사람들은 어떤 행위에 의해 일련의 가능성의 결과가 좌우되며, 그 행위가 가져온 성과를 구체적으로 알 수 있는 기회가 있는 경우에 더욱 관심을 보인다.

성취동기이론을 자원봉사와 관련하여 보면, 자원봉사 관리자는 성취지향의 동기가 강한 자원봉사자에게는 더욱 책임 있고 중요한 업무의 부여가 고려될 수 있고, 권력지향의 욕구가 강한 사람은 새로운 직책의 부여 또는 다른 자원봉사자들을 지도할 수 있는 지위를 제공하는 등의 배려를 할 수 있다.

(2) 동기 부여 과정이론

① 기대이론

동기 부여의 기대이론(expectancy theory)은 수단성 이론(instrumentality theory) 혹은 기대/유의성 이론(expectancy/valence theory)이라고도 한다. 브룸의 기대이론을 이해하기 위해서는 이론을 구성하고 있는 기대, 유의성, 수단성(도구성)의 개념을 이해할 필요가 있다. 유의성(valence)이란 행동의 결과로서 얻어질 것의 가치를 의미한다. 예를 들면, 자원봉사자가 자원봉사를 한 후에 얻을 수 있는 성취감 같은 것들을 의미한다. 기대(expectancy)란 특정행위에 특정결과가 일어날 확률을 말한다. 즉, 내가 어떤 한 행동을 했을 때 성공할 확률이 얼마인가 하는 것이다. 예를 들면 자원봉사자가 자원봉사를 통해 원하는 과업을 달성할 수 있을까라는 기대를 의미한다. 수단성(instrumentality)이란 어떤 행동의 결과 보상이 주어질 것이라고 믿는 정도를 의미한다. 예를 들면, 자원봉사를 통해서 자신에게 어느 정도의 보상이 주어질 것인가라고 믿는 정도를 의미한다.

기대이론의 핵심은 직무수행을 통해서 장차 개인이 바라는 좋은 결과(성과)를 얻을 수 있다고 하는 기대와 그러한 결과가 개인에게 얼마나 매력적인가를 보여주는 유의성의 정도에 따라 행동하게 된다고 보는 것이다. 다시 말해서 직무에서 열심히 일함으로써 긍정적 유의성이 높은 성과들을 얻을 확률이 높다고 지각하면 동기 부여의 힘이 강하다고 보는 것이다.

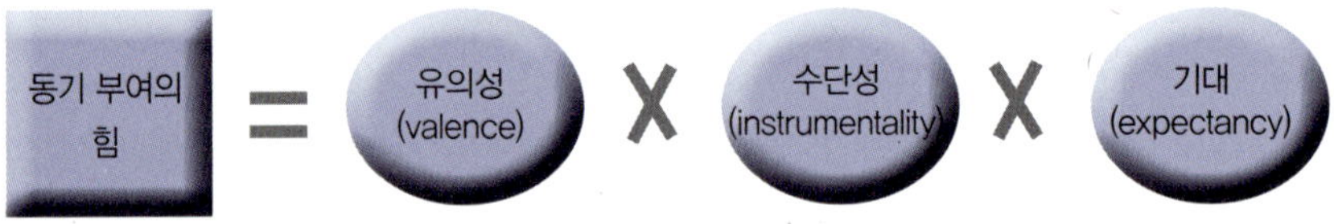

M = f (V, I, E)

〈그림 4-2〉 기대이론의 동기 부여의 힘의 공식

예를 들면, 이런 것이다. 감을 무척 좋아하는 사람이면 감나무에 열심히 오른다는 욕구이론의 주장은 감에 대한 욕구의 크기가 동기를 결정한다는 뜻이다. 하지만 감나무에 올라가도 감이 손에 닿지 않으면 감을 무척 좋아하는 사람이라도 나무에 오를 동기가 생기지 않는다. 그러므로 그의 동기 부여를 위해서는 옆에 막대기나 사다리를 놓아주어야 한다는 것이 기대이론이다. 막대기가 너무 짧거나 사다리가 부러졌어도 안 된다. 나무에 오르면 감을 딸 수 있다는 확률(기대)을 높여주자는 것이다.

브룸의 기대이론은 동기는 자신의 노력의 결과에 대해 스스로 부여하는 가치에 의해 결정되고, 자신의 노력이 목표를 성취하는 데 실질적으로 바람직한 결과를 가져올 것이라는 확신을 갖게 될 때 동기 부여를 받는다는 것을 말해주고 있다.

기대이론이 자원봉사 관리에 많은 시사점을 제공한다(류기형 외, 2009: 140). 첫째 자원봉사자들의 기대를 파악하여 바람직한 성과가 무엇인지를 명확히 하고, 그에 해당하는 활동이 보상받을 수 있도록 기대감을 제고해야 한다. 둘째, 자원봉사자에 대한 외적 보상 등을 통해 그들의 성과를 정확히 함으로써 신뢰를 확보해야 한다. 셋째, 자원봉사자의 가치 또는 욕구체계를 파악하여 기관이 현재 제시하고 있는 인센티브의 유효성을 평가하고 무엇을 더 제공해야 하는가를 판단해야 한다.

② 아담스의 공평성 이론

아담스(Adams)는 공평성 이론(equity theory: 공정성 이론)을 통해 조직이 공정성을 실천함으로써 구성원들을 동기 부여시킬 수 있다고 주장하였다. 즉, 투입 및 산출에 대한 자신과 준거 인물의 비교를 통해 형평(equity)에 맞게 보상을 받게 될 경우 공정성을 지각하지만 어긋난 보상을 받게 될 경우 불공평(inequity)을 느끼게 되고 이 불공평으로 인해 긴장감 및 여러 유형의 태도들이 발생하며 아울러 이 긴장감을 줄이려고 노력하게 된다는 것이다. 이 이론의 요점은 사람들은 자기 자신의 투입(input) 대 산출(output)의 비율을 동일한 직무상황 내에 있는 다른 사람들의 투입 대 산출의 비율과 비교한다는 것이다. 그리하여 이 두 비율이 같을 때는 공정성이 지각되고, 이 두 비율 간에 어느 한 쪽이 크거나 작을 때에는 불공정성이 지각된다. 즉, 자신이 처해 있는 상황이 타인과 비교할 때 공평한지의 여부가 만족·불만족에 대한 규정요인이 되는 것이다.

〈표 4-2〉 공평성 이론에서 공정성을 유지하기 위한 동기 부여 방법

불공정성의 형태	공정성을 유지하기 위한 동기 부여 방법
본인의 투입 대 산출 < 타인의 투입 대 산출	본인의 산출을 높이려고 어떠한 보상을 높이려는 시도를 꾀하게 됨
본인의 투입 대 산출 > 타인의 투입 대 산출	본인의 투입을 줄이려고 직무수행 노력을 감소시키려 할 것임
본인의 투입 대 산출 = 타인의 투입 대 산출	공정성을 지각

이 이론에 따르면 자원봉사자들은 다른 봉사자들과의 관계에서 공평성(공정성)을 유지하는 방향으로 동기 부여를 한다는 점을 시사하고 있다. 따라서 자원봉사자에게는 적절한 수준의 인정과 감사가 필요하다.

3) 사회적 교환이론

자원봉사활동을 보상과 관련시켜 합리적 의사결정의 결과로 해석하는 대표적인 이론으로 사회적 교환이론(Social Exchange Theory)이 있다. 자원봉사자는 자원봉사활동의 수행과정에서 나타나는 업무의 보상, 즉 성취감, 소속집단과의 관계 향상 등에 의해 영향을 받는다는 것이다. 여기에서의 보상은 물질적 보상이 아닌 인정, 칭찬, 존경 등과 같은 사회적 보상을 의미한다. 사회적 교환은 반드시 주고받은 양자 간에 이뤄지는 것이 아니라 제삼자를 통한 간접교환도 가능하다(이만식 외, 2017: 225–226).

사회적 교환은 자원봉사자에게 사회적인 차원에서 보상의 형태로 제공되는 것들, 예를 들면 추천이나 추천서 제공, 정부포상 추천, 학교 진학 또는 취업 시 경력 인정 등과 같은 것들로 이해할 수 있다.

3. 자원봉사활동의 동기 부여를 위한 업무결정 권한 부여

자원봉사자들이 일하고 싶은 환경과 조건을 만드는 것은 자원봉사활동의 동기화를 위해 매우 중요하다. 이를 위한 환경구축으로 자원봉사자에게 자원봉사 활동 방법을 스스로 결정하도록 하는 권한을 부여할 수 있다. 그러나 이러한 권한을 부여함으로써 자원봉사자와 그들의 활동에 대한 효과적인 통제가 어려워질 수 있다. 자원봉사자에게 업무결정 권한을 부여하는 것은 그들의 역량을 강화할 뿐만 아니라 그들 스스로 창조적인 활동을 수행하게 함으로써 자원봉사활동에 대한 지속적인 동기를 부여할 수 있다. 다만, 어느 정도의 권한을 부여하면서 동시에 통제 수준을 어떻게 할 것인가가 중요하다. 이를 위해 이만식 등(2017: 195-200)은 자원봉사자가 행사할 수 있는 업무 결정 권한의 정도를 다음 네 가지 수준으로 나누어 적용할 수 있다고 하였다.

〈표 4-3〉 자원봉사자의 업무결정을 위한 권한통제 수준

통합 수준	내용	자원봉사자의 동기화	기관의 통제 정도
1수준	자원봉사자 주체의 업무 결정 (자원봉사자에게 전적인 권한 부여)	높음	낮음
2수준	먼저 자원봉사자가 주체가 되어 활동 진행 후 슈퍼바이저에게 정기적으로 보고		
3수준	자원봉사자 주체의 업무 결정과 슈퍼바이저의 승인 후 활동		
4수준	관리자 혹은 슈퍼바이저 주체의 업무 결정에 따라 활동 (자원봉사자에게 권한 부여하지 않음)	낮음	높음

출처: 이만식 외(2017), p. 200. 〈표 7-1〉 참조 필자 수정 작성.

첫 번째 수준은 자원봉사자에게 업무결정의 전적인 권한을 부여하여 자원봉사자가 주체적으로 업무를 결정할 수 있는 수준이다. 이 수준에서 자원봉사자는 자원봉사 활동의 목적과 활동방법, 문제 상황에서의 대처방법 등 자신의 업무를 완전히 숙지하고 통제할 수 있어야 한다. 보통 자원봉사 관리자는 이 수준의 권한을 부여하는 데 주저하게 된다. 그 이유는 자원봉사자가 활동에 대해 잘못 인지하고 활동했을 때 기관과 관리자가 계획했던 바람직한 결과 달성에 문제가 생길 수도 있기 때문이다.

두 번째 수준은 자원봉사자가 자신의 업무를 정확히 인식하고, 업무결정의 주체가 되어 활동하는 것은 첫 번째 수준과 동일하다. 하지만 동시에 업무의 수행과정과 그 결과 등을 정기적으로 슈퍼바이저에게 보고해야 할 책임도 있다. 이는 자원봉사자가 스스로 결정한 업무가 바람직한 방향으로 진행될 수 있도록 슈퍼바이저가 제한된 슈퍼비전을 제공하는 것이다. 따라서 슈퍼바이저는 필요에 따라 자원봉사자의 업무 방향을 바람직한 방향으로 수정하는 조치를 취할 수도 있다.

세 번째 수준은 자원봉사자가 상당한 수준의 지도와 관리가 요구되는 자원봉사자라고 판단될 경우 자원봉사활동에 대한 업무결정 권한을 보다 제한할 수 있다. 세 번째 수준에서도 자원봉사자는 자신의 업무를 결정하는 데 있어 주체적인 역할을 한다. 그러나 자원봉사자 주체적으로 결정한 업무를 수행하기 전에 슈퍼바이저의 승인을 얻는 과정을 거쳐야 한다. 이 수준에서의 슈퍼바이저는 앞 두 단계보다 통제권을 더 많이 가지며, 자원봉사자의 활동을 언제라도 중지시킬 수 있는 권한을 가진다.

네 번째 수준은 자원봉사 관리자가 자원봉사자의 업무 수행에 대해 전반적으로 신뢰할 수 없는 상태일 때 자원봉사자의 자기결정 권한을 전적으로 통제할 수 있다. 이 통제 수준에서의 자원봉사자는 자신이 수행할 업무상 욕구가 무엇인지 알 필요가 없다. 다만 자신에게 주어진 일을 수행하는 역할만 할 뿐이다. 이 단계에서의 자원봉사자 업무에 대한 모든 결정은 자원봉사 관리자나 슈퍼바이저에게 있다. 그렇기 때문에 자원봉사 관리자는 자원봉사자 업무수행의 모든 단계에서 자원봉사자를 지도하고 결정해야 하기 때문에 업무량이 증가할 수 있다. 또한 자원봉사자로부터 발생할 수 있는 창조적인 활동 결과물이 현저하게 줄어들 수 있다. 업무를 실제로 수행하는 자원봉사자가 스스로 생각할 수 있는 기회가 없다면 서비스를 향상시킬 수 있는 참신한 아이디어 또한 나타날 수 없게 될 것이기 때문이다.

자원봉사자의 역량을 강화하고 자원봉사활동에 대한 지속적인 동기 부여를 위한 업무결정 권한 부여는 자원봉사자의 상황과 역량에 따라 그 단계를 달리 적용할 수 있다. 자원봉사자의 업무 수행 능력에 대한 관리자의 신뢰가 커지고 우려가 줄어들 때 통제 수준을 3수준에서 2수준으로 또는 2수준에서 1수준으로 조정할 수도 있다. 즉, 자원봉사자의 노력을 통해 올라가는 '사다리'의 역할을 할 수 있다.

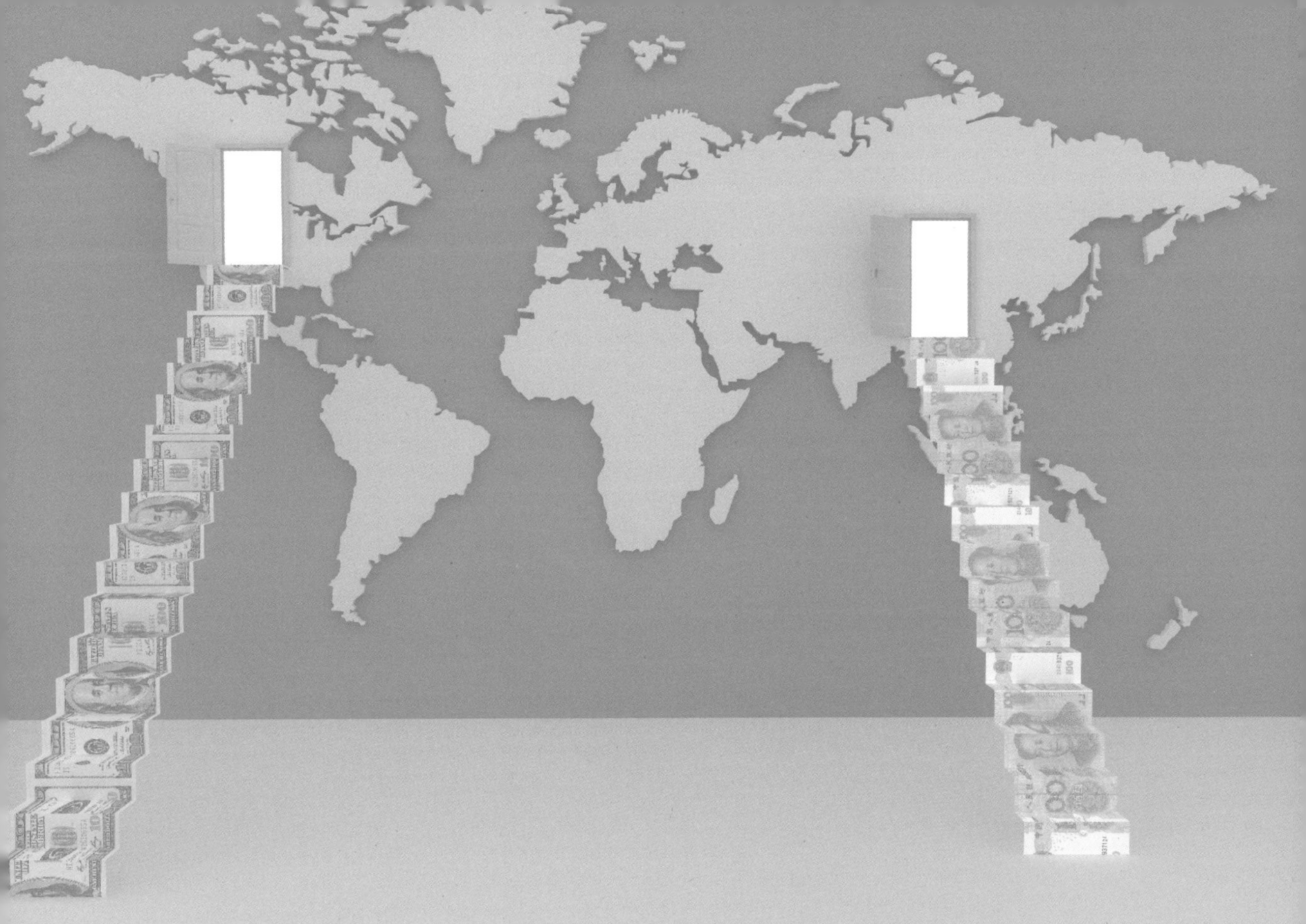

VOLUNTEERISM

2부

자원봉사활동의 실천

5장

자원봉사의 실천 방법과 기술

1. 자원봉사 어떻게 시작할 것인가?[1)]

1) 무엇부터 시작할 것인가?

지역사회를 위해 자원봉사활동을 하기로 결심했는데, 당장 무엇부터 시작해야 할지 모르는 경우가 있다. 이런 경우 다음의 질문에 대해 시간을 두고 답을 구하면 도움이 될 것이다.

- 자신은 아마 자신이 관심을 가지는 단 한 가지 영역을 위해서만 시간이 있을지 모른다. 그것이 어떤 것인가?
- 어떤 종류의 자원봉사활동이 자신에게 가장 만족을 주는가?
- 얼마나 많은 시간을 사용할 수 있는가?

위의 질문에 답을 구하고 나면 자원봉사활동에 대한 선택이 이루어지고 그에 관해 보다 더 마음의 준비가 되고, 보다 편안한 마음으로 자원봉사활동에 임하게 될 것이다. 또 자신이 참으로 변화를 시킬 수 있다는 자신감을 갖게 될 것이다.

2) 문제의 선택방법

자원봉사활동을 어디에서부터 시작해야 할 것인가를 결정하기란 좀처럼 쉽지 않다. 방법은 자신이 진실로 관심이 있는 한 가지 문제만 선택하고 그것을 추구해 가는 것이다. 그 방법은 다음과 같다.

---

1) 이 절은 한국자원봉사연합회(1998)를 참조하였으며, 자원봉사활동을 참여하는 데 있어 가장 좋은 방법을 선택하는 데 도움을 주게 될 것이다.

(1) 리스트 만들기

자신이 관심 있는 문제들(예: 학교 문제, 에이즈, 범죄 등), 자신이 지원하고자 하는 지역사회 자원(예: 도서관, 공원 등), 그리고 자신이 돕고자 하는 그룹(예: 아동, 노인, 장애인 등)의 리스트를 만든다.

만약 즉시 마음에 떠오르지 않는다면, 라디오를 들을 때, 신문을 읽을 때, 텔레비전을 볼 때, 혹은 친구나 이웃사람들과 의논하고 싶은 문제 중 자신의 관심을 끄는 문제에 주의를 기울인다. 자신의 지역사회를 위해 도울 수 있는 문제는 무엇인가?

중요한 문제들 / 단체들[2)]

____

____

(주): 어떤 덜 중요한 것이 자신의 리스트에서 누락될 수 있다. 그러나 걱정하지 않아도 된다. 자신의 리스트에 올라 있지 않아도 다른 누군가의 리스트에 올라 있을 것이다. 누구나 자기가 할 일들을 기록하기 때문이다.

(2) 리스트의 우선순위 정하기

자신에게 가장 중요한 문제나 그룹부터 시작해서 우선순위대로 적는다.

문제 / 단체의 우선순위

1. ______________________________
2. ______________________________

2) 독자들은 직접 기입해 보길 바랍니다(이하 동문).

(3) 초점 맞추기

만약 자신의 리스트에 교육이나 환경 문제와 같이 광범위한 문제들을 포함하고 있다면 문제의 특정 부분에 초점을 맞추는 것이 도움된다. 예를 들면, 범죄를 가장 높은 순위에 올려놓는다면 자기 이웃의 절도 문제인지 혹은 신문에서 읽은 아동이 총을 가지고 등교하는 문제를 생각하고 있는지 등이다. 만약 '아동'이라고 기록했다면 '갓난아기'를 생각하는지, 자기가 거주하고 있는 지역의 어린이를 생각하고 있는지 혹은 어려움을 당하고 있는 어린이를 생각하고 있는지 초점을 맞출 필요가 있다.

이 점을 염두에 두고서 제1순위 문제나 단체를 정하고 세분을 한다(만약 자신이 생각나는 것이 만족스럽지 않다면 리스트에서 다른 문제를 찾아본다).

특정 문제

____

____

____

3) 자원봉사활동을 통해 원하는 것

자원봉사활동을 하다 보면 자신도 모르게 무엇인가를 얻게 된다. 자원봉사활동을 통해 얻고자 하는 것을 사전에 결정할 필요가 있다. 다음에서 열거하는 8가지 사항들은 사람들이 자원봉사활동을 통해 희망하는 가장 일반적인 사항들이다. 그중에서 자신의 마음에 와 닿는 사항이나 자신이 찾고 있는 어떤 특정한 것을 메모해 둔다.

① 변화를 시키는 기회가 된다.

② 기술이나 재능을 사용할 기회가 된다.

③ 전문적인 경험이나 접촉의 기회가 된다.

④ 종교적인 신앙을 표현하는 방법이다.

⑤ 사람들을 만나는 기회가 된다.

⑥ 개인적 성장과 자기존중

⑦ 보다 균형적인 생활

⑧ 받은 혜택을 되돌려 주기 위해서

그렇다면 여러분은 자원봉사활동을 통해서 무엇을 원하는가?

① 당신이 변화를 시키고 있다고 느끼게 하는 것이 무엇인가?

② 당신은 자원봉사자로서 당신이 가진 기술을 사용하기를 원하는가? 혹은 새로운 기술을 배우기를 원하는가? 어느 것을 원하는가?

③ 당신은 전문적인 경험을 얻기를 원하는가 혹은 지역사회 봉사를 통해서 접촉하기를 원하는가? 무슨 일에 관심이 있는가?

④ 어떤 자원봉사활동이 당신에게 정신적인 보람을 느끼게 하는가?

⑤ 지역사회 봉사활동을 통해 사람을 만나는 것이 자신에게 중요하다고 생각하는가? 누구와 같이 활동하기를 원하는가?

⑥ 자원봉사활동이 개인의 성장 기회가 되기를 희망한다면, 자신은 어떤 변화를 추구할 것인가?

⑦ 당신은 무엇을 위해서 시간이 있었으면 하는가? 당신은 자원봉사자로서 활동을 어떻게 할 것인가?

⑧ 어떤 것을 갚아주고 싶은 생각에서 자원봉사활동을 하게 된다. 당신은 어떤 단체 혹은 어떤 지역사회 자원을 위해 도움을 주기를 원하는가?

자원봉사활동을 통해서 자신이 원하는 것

---

4) 활동시간

자원봉사활동이 요구하는 최저의 시간이란 없는 것이다. 하루에 1시간, 한 달에 1시간, 혹은 1년에 1시간, 대부분의 기관들은 자원봉사자들의 바쁜 일정에 시간을 맞추어 줄 것이다. 따라서 자신이 부담 없이 자원봉사활동을 할 수 있는 시간을 내야 한다. 이를 위해서는 먼저 자신의 현재 일정을 고려해야 한다. 그리고 자신의 일정에서 어디에 시간을 낼 수 있다고 결정되면, 자신이 자원봉사활동을 할 수 있는 최고한도 또는 최저한도의 시간을 결정한다. 자신이 사용할 수 있는 만큼의 시간을 선택하는 것이 중요하다. 만약 시간을 더 증가하고 싶으면 뒤에 가서 얼마든지 늘릴 수 있다. 한편, 자원봉사활동을 위해 편리한 장소를 선택하는 것도 중요하다. 만약 활동장소에 가기가 어렵다면 그곳을 고집할 필요는 없다. 그곳이 보람 있고 또 기관에 관해 보람을 느낄지라도 그곳에 가고 오는 시간은 활동에 사용할 수 있는 시간에서 포함되는 것이다.

자원봉사활동을 할 수 있는 때

__________ 시간 __________ 일간(주당/월당)

어느 날이 가장 좋은가? ____________________

어느 시간이 가장 좋은가? ____________________

얼마나 오래? ____________________

장 소 ____________________

지금까지 자원봉사를 처음 시작하는 사람을 위해 단계별로 살펴봤다. 지금까지 살펴본 내용에 기반하여 개인별 워크시트를 만들어 활용하면 효율적일 것이다. 뿐만 아니라 만약 팀별 자원봉사활동을 계획해야 한다면 개인별 워크시트 작성한 것을 기반으로 팀원들이 모여서 상의하여 계획할 수 있고, 이럴 경우 팀별 회의가 원활히 진행될 것이다.

자원봉사론 수업시간에 활용해 보길 바란다.

개인별 자원봉사활동 계획 워크시트

자원봉사 어떻게 시작할 것인가?

1) 리스트 만들기

○ 내가 관심 있는 상황

•

○ 내가 돕고자 하는 그룹

•	•

○ 내가 지원하고자 하는 기관

•	•

2) 리스트의 우선순위 정하기

• 1순위	• 2순위

3) 초점 맞추기

• (위 2번에서 1순위로 선정한 내용에 대해서 좀 더 세부적으로 기록)

▮ 자원봉사활동을 통해 원하는 것

•

▮ 활동 시간과 장소

하루 ____________ 시간 ____________일간(주당/월당), 총 ____________ 시간

팀별 자원봉사활동 계획표

<table>
<tr><td colspan="2">팀 이름</td><td></td></tr>
<tr><td colspan="2">팀원 이름</td><td></td></tr>
<tr><td rowspan="4">활동
전략
수립</td><td>활동(예정)
기관명</td><td></td></tr>
<tr><td>목적 및
목표</td><td></td></tr>
<tr><td>실행에
필요한
준비용품 및
사전준비</td><td></td></tr>
<tr><td>세부추진
활동내용</td><td></td></tr>
<tr><td colspan="2">활동 시 유의사항</td><td></td></tr>
<tr><td colspan="2">활동 평가 방법</td><td></td></tr>
<tr><td colspan="2">기타 사항</td><td></td></tr>
</table>

2. 자원봉사의 윤리적 지침과 활동원칙

1) 자원봉사자의 기본 자질

자원봉사자가 자원봉사활동을 하기에 앞서 갖추어야 할 기본적인 자질을 다음과 같이 제시할 수 있다(최덕경 외, 2006: 182-183).

첫째, 공감 또는 감정이입의 자세가 요구된다. 모든 인간관계의 기본적인 기술로서 공감은 인격의 보다 깊은 동일시 상태라고 볼 수 있다. 인간 상호 간의 이해, 상대방의 눈을 통해서 세상을 볼 수 있는 능력이 요구된다.

둘째, 존중과 보살핌의 자세가 요구된다. 수혜자의 독자성과 존엄성을 인정하고 이를 수혜자에게 전달하여 결과적으로는 수혜자의 자기 결정 권리를 지지하고 격려하는 능력이 필요하다.

셋째, 온정과 친절함이 전달될 수 있어야 한다. 온정은 인간을 돕는 활동에 임하는 모든 사람들이 기본적으로 갖추어야 할 자질이라고 할 수 있으며, 수혜자의 복지를 위하여 언어적 또는 비언어적인 방법으로 전달할 수 있다.

넷째, 진실성과 순수성을 갖추어야 한다. 자원봉사활동을 진행하면서 자신의 감정, 사고 지각한 내용을 조심스럽게 그리고 자연스럽게 적절한 형태로 전달할 수 있는 능력이 요구되며, 진실한 관계를 추구해야 한다.

다섯째, 자신에 대한 확신과 타인에 대한 개방이 요구된다. 이는 자원봉사자가 적절하다고 생각되는 자신의 경험을 타인과 함께 나눌 수 있는 능력을 말한다. 이를 위해서는 자신에 대한 확신을 가짐은 물론 타인에 대한 열린 마음이 있어야 가능하다.

이 밖에도 자원봉사활동에 대한 높은 기대보다는 어려움과 장애에 직면하더라도 긍정적이고 협력하는 자세를 유지하는 것이다.

2) 자원봉사자의 윤리적 지침

자원봉사자는 자원봉사활동 시 요구되는 자세, 태도, 원칙 등을 익히기 전에 인간에 대한 윤리의식을 가지고 있어야 한다. 자원봉사활동은 사람을 중심으로 이루어지는 활동이며, 사람을 위한 활동이기 때문에 다음과 같은 윤리적 지침에 바탕을 두고 활동해야 한다(남기철, 2007; 권중돈 외, 2008: 76).

① 인간은 누구나 존엄함을 믿고 개인에게 관심을 가지며 관계를 맺음에 있어서도 존엄을 바탕으로 해야 한다.

② 인간은 상호 간에 책임을 느끼며, 개인과 사회는 상호 간의 책임을 지고 보살펴야 할 사회적, 연대적 책임이 있다.

③ 인간은 자아실현 능력을 가지고 있으며, 개인의 자주성, 독립성을 옹호해야 한다.

④ 모든 사람은 평등하고, 존중받아야 한다.

⑤ 인간은 자신의 문제를 해결할 잠재능력을 가지고 있으며, 이러한 잠재력을 개발하여 자신이 문제를 해결하도록 해야 한다.

⑥ 비밀을 보장하는 것은 기본적인 인간행동의 원리에 기초를 두고 있다.

자원봉사자 윤리강령

첫째, 자원봉사자는 생명의 귀중함과 모든 사람은 평등하다는 것을 인정하며 차별을 두지 않고 상대방의 입장을 이해하는 겸허한 자세로 활동하여야 한다.

둘째, 자원봉사자는 사회를 구성하는 모든 영역과 분야에서 삶의 질 향상과 건강한 지역사회 조성 및 더불어 살아가는 공존 복지공동체 구현을 위해 활동하며 전통문화의 존중과 새로운 문화 창출에도 이바지하여야 한다.

셋째, 자원봉사자는 올바른 가치관과 윤리관을 가지고 자신의 능력과 자질을 향상시키기 위한 노력을 하여야 하며, 스스로 참여하고 활동하는 일에 대하여 투철한 사명감을 가지고 책임과 의무를 충실히 이행하여야 한다.

넷째, 자원봉사자는 민주시민정신의 실천자로서 지역사회의 다양한 욕구에 부응하고 사회적으로 발생되는 제반 문제에 대하여 예방과 치료 및 지원, 협조, 대책을 강구하는 활동의 제공으로 특정한 보수나 대가를 대신한다.

다섯째, 자원봉사자는 활동 대상의 권익과 사생활을 보호하고 활동과 관련된 인격 존중과 기관의 규칙을 준수하여야 하며 활동 중에 알게 된 비밀을 지켜야 한다.

여섯째, 자원봉사자는 자신의 참여와 활동을 통하여 봉사 대상이 새롭게 보호, 변화, 발전하는 것이 곧 자신에게 보람과 긍지를 주고 삶의 의미를 인식케 하는 것이며 또한 자신의 발전과 바람직한 인격을 갖게 하는 원동력이라는 확신을 가져야 한다.

일곱째, 자원봉사자는 지역사회공동체와 국가사회 발전에 기여하고 나아가 세계 평화와 인류애를 실천하는 봉사자가 되어야 한다.

3) 활동원칙

자원봉사자는 위와 같은 윤리적 지침을 지키면서 다음과 같은 활동원칙에 따라 자원봉사활동에 임하도록 한다(권중돈 외, 2008: 77–78).

① 자신이 관심을 갖고 있는 일부터 시작한다.

② 가정, 이웃, 지역사회 등 자기 주위에서 할 수 있는 일부터 시작한다.

③ 자원봉사활동 시에는 상대방의 필요에 따라 상대방의 입장에서 활동하되 상대방이 의존심을 갖지 않도록 한다. 그러기 위해서는 먼저 상대를 존중하고 신뢰관계를 형성함이 필요하다.

④ 자원봉사활동은 봉사대상자와의 합의에 의한 세밀한 계획하에 실시하고,

계획된 목표가 달성될 때까지 하되 무리한 활동이 되어서는 안 된다.

⑤ 활동에서는 일의 양, 시간, 목적과 목표, 참여인원 등과 관련된 한계를 미리 정하여 시작한다.

⑥ 활동상황을 점검하고, 일의 경과를 기록하여 평가와 지도감독에 필요한 자료로 비치한다.

⑦ 자원봉사자는 소집단활동과 계속 교육 프로그램에 참여하여 학습하고 자신을 성장시킨다.

⑧ 자원봉사활동은 감사한 마음과 기쁨으로 시작하고, 대인관계에서는 항상 겸손해야 하며, 상호 간에 감사와 기쁨 그리고 보람으로 마칠 수 있도록 노력한다.

⑨ 활동을 시작하기 전에 가족과 직장의 이해를 구한다.

⑩ 자신이 자원봉사자 전체를 대표한다는 마음을 갖고 항상 행동에 주의한다.

⑪ 가족과 이웃 그리고 전 국민이 자원봉사자로 참여할 수 있도록 적극적인 홍보에 힘쓴다.

⑫ 기관에 소속되어 있는 자원봉사자는 기관의 목적과 규정을 숙지하고, 기관과의 계약에 따라 책임을 다함과 동시에, 어려움이 생길 때는 즉시 기관 담당자에게 연락한다.

⑬ 자원봉사활동 중에 알게 되는 비밀을 보장한다.

⑭ 대학생 자원봉사자는 자신의 전공이나 관심분야의 자원봉사활동에 참여하여 체험학습을 도모한다.

⑮ 자원봉사활동을 통하여 더불어 사는 지역공동체의 회복을 도모한다.

자원봉사자 수칙

▦ 일반 수칙

- 인간은 인종, 종교, 직업, 연령, 사고방식 등을 초월하여 누구에게나 존엄성이 있으며, 누구나 무한한 가능성을 가지고 있는 존귀한 존재라는 신념을 갖는다.
- 자원봉사활동은 곧 나 자신을 돕는 일이며, 이를 사회의 바람직한 운동으로 저변 확대시킨다.
- 자원봉사활동은 일회성으로 끝내는 것이 아니라 지속적으로 꾸준히 활동하는 것이다.

▦ 근무수칙

- 봉사활동에 임함에 있어서 항상 일관된 행동을 취하며 감정을 개입시키지 않는다.
- 가급적 낮고 정확한 음성으로 다정하게 상담에 임한다.
- 상대방에게 신뢰감을 주고 친숙한 인간관계 형성에 노력한다.
- 상대방에게 이야기할 기회를 많이 주고, 상대방의 이야기를 듣고 이해하는 입장이 된다.
- 어떠한 상황에서도 놀라거나 비판하거나 지시하지 않는다.
- 봉사 대상의 정보를 정확히 파악하여 실질적인 혜택을 주고자 노력한다.
- 봉사자가 해결할 수 없다고 판단되는 문제는 항상 자원봉사 관리 담당직원과 의논하여 처리한다.
- 봉사시간 교대는 정확하게 한다.
- 항상 봉사활동을 점검하고 기록한다.

자원봉사자의 책임

1) Be sure(확실히 하라)
2) Be convinced(확신을 가져라)
3) Accept the rule(규칙을 받아들여라)
4) Speak up(터놓고 말하라)
5) Be willing to learn(기꺼이 배우려고 하라)
6) Keep on Learning(학습을 계속하라)
7) Welcome supervision(지도 감독을 환영하라)
8) Be dependable(믿고 의지할 수 있게 하라)
9) Be a team player(팀플레이를 하라)

출처: 김영호 외(2007), p. 133.

3. 자원봉사자의 역할과 자세

1) 자원봉사자의 역할

자원봉사자는 기관이나 지역사회의 특별한 욕구 및 문제의 특성에 따라 다양한 역할을 수행하게 된다. 그러나 자원봉사자에게 부과되는 역할이 조직이나 기관에 따라 다양하기 때문에 간단하게 규정하기는 쉽지 않다.

미국의 「사회사업사전(*Encyclopedia of Social Work*)」에서는 자원봉사자의 역할을 다음과 같은 열 가지로 구분하였다(권중돈 외, 2008: 73–74).

① 치료적 또는 재활서비스를 요청하는 상황 또는 조건을 확인하는 일

② 정책이나 계획의 수립 및 결정과정에 참여하는 일

③ 직접적, 보완적 서비스를 제공하는 일

④ 공공 및 민간부문의 재정지원을 촉구하는 일

⑤ 조직 및 기관의 대변인으로서 프로그램과 그들이 지향하는 문제를 해석하는 일

⑥ 프로그램에 대한 지역사회의 반응을 평가하고 보고하는 일

⑦ 지역사회계획에 협력하는 일

⑧ 새로운 서비스 전달체계를 개발하는 일

⑨ 빈민과 불우한 계층의 권익을 옹호하는 일

⑩ 사회정의를 도모할 수 있는 합법적 사회행동에 참여하는 일

일본 전국 볼런티어활동 진흥센터에서는 자원봉사활동의 성격과 역할을 다음과 같이 정리하고 있다(박태영 외, 2008: 35–36).

① 자원봉사활동은 지역복지에 주체적으로 관계하여, 다른 사람과의 관계에서 자신을 보다 잘 실현하는 활동이다.

② 자원봉사활동에서는 지역복지에 있어서 창조적·선구적 활동이 중시된다.

③ 자원봉사활동은 개인의 구체적 문제를 해결하는 것에만 머무르지 않고, 그

활동은 파급적·개방적인 것이다.

④ 자원봉사활동의 계기는 부수적이었더라도 자원봉사활동은 일상생활 가운데서 계획적·계속적인 위치를 점해 나가야만 한다.

⑤ 자원봉사활동은 원칙적으로 그 활동에 의한 금전적 대가를 요구할 수 없다.

⑥ 자원봉사활동은 행정과 협력하는 주민의 주체적 활동이다.

⑦ 자원봉사활동은 행정에 대하여 적극적으로 문제를 제기하고, 행정에 반영시키는 활동이다.

⑧ 자원봉사활동은 지역복지를 위하여 주민생활에 있어서 문제를 조사하고, 관심을 환기하여 주민이 참가할 계기를 제공하는 활동이다.

⑨ 자원봉사활동은 자유로운 활동이므로 제도적 서비스로는 해결할 수 없는 면을 보다 세밀하고 개별적인 서비스를 제공하는 활동이 될 수 있다.

⑩ 자원봉사활동은 개인의 구체적 정보 및 서비스가 행정과 주민 사이에 부드럽게 이어지도록 모체의 역할을 한다.

이와 같이 자원봉사자의 역할은 다양하게 제시되고 있으며, 이러한 역할을 단순하게 규정하기보다는 자원봉사자의 특성과 기관 또는 수요자의 특성에 맞게 역할을 부여하는 것이 바람직하다.

2) 자원봉사자의 자세

(1) 기본자세

자원봉사자는 자원봉사의 윤리적 지침과 활동원칙을 바탕으로 다음과 같은 기본자세를 지녀야 한다(김영호 외, 2007; 권중돈 외, 2008: 78-79).

① 삶에 대해 적극적이고 진실된 자세를 가진다.

② 축복받은 것을 다른 사람과 함께 나눈다는 소명감을 가진다.

③ 나만이 할 수 있는 일이고 하지 않으면 안 된다는 의식을 가진다.

④ 겸손한 태도를 가지며 지나친 자만심을 갖지 않는다.

⑤ 매회 봉사를 위한 준비를 철저히 하고, 철저한 시간관념과 책임감을 가진다.
⑥ 봉사대상자에게 필요한 일을 하며 신속하고 확실하게 한다.
⑦ 끊임없이 배우고 공부하는 자세를 가진다.
⑧ 기관이나 단체의 정책, 사명, 종교 등 기관의 특수성과 체제를 인정하고 수용한다.
⑨ 방관자가 아니라 주인의식을 갖고 참여하고 행동한다.
⑩ 기관의 직원 및 자원봉사자 간에 서로 존중하고 관심을 가지며, 이해하고 공감대를 형성한다.
⑪ 자신의 성격적 장점과 약점을 정확히 이해하고 이를 보완해 나간다.
⑫ 자원봉사를 하는 데 자신의 편견이나 감정을 개입시키지 않는다.
⑬ 봉사대상자의 사생활, 자기결정권을 침해하지 않는다.
⑭ 주어진 활동이 적합하지 않다고 느끼거나, 혼자서 해결할 수 없다고 판단되는 문제는 담당직원과 의논하여 처리한다.
⑮ 겸손한 태도와 단정한 옷차림을 유지하며 언행에 조심한다.

바람직하지 않은 자원봉사자의 자세는 다음과 같다(박태영 외, 2008: 60-62).
① '해 준다'는 자원봉사자
② 특권의식을 가진 자원봉사자
③ '자기중심'의 자원봉사자
④ '자신은 단순히 돕는 사람'이라고 생각하는 자원봉사자
⑤ 활동하고 싶을 때, 하고 싶은 활동을, 하고 싶은 방법으로 하는 자원봉사자
⑥ 강요하는 자원봉사자
⑦ 선의를 강요하는 자원봉사자
⑧ 불쌍하게 보는 자원봉사자
⑨ 비판적인 자원봉사자
⑩ 협박하는 자원봉사자

(2) 사전준비단계에서의 자세

자원봉사활동에 대한 이해를 도모하고 봉사활동 터전과 활동거리를 선택하고 자원봉사활동에 필요한 준비를 수행하는 사전준비단계에서 자원봉사자가 취해야 할 자세는 다음과 같다(권중돈 외, 2008: 83).

① 자원봉사는 무엇이며, 자원봉사가 왜 필요하며, 자원봉사는 어떻게 하는가 등과 같은 자원봉사활동에 대한 기본적 이해를 도모하기 위하여 사전교육을 받는다.

② 자신이 왜 자원봉사를 하러 가는가 하는 자원봉사활동의 목적을 확인하여, 봉사정신을 가다듬는다.

③ 자원봉사 활동터전과 활동거리를 선택하고, 자신에게 주어질 역할에 따라 활동계획을 수립한다.

④ 자신이 봉사해야 할 대상이나 기관의 어떤 특성과 욕구에 대하여 사전에 정보를 입수하여 개략적으로 파악한다.

(3) 활동단계에서의 자세

본격적으로 자원봉사활동에 참여하는 활동단계에서는 자원봉사자로서 기본적 자세를 유지하면서 역할을 충실히 이행해야 하는데, 먼저 첫 봉사활동 시에 지녀야 할 자원봉사자의 태도를 보면 다음과 같다(권중돈 외, 2008: 84).

① 봉사대상자에게 공손하게 인사하고 자신을 소개한다.

② 친밀한 관계를 형성하기 위하여 노력한다.

③ 사전에 획득한 정보를 다시 확인하여 봉사대상자를 정확히 이해한다.

④ 피곤한 모습이나 하기 싫은 눈치를 보여서는 안 된다.

⑤ 단정하고 봉사하기에 편한 옷차림과 치장을 하여야 한다.

⑥ 자원봉사자가 할 수 있는 일과 할 수 없는 일을 알려준다.

그리고 실제로 자원봉사활동을 전개할 때에는 다음과 같은 자세를 지녀야 한다(권중돈 외, 2008: 84).

① 할 수 있는 것, 작은 것부터 하나씩 처리해 나간다.
② 약속은 꼭 지켜야 하며, 사정이 있을 경우 미리 연락한다.
③ 자원봉사활동 기록노트를 참조하여 봉사활동내용을 기록하고, 비상시 연락 방법을 메모해 둔다.
④ 활동일지를 작성하고 담장직원이나 지도자에게 수시로 보고한다.
⑤ 지역사회의 다른 자원이나 자원봉사자를 연결하려고 노력한다.
⑥ 다른 자원봉사자나 전문가와 협력한다.
⑦ 어떤 형태로든 금전거래를 하지 않는다.

봉사대상자와 친밀한 관계를 형성하는 것은 자원봉사활동의 성패를 좌우할 만큼 중요한 요소이다. 봉사대상자와 친밀관계를 형성하기 위하여 자원봉사자가 의사소통 시에 취해야 할 태도는 다음과 같다(권중돈 외, 2008: 85).

① 눈높이에서 알기 쉬운 말로 얘기한다.
② 아무리 사소한 얘기라도 귀담아듣는다.
③ 서로 공감할 수 있는 화제를 선택한다.
④ 지나친 농담, 반말을 삼가고 존칭을 사용한다.
⑤ 본인이 없는 곳에서 흉을 보지 않는다.
⑥ 봉사대상자의 사적인 비밀을 철저히 보장한다.
⑦ 봉사대상자의 성격이 독특하더라도 한꺼번에 바꾸려 하지 않는다.
⑧ 무슨 일이든 익숙해질 때까지는 봉사대상자에게 물어본 후 수행한다.

(4) 종결단계에서의 자세

자원봉사의 종결단계에서 자원봉사자가 지녀야 할 자세는 다음과 같다(권중돈 외, 2008: 85).

① 그날의 자원봉사활동의 과정을 재점검해 보고, 무엇이 문제였으며, 더 잘할 수 있는 방법은 없었는지 성찰의 시간을 가진다.

② 자원봉사활동 평가회의에 참여하여 자신의 자원봉사활동을 보고하고, 이에 대한 평가와 지도를 받는다.
③ 다음 자원봉사활동을 위해 준비해야 할 사항을 파악해 둔다.
④ 더 나은 양질의 봉사를 위하여 지식과 기술을 습득한다.

4. 자원봉사의 실천기술

자원봉사활동도 일종의 원조과정이라고 볼 수 있다. 따라서 도움을 주고자 하는 사람은 도움을 필요로 하는 사람 또는 그들의 상황을 새로운 시각으로 지각하고 이해하는 기술이 필요하다. 자원봉사자와 봉사대상자가 긍정적인 효과와 영향을 줄 수 있는 관계로 발전되기 위해서는 기초적인 원조기술을 익혀야 한다.

1) 관계 형성의 기술

(1) 자원봉사 실천에서의 관계

자원봉사 실천에서의 관계란 일반적으로 자원봉사자와 봉사대상자와의 관계를 의미한다. 봉사대상자와 자원봉사자 간에 교류를 가능하게 하는 연결통로이며, 봉사대상자와 그를 둘러싸고 있는 환경 간의 보다 나은 적응을 가져오도록 개인의 능력과 지역사회 자원을 적절히 동원하고 활용할 수 있도록 돕는 관계를 말한다(Biestek, 1957). 자원봉사자와 봉사대상자의 좋은 관계를 발전시키는 것은 원조노력의 필수 부분으로 간주된다.

(2) 전문적 관계의 기본요소

이론가마다 약간의 차이는 있으나 원조과정에서 전문적 관계를 형성하기 위해 기본적으로 갖추어야 할 요소들로서 수용, 감정이입, 진실성, 권한 등을 들 수 있다(Compton & Galaway, 1994; 양정남·최선령, 2005: 67–72).

첫째, 수용(acceptance)이란 봉사대상자를 자신의 감정과 사고에 대한 권리를 가진 독특한 개인으로서 배려하고 봉사대상자에 대한 진실된 관심과 인식, 경청하는 태도, 그들의 행동에 대한 주의집중, 돕고자 하는 열망의 전달, 봉사대상자에 대한 진실된 염려를 의미한다.

둘째, 감정이입이란 타인이 경험한 것을 이해하기 위해 타인의 감정과 생각에 자신을 투사시키는 능력을 말한다. 정확한 감정이입을 위해서는 봉사대상자의 관심사와 감정에 대한 민감한 예측이 필요하다. 이를 위해서는 다양한 정보를 확보할 필요가 있으며 이에 근거해서 감정적인 반영을 해야 한다. 명확한 이해와 의사소통을 위해서는 언어적인 능력이 요구되며, 세심한 경청과 관찰을 통해서 긍정적이거나 부정적인 감정 모두를 탐색하고 표현할 수 있어야 한다.

감정이입을 위한 공감적 반응의 예

(1) "제가 보기에는 …하게 생각하시는 것 같군요."
(2) "…한 생각이신 것 같은데, 맞나요?"
(3) "…라는 의미로 들립니다. 그런가요?"
(4) "당신의 말을 들어보니 당신이 그때 …하게 느끼신 것 같은데요."
(5) "저에게는 …하시다는 것으로 들리는데 그에 대하여 좀 더 이야기해주시겠어요?"

출처: 양정남·최선령(2005), p. 69.

셋째, 진실성은 솔직성과 관련된 개념으로서 원조관계에서 제3의 요소이다. 이 용어는 정직성, 믿음직함, 가장되지 않은 것, 신뢰감, 그리고 진실함과 같은 뜻을 함축하고 있다.

넷째, 권한(power)은 다른 말로 권위로 표현되기도 한다. 대체적으로 자원봉사자는 관계의 시작과 발달에 영향을 미치는 권한을 어느 정도 가지고 있다. 권한은 지식, 전문적 기술, 기관 등으로부터 부여되기도 하지만 또한 봉사대상자에게 미친 영향력에 의해 봉사대상자로부터 받기도 한다.

(3) 관계 형성의 원칙

자원봉사자가 봉사대상자와 바람직한 관계 형성을 위해서는 다음의 일곱 가지 원칙을 따라야 한다.

첫째, 개별화(individualization)의 원칙이다. 자원봉사자는 봉사대상자의 독특한 자질을 인정하고 이해하며, 보다 나은 적응을 하도록 각 개인마다 상이한 원리와 방법을 활용 및 적용하여 도와야 한다. 이를 위해서는 자원봉사자는 편견이나 선입관을 가져서는 안 되고, 경청하고 관찰하는 능력을 배양해야 하며, 봉사대상자의 보조에 맞는 활동을 수행해야 한다.

둘째, 의도적 감정표현(purposeful expression of feelings)의 원칙이다. 자원봉사자는 봉사대상자로 하여금 자신의 감정, 특히 부정적인 감정을 자유롭게 표현하도록 해주어야 한다. 이를 위해서 자원봉사자는 봉사대상자를 대할 때 침착해야 하며 주의 깊게 목적을 가지고 경청하여야 한다. 그리고 비현실적 보증이나 너무 빠르거나 많은 해석을 해서는 안 된다.

셋째, 통제된 정서적 관여(controlled emotional involvement)의 원칙이다. 자원봉사자는 봉사대상자가 무엇을 느끼고 생각하는지에 대하여 민감하게 파악하고 대처하며, 봉사대상자의 주관적인 경험과 감정을 같이 경험함으로써 그것이 봉사대상자에게 가지는 의미를 찾아내는 감정이입적 태도를 보이며, 봉사대상자의 행동과 표현에 대하여 적절하게 반응을 해야 한다.

넷째, 수용(acceptance)의 원칙이다. 자원봉사자는 봉사대상자의 장점과 단점, 잠재력과 제한, 바람직한 행동이나 바람직하지 않은 행동, 긍정적 감정과 부정적 감정 등을 가진 실제로 있는 그대로의 모습으로 받아들여야 한다.

다섯째, 비심판적 태도(nonjudgemental attitudes)의 원칙이다. 자원봉사자는 봉사대상자의 문제나 욕구의 원인이 그들의 환경에 의한 것이든 혹은 성격의 문제이든 간에 봉사대상자에게 책임이 있다는 것을 언어적으로나 비언어적으로 비판하거나 판단해서는 안 된다.

여섯째, 봉사대상자의 자기결정(self-determination)의 원칙이다. 자원봉사자는 봉사대상자의 자유의사를 존중하여 봉사활동의 전 과정에 걸쳐서 봉사대상자가 모든 의사결정에 참여하여 스스로 선택하고 결정하도록 지원해야 한다.

일곱째, 비밀보장(confidentiality)의 원칙이다. 자원봉사자는 봉사대상자와의 관계에서 노출되는 모든 비밀 정보를 지켜주어야 한다. 그것은 봉사대상자의 기본적 권리이다.

2) 면담과 의사소통기술

자원봉사자-봉사대상자 간, 자원봉사자 간과 같은 인간 상호 간에 생각, 정보, 감정을 전달하는 의사소통은 인간을 원조하는 상황에서 가장 중요한 도구로 활용될 수 있다. 의사소통이란 둘 또는 그 이상의 사람들 사이에 사실, 생각, 의견 또는 감정의 교환을 통하여 이해를 도모하고 봉사대상자의 의식이나 태도 또는 행동에 변화를 일으키게 하는 일련의 행동을 말한다(양정남·최선령, 2005: 96). 사회복지 실천현장에서 효율적인 의사소통은 자원봉사자와 봉사대상자의 관계를 형성하고 문제해결 과정에 있어 중요한 면담기술로서 기능한다. 의사소통은 언어 또는 비언어적 방법들에 의해 이루어질 수 있다.

(1) 비언어적 의사소통

비언어적 의사소통에서는 정보뿐 아니라 감정도 전달하게 된다. 비언어적 의사소통에는 다음과 같은 요소들이 있다(정무성 외, 2010: 210).

① 표정

따뜻하고 온유하며 공감적인 태도를 느낄 수 있는 표정이어야 한다. 얼굴 표정은 일반적으로 그 나름대로의 의미를 가감 없이 전달하게 된다. 따라서 자원봉사자는 언어적 표현과 표정이 전달하는 내용과 서로 상반되는 일이 없도록 주의해야 한다.

② 시선

특히 눈을 맞추는 일은 문화에 따라 차이는 있지만, 대개 시선을 맞추는 것은 적극적인 표현을, 시선을 피하는 것은 소극적인 자세를 나타낸다. 특히 두려워하거나 불안할 경우, 또는 솔직하지 못한 의사소통을 할 때에는 시선을 피하게 된다.

③ 태도 및 자세

대상자에게 따뜻하고 수용적인 느낌을 가지게 하는 것이 기본이므로 딱딱하고, 권위적인 태도보다는 편안하고 자연스러운 태도와 자세로 임하는 것이 좋다. 대상자의 감정에 반응하며 열심히 들으려는 경청의 태도는 신뢰관계를 촉진시킨다. 하지만 미처 신뢰관계가 형성되지 않은 상태에서의 친밀한 태도와 스킨십, 우위와 오만이 비치는 자세, 자원봉사자가 불안과 긴장을 나타내는 자세 등은 대상자에게 불쾌감과 위화감, 불안감을 조성하므로 주의해야 한다.

(2) 언어적 의사소통

언어적 의사소통의 기술에는 다음과 같은 요소들이 있다(Kirst-Ashman & Hull, 1999; 양정남·최선령, 2005: 99-101에서 재인용).

① 경청(listening)

경청은 봉사대상자가 말하고자 하는 모든 메시지에 반응하는 매우 적극적인 과정이다. 자원봉사자는 봉사대상자의 말을 주의 깊게 들어주면서 침묵을 지킴으로써 봉사대상자가 계속해서 말할 수 있도록 한다. 경청기술은 모든 유형의 대화에 있어서 기본적인 기술이다. 경청의 요소들로는 주의를 기울이기(attending)가 있다. 옆에 같이 있어 주면서 봉사대상자가 말하는 것을 조용히 듣는 것인데 우선봉사대상자와 적절한 거리를 유지하면서 봉사대상자의 눈을 바라보며 관심이 있음을 나타낸다. 자원봉사자는 편안한 자세로 약간 봉사대상자 쪽으로 기운 자세를 취하는 것이 좋고 봉사대상자에게 동의 혹은 이해한다는 표시로 고개를 끄덕이는 등의 동작으로 관심과 지지를 나타내 준다.

② 반영(reflecting)

반영은 자원봉사자가 봉사대상자의 입장에서 봉사대상자에게 깊은 관심이 있음을 나타내는 한 방법으로, 반영하는 데는 느낌, 경험, 내용의 세 가지 영역이 있다. 자원봉사자가 반영술을 이용하는 주요 목적은 환자의 경험을 이해하기 위함이며 또한 봉사대상자가 지각하는 대로의 세계를 이해하기 위함이다.

③ 직면(confronting)

직면은 봉사대상자에게 정직하게, 직접적으로 문제를 지적해 주고 인식시켜 주는 것이다. 나타나는 효과는 도전, 노출, 또는 위협이다. 즉, 정신적인 효과는 자원봉사자에게서 피드백을 받은 후 도전적인 불안을 느끼게 하거나 때로는 자원봉사자의 직접적이고도 정직한 견해를 듣고 만족해하기도 한다. 직면을 사용하게 되면 봉사대상자에게서 저항을 받게 되거나 또는 개방적인 대화를 이끌게 되는 모험을 포함한다. 직면을 사용하는 시기는 봉사대상자의 준비성 여부에 달려 있다.

④ 해석(interpreting)

해석은 봉사대상자가 피하고 있거나, 부분적 또는 전체적으로 깨닫지 못하고 있는 어떤 점에 직면하여 새로운 각도로 볼 수 있도록 도와주기 위해 사용된다. 주요 목표는 봉사대상자 스스로 자신의 문제를 해석하고 직면할 수 있도록 가르치는 것이다. 해석은 봉사대상자의 심각한 자존심 상실이나 다치기 쉬운 고통스러운 감정을 건드리지 않는 정도로만 주어야 한다.

⑤ 조언(advising)

봉사대상자에게 조언을 하는 것은 자원봉사자가 흔히 하는 정보 제공 활동이다. 봉사대상자에게 조언을 하는 것은 논쟁의 여지가 많은 방법이다. 조언은 남에게 어떤 행동을 하라고 일러줄 수 있을 정도로 자신이 많은 것을 알고 있음을 반영하는 오만일 수도 있다. 또한 봉사대상자에게 계속 의존하게 만들 수도 있다.

조언하기에 대한 지침은 다음과 같다(정무성 외, 2010: 218).

- 조언하기 전에, 누군가가 당신에게 조언을 해주었을 때 당신이 어떻게 느끼는지를 생각해 봐야 한다.
- 조언이 적절한가의 여부는 대상자와 자원봉사자가 상호작용하는 목적에 주로 달려 있다.
- 대상자가 당신의 조언을 원한다고 판단되지 않으면, 조언을 제공하지 않는다.
- 조언을 해줄 때 "나는 이렇게 했는데" 또는 "다른 사람은 이렇게 했었는데"와 같이 표현한다.
- 당신이 대상자에게 조언을 했고 이후에 당신이 추천한 결과 때문에 대상자가 개인적·재정적으로 불리한 고통을 겪게 된다면 법적 책임성의 문제를 고려해야 한다.
- 일이 잘 되지 않을 때 당신에게 책임을 전가하는 조종적인 대상자에게 조언을 하는 경우에 주의를 해야 한다.

⑥ 요약(summarizing)

요약하는 기술에는 봉사대상자가 말하는 내용, 느낌, 말의 목적, 시기, 효과 등의 과정이 포함된다. 대개 봉사대상자의 이야기에는 많은 사고와 느낌이 혼합되어 있다. 요약은 대화가 끝난 다음에 그 동안 나눈 대화의 느낌이나 사고들을 하나의 문장으로 정리해 주는 것이다.

3) 약속 및 계약의 기술

대상자를 도움의 상황에서 효과적으로 참여시키는 데는 약속 내지 계약이 성립되어야 한다. 즉, 자원봉사자의 목적, 목표 및 역할이 명확히 드러나야 하며, 대상자의 목적, 역할 및 위치가 명확하게 드러나서 도움의 과정에 장애물이 없게 해야 한다. 이를 위해서 자원봉사자는 대상자의 사소한 면들에 대한 이해와 배려를 하여, 그의 저항이 최소화하도록 감소시키는 기술이 요구된다. 이와 같은 약속 및 계약의 과정(engagement process)을 형성하기 위하여 자원봉사자는 부정적 요소들을 제거하고 개방적이 되려고 노력하며 정직하고, 비심판적이며, 현실적이고 신뢰성 있게 행동해야 한다. 이때에 지켜야 할 기본 원칙은 인내, 이해, 그리고 각기 다른 가치관을 수용할 수 있는 능력이 필요한 것이다(한국사회복지협의회, 1997: 59).

지금까지 소개한 자원봉사 실천기술은 단독적으로 작용하는 것이라기보다는 서로 통합적이고 보완적으로 사용되는 기술이다. 봉사대상자의 상황과 자원봉사현장의 특이성에 따라 적절한 조합이 이루어져야 효과를 발휘할 수 있다.

6장

자원봉사 실천 분야 및 실천 대상 I

1. 아동 자원봉사활동

1) 아동을 위한 자원봉사의 의의와 필요성

아동의 문제는 빈곤아동이 겪는 문제, 아동학대, 시설보호아동이 겪는 문제, 소년소녀가정의 문제, 한부모가족 아동의 문제, 아동 성폭력 문제, 집단따돌림 등 다양하게 나타난다(권중돈 외, 2008: 164-169).

예컨대, 빈곤아동은 신체적으로 열악한 환경에 노출되고 인지적인 능력이 떨어지며 학업성취도가 낮고 심리사회적으로 불안정한 문제에 직면하는 경우가 많다. 학대를 당한 아동의 경우는 신체적으로나 정서적, 정신적으로 많은 문제에 직면하게 된다. 그리고 시설보호아동의 경우는 아동의 발육상태가 좋지 않고 인지발달에도 많은 영향을 받는다. 또한 소년소녀가장의 경우 아동기에 가장이라는 새로운 역할을 부여받음으로써 역할 변화와 역할 부조화, 예컨대 만성적인 경제적 문제, 성인역할에 대한 부담감, 사회화의 문제, 대인관계에 대한 두려움, 가사부담의 문제 등으로 인한 어려움에 직면하게 된다. 한부모가족은 한쪽 배우자의 부재로 인해 심리·정서적 문제인 우울, 불안 등의 개인적, 기능적인 면에서 많은 어려움을 겪고 있으며, 성폭력 피해아동은 신체적 및 정신적으로 커다란 손상을 겪고 있다. 그리고 따돌림을 당하는 아동은 신체적, 물질적, 정신적 피해를 입고 있다.

이와 같은 아동의 문제를 해결하는 사회적 제도가 아동복지이다. 그러나 우리나라의 아동복지는 서비스 대상이 제한적이며, 그 내용도 사후적인 성격이 강하고 서비스 질도 매우 낮은 실정이다. 아동을 위한 복지제도와 프로그램이 지속적으로 확대되고 있기는 하나 아동이 겪고 있는 문제에 대한 해결책은 미흡한 현실이다.

이러한 아동 문제해결에 대한 사회적 관심과 국가적 개입이 절실히 요청된다. 최근에는 민간 차원에서도 다양한 아동 프로그램이 많이 개발되어 실행되고 있는데, 자원봉사활동은 이러한 아동 문제를 해결하기 위한 대책의 일환으로서 보완적이고 협력자로서의 기능을 수행하는 중요한 의의를 지닌다.

2) 아동의 특성 이해

아동기에는 생물학적 발달이 지속되며, 점차 폭넓은 상호작용을 시작하게 되는 시기이다. 특히, 가정과 학교, 공동체에서 아동의 사회화 경험은 이 시기 발달에 커다란 영향을 미친다(이효선 외, 2012: 53). 특히 학령기의 아동은 초등학교에 다니게 됨으로써, 아동의 생활이 가정에서 학교로 옮겨져 사회적 환경이 훨씬 넓어지게 된다. 이로 인해 아동은 부모와 가족구성원의 영향뿐만 아니라 초등학교 교사, 친구, 책, TV, 인터넷 등에 많은 영향을 받게 된다. 가정과 학교 등의 공동체에서 아동의 사회화 경험은 발달과정에 많은 영향을 미치게 된다.

스펙트와 크래그(Specht & Craig, 1987)는 학령기 아동의 사회적 사고와 성숙을 이끄는 데 직접적으로 관련된 세 가지 요소를 다음과 같이 설명하고 있다.

첫째, 사회적 추론으로 타인의 감정, 사고, 의도에 대해 유추하고 가정할 수 있는 능력

둘째, 사회적 관계에 대한 이해를 통해 공정함, 충성, 권위에 대한 존중, 합법성과 같은 여러 가지 사회적 개념과 연관된 개념 습득

셋째, 사회적 규칙이나 연습과 같은 사회적 통제에 관한 지식이다. 이와 같은 사회적 개념의 획득은 아동의 사회적 사고와 인간관계 성숙을 가져온다(이효선 외, 2012: 54).

그러나 이러한 사회적 개념을 획득하기 위해서는 일차적으로 아동의 기본적 욕구가 충족되어야 한다. 이를 이해하기 위한 아동의 특성을 살펴보면 다음과 같다(이성록, 1998: 184; 김범수 외, 2007: 260).

첫째, 아동의 신체적, 정신적, 사회적 발달은 주위 사람들의 사랑과 관심 또는 보호에 의존하게 된다.

둘째, 아동은 학습을 요하는 성장·발달과정에 있다. 따라서 아동은 그들의 발달 수준, 능력 및 관심 등에 비추어서 이해되어야 하며, 현 단계의 핵심적인 문제와 욕구가 충족되어야 다음 발달단계로 나아갈 수 있다.

셋째, 아동기는 감정이 매우 예민하고 강렬한 시기다. 아동의 욕구충족에 대한 계속적인 실패는 불안과 불신 및 적개심 등을 조성하게 된다. 특히, 아동에게 있어서 가장 필요한 것은 식욕, 수면, 배설 등 인간 본성의 생리적 욕구이다.

3) 아동을 위한 자원봉사활동의 종류와 내용

아동을 위한 자원봉사활동은 직접적 자원봉사활동과 간접적 자원봉사활동으로 구분하여 정리할 수 있다. 그 내용을 간략에 도표로 제시하면 〈표 6-1〉과 같다.

〈표 6-1〉 아동을 위한 자원봉사활동의 종류와 내용

구분	자원봉사 종류	자원봉사 내용
직접적 자원 봉사	상담	• 또래 상담 • 전화 상담 • 가족과의 상담 • 학교부적응 아동 상담 지도 • 문제행동 아동 상담 지도
	심리적 지지	• 결손가정 아동 지도 • 요보호 아동 결연 • 실직가정 아동 심리 • 정서 지도
	교육지원	• 공부방 학습 지도 • 컴퓨터 지도 • 교육 프로그램 지도(한글, 영어, 한자 등) • 아동 자원봉사자를 위한 교육
	여가선용 지도	• 취미교육(미술, 음악, 종이접기, 동화구연, 무용) • 동아리활동 지도(연극, 영화, 만화, 노래, 댄스, 영어, 문학 등) • 캠프활동 보조 • 독서 지도 • 레크리에이션 지도 또는 전통문화놀이 지도
	사회활동 지원	• 동반 외출, 농촌활동 지도
	보호활동	• 방과 후 아동보호 지도 • 일일 위탁 부모 • 영유아 보호시설 및 보육시설 아동 돌보기

구분	자원봉사 종류	자원봉사 내용
간접적 자원 봉사	업무 보조	• 아동단체 시설업무 보조 • 아동 숙박시설(수련장) 업무 보조
	초청 및 방문	• 사회복지시설 방문봉사
	조사활동	• 유해 문화 환경 조사 감시, 위험장소 검사
	정보제공	• 자원봉사활동 정보 지도 제작 • 아동을 위한 지역사회신문 제작
	캠페인	• 기금마련을 위한 모금 및 바자회(시설 건립, 교육비 지원, 의료비 지원 등) • 낙도 도서, 놀잇감 보내기 캠페인 • 소년소녀가장을 위한 캠페인/음악회 개최 • 아동학대 예방 및 신고 캠페인

출처: 한국사회복지협의회(1997), 현외성(2011), p. 316의 〈표 16-1〉에서 발췌.

4) 자원봉사자의 자세와 유의사항

아동을 대상으로 자원봉사를 할 때 자원봉사자가 지녀야 할 자세와 유의사항은 다음과 같다(김동배, 2006: 176-177; 권중돈 외, 2008: 169).

① 대상 아동에 대한 지속적인 관심과 이해를 통해 아동이 나타내는 정서적·심리적 변화와 아동 주변의 환경 변화를 관찰하고 포착할 수 있어야 한다.

② 약속의 이행과 신뢰관계의 형성이 중요하다.

③ 아동의 욕구를 세심히 관찰하고 아동의 수준에서 그들이 원하는 방향과 방법을 선택하는 눈높이 자원봉사를 해야 한다.

④ 아동이 자신의 욕구와 심정을 솔직하게 표현할 수 있도록 유도하고 격려해야 한다.

⑤ 아동을 위한 자원봉사는 교육적이어야 한다.

⑥ 아동을 대할 때는 말과 행동이 일치해야 한다.

⑦ 아동과 함께하는 봉사는 재미있어야 한다.

⑧ 아동을 즐겁고 편안하게 해 주는 봉사여야 한다.

2. 청소년 자원봉사활동

1) 청소년 자원봉사의 이해

청소년기는 아동기에서 성인기로 변화하는 과도기로 사회에 발을 들여놓기 바로 전 단계로서 자아 형성을 해 가는 중요한 시기이다. 그리고 자신의 신념, 가치관 등에 대한 고민을 통해 자아정체감을 형성하고 정서적 동요가 발달하는 시기이다. 또한 신체적, 정신적, 인지적, 도덕적 변화가 급격히 일어나는 인생의 결정적 시기이며, 사회변화에 따르는 사회적 요구를 충족시키지 못하는 불안정한 시기이다(이효선 외, 2012: 58). 때문에 이 시기의 청소년들은 건전하고 밝은 심성으로 바람직하게 자랄 수 있는 가능성과 잘못 성장할 수 있는 가능성의 양면성을 동시에 지니고 있다. 따라서 청소년의 하루하루 경험은 인격 형성과 인생관의 확립에 중요하게 작용하는 중요한 시기라고 할 수 있다. 뿐만 아니라 청소년기는 신체적인 급격한 변화와 정서적으로 변화가 심한 시기이고, 특히 성적으로의 급격한 발육은 심리적으로 불안을 동반하여 심한 정서적 변화들을 겪을 수 있기 때문에(박용순 외, 2015: 228) 이러한 과정을 혼자서 극복해 나가는 데 많은 어려움이 따를 수 있다. 심지어는 인생을 좌우할 수 있는 중요한 위기에 직면할 수도 있기에 이 시기를 잘 이겨 나가게 하기 위해서는 성인들의 도움이 절실히 필요하다(류기형 외, 2016: 365).

한편, 청소년 또한 스스로 자아를 발견하고 그들의 삶에서 의미와 보람을 찾으려는 강한 내적 욕구 또한 가지고 있다. 청소년들의 이러한 욕구도 실현시키면서 상부상조정신과 공동체 의식 및 합리적 사고를 키울 수 있는 기회를 제공해 주는 대표적인 활동이 바로 청소년의 자원봉사활동이다(김해성 외, 2018: 305).

2) 청소년을 위한 자원봉사

(1) 청소년을 위한 자원봉사의 의의와 필요성

청소년이 겪는 문제는 청소년이 가진 특성에 의해 개인적·심리적인 것에서부터 심각한 사회문제화되고 있는 청소년 범죄까지 매우 다양하다. 청소년들의 성장발달과 인격형성에 나쁜 영향을 주고 있는 사회적인 환경은 청소년이 올바른 성인으로 성장하기 위한 발달과업을 저해하는 요인으로 작용하기도 한다. 청소년의 건전한 성장과 육성은 개별 가정과 학교교육에만 의존할 수 없으며, 지역사회의 적극적인 개입과 참여를 통해 가능하다. 따라서 청소년들이 건강한 민주시민으로서의 공동체 생활을 체험하고 배울 수 있는 환경조성이 무엇보다 절실히 요구되고 있으며, 사회구성원 모두의 관심과 참여 없이는 청소년문제의 해결은 불가능하다. 이에, 청소년들을 지도하고 건전한 사회환경을 조성해 나가는 청소년을 위한 자원봉사는 반드시 필요하다(박용순 외, 2015: 229).

한편, 청소년 문제는 청소년이 발달과업을 효과적으로 수행하지 못할 때 발생하는 경우가 많다. 청소년기의 특성과 관련하여 청소년의 문제를 살펴보면 다음과 같다(한상철 외, 2003; 권중돈 외, 2008: 190).

첫째는 신체적 변화에 따른 문제이다. 사춘기로 인한 가족관계에는 많은 영향을 미치는데, 청소년은 아동기보다 더 많이 가정의 의사결정에 참여하며 자기에게 성인과 같은 대우를 해 주기를 기대한다. 따라서 일시적으로 긴장과 갈등을 경험하게 된다.

둘째는 인지적 변화에 따른 문제이다. 청소년은 종종 성인이 이해할 수 없는 위험한 행동(예: 폭주족이나 안전하지 못한 성관계 등)을 하는 경우가 있다. 이러한 위험한 행동은 일반적인 행동과 마찬가지로 의사결정 과정을 통해 일어난다.

셋째는 사회적 변화에 따른 문제이다. 청소년기가 되면 사회적 역할과 지위에서도 변화가 나타난다. 특정 사회가 청소년에게 기대하고 부여하는 사회적 역할 변화의 명확성과 연속성은 청소년의 사회적 적응뿐만 아니라 문제행동을 포함한 전반적인 행동과 사고에 많은 영향을 미치게 된다.

(2) 청소년의 특성

청소년의 특성은 다음과 같다(홍봉선·남미애, 2000; 권중돈 외, 2008: 182-188).

먼저 신체적인 특성이다. 청소년기에 나타나는 대표적인 신체적 변화로 우선 호르몬의 변화를 들 수 있다. 즉, 청소년기는 그 어떤 시기보다도 호르몬의 분비가 왕성해지는 시기이다. 그리고 청소년기에는 신장과 체중이 증가하고 이와 동시에 신체 내부에서도 성장하는 신체를 유지하기 위해 신진대사가 원활해진다. 또한 성적 측면에서도 성숙해진다. 청소년은 성인과 같은 생식능력을 갖게 될 뿐 아니라 생식과는 직접적인 관련이 없지만 남녀를 구분하는 데 중요한 요인인 이차적 성징(secondary sex characteristics)이 발달하게 된다.

둘째, 심리적인 특성이다. 청소년기에는 인지적 발달이 이루어지는데, 자신이 경험해 보지 못한 이상이나 가능성의 세계, 추상적인 개념에 대한 사고와 조합적 사고가 발달하여 어떤 문제에 직면했을 때 여러 가지 요인을 고려하여 논리적이고 체계적으로 문제해결을 시도한다. 이로 인해 자아정체감(self identity)이 형성되고 발전하는 동시에 정체감 형성의 위기를 경험하기도 한다.

셋째, 사회적 특성이다. 청소년기는 부모에게서 분리되어 독립성과 자율성을 획득하려고 시도하는 시기이다. 따라서 청소년을 통제하려는 부모와의 관계에서 잦은 갈등이 일어나고, 가족생활보다는 동성 친구나 이성 친구 등과의 또래집단 활동에 몰두한다. 청소년기에 부모와 또래집단의 심리·사회적 지지를 받지 못하면 부정적인 자아상이 형성되기도 하며 사회적 거부와 배척의 감정 또는 고립감을 갖게 되기도 한다. 나아가 청소년이 또래집단에 수용되기 위해서는 문제행동(예: 가출, 흡연, 음주 등)을 하도록 압박을 받아 심리내적으로 갈등을 겪기도 한다.

이러한 청소년의 특성을 다음과 같이 이해할 수도 있다(류기형 외, 2016: 366-

368).

첫째, 청소년은 독립적이고 통합된 인격체이다. 청소년은 성인과 동등한 자주적이고 독립적인 인격체인 동시에 어떠한 상황에서도 존중되어야 할 사회적 존재이다. 따라서 청소년은 어떠한 조건하에서도 차별 없이 인간으로서의 존엄성이 유지될 수 있어야 하며 그들의 개별적이고 다양한 요구를 인정하여야 한다. 또한 청소년은 다면적·전체적인 존재로서 인식해야 한다.

둘째, 청소년은 성장과정 중에 있다. 청소년은 신체적, 인지적, 정서적, 사회적으로 변화하며 성장하는 과정 속에 있다. 이에, 청소년들이 일으키는 실수나 문제에 대해 비난이나 질타를 하기보다는 보호와 지지를 해 주어야 한다. 특히 청소년을 둘러싼 환경이 청소년의 성장을 촉진하는 방향으로 조성되고 제공될 때 청소년의 성장과 변화는 바른 방향으로 이루어질 것이다.

셋째, 청소년기는 독립된 발달단계로 이해되어야 한다. 청소년기는 가족으로부터 독립하고 동성과 이성의 친구를 선택하고 진로를 정하는 등의 다양한 발달과업을 수행하는 독특한 발달단계이다. 이러한 발달과업의 성공 여부는 청소년을 둘러싼 환경에 의해 크게 좌우되기 때문에 타 세대에 비해 외적 지원이 더 절실하게 필요하다.

넷째, 청소년은 한 명의 사회구성원으로서 이해되어야 한다. 청소년은 한 사람의 인간으로서 인권을 가질 뿐 아니라 그 연령 때문에 가정과 사회의 특별한 보호를 필요로 하는 존재이다. 그러나 지금까지 청소년 정책 등을 통해 바라본 관점은 청소년을 미성숙한 보호대상으로 규정하여 보호정책으로 일관하거나 청소년들을 현 사회의 구성원으로서 인정하지 않았다. 이는 청소년을 미래의 주역으로만 간주하여 현재의 생활과 활동은 미래를 위해 준비하는 과정으로 이해되었고, 이로 인해 청소년은 정책의 대상으로만 간주되어 청소년의 자발적인 참여와 스스로의 활동을 제약하는 결과를 낳게 되었다. 청소년은 나름대로의 자의식과 창의성, 호기심과 도전의식, 무한한 잠재능력, 순수한 비판의식 등을 가지고 있어 성인과는 또 다른 우수한 역량을 가진 사회구성원이다.

(3) 청소년을 위한 자원봉사활동의 종류와 내용

청소년을 위한 자원봉사활동도 매우 다양하게 실시되고 있는데, 각각의 자원봉사활동 종류별 내용을 요약하여 도표로 제시하면 〈표 6-2〉와 같다.

〈표 6-2〉 청소년을 위한 자원봉사활동의 종류와 내용

목표	체계	분야별	프로그램
자립기능향상 (직접 서비스)	심리적 지지	상담	청소년상담(전화, 면접, 집단상담), 학교상담 자원봉사, 비행청소년상담(법무부, 검찰청 관련)
		결연	소년소녀가장, 결손가정(시설 청소년), 비행청소년 개발 결연 사회성 증진
	사회성 증진	교육 지원	기능교실(컴퓨터, 서예 등) 지원, 방과 후 학습 지도, 청소년 자원봉사자를 위한 교육
		사회활동 지원	산업시찰 및 역사탐방, 농촌활동 지도
		여가선용	음악, 그림, 문학, 연극, 캠프, 전통놀이 지도
	생활 안정	취업지원 서비스	직업훈련, 취업 알선 및 사회적응 훈련
		생활 및 가사 지원 서비스	결식 청소년 무료급식 및 노력 봉사, 불우청소년 도시락 및 밑반찬 전달, 이 · 미용 제공, 차량 지원, 청소, 식사 준비 및 취사, 세탁, 생필품 구입, 시장보기 등 가사봉사 서비스
		보호활동	가출청소년 일시보호(쉼터), 민간 가정위탁
사회적 지지 (간접 서비스)	시설 지원	업무보조	시설환경 정리, 행정업무 보조, 차량 지원
		시설장비	아동복지시설 화단 만들기, 보일러 · 수도 등 각종 시설·정비, 놀이터 등 장비정비, 아동복지시설 자연학습장 만들기
		방문활동	시설에서의 레크리에이션 지도, 보호관찰소 · 소년원 등 위문
	사회 환경 조성	조사 · 정보 제공 · 캠페인	청소년 유해 문화환경 조사 · 감시, 청소년 신문제작, 아동 · 청소년 욕구 조사 등 사회 조사, 근로 청소년을 위한 음악회 개최, 청소년 유해환경 단속 및 계몽, 불우아동 및 청소년 장학금 모금을 위한 활동(바자회), 청소년을 위한 금연, 성교육, 약물 남용 방지 캠페인, 가출청소년을 위한 아웃리치

출처: 한국사회복지협의회(1997), 현외성(2011), p. 318의 〈표 16-2〉에서 발췌.

(4) 자원봉사자의 자세와 유의사항

청소년을 대상으로 자원봉사를 할 때 자원봉사자가 지녀야 할 자세와 유의사항은 다음과 같다(김동배, 2006: 181-183; 박용순 외, 2015: 229-231).

① 청소년이 서비스를 받는 것에 대해 어떻게 생각하고 있는지, 자원봉사자에게 기대하거나 원하는 것이 무엇인지 정확하게 인식해야 한다.

② 청소년 자신이 무엇을 문제라고 생각하고 있으며 이에 대해 어떻게 느끼고 생각하는지, 지금까지 어떤 노력을 해왔고, 무엇을 원하는지 검토해야 한다.

③ 청소년의 욕구와 자원봉사자의 업무한계 등을 고려하여 자원봉사자와 청소년이 서로 어떤 일을 할 것인지를 합의하여 공동의 목표를 정해야 한다.

④ 문제해결에 대한 답을 일방적으로 제시할 것이 아니라 자신에게 알맞은 대안을 스스로 선택할 수 있도록 여러 가지 대안을 제시해 주어야 한다.

⑤ 청소년의 자존감과 자신감을 향상시키고, 청소년이 희망을 가지고 자기 삶을 스스로 개척해 나갈 수 있도록 자존감과 자신감을 심어주는 것이 중요하다. 이에, 자원봉사활동을 통해 그들의 미래 설계 및 진로계획과 연계될 수 있도록 기회를 제공해 줄 수 있어야 한다.

⑥ 청소년들은 보고 듣고 경험한 것을 쉽게 배우고 따라 하는 경향이 있다. 이에, 복장이나 언행뿐만 아니라 활동 전반에서 바람직한 모델을 제공할 수 있도록 해야 하기 때문에 모든 활동에서 주의 깊게 행동해야 한다.

⑦ 청소년은 일반적으로 활동량이 많으므로 활동에서 생길 수 있는 안전사고에 대해 각별히 주의를 주어야 하며, 안전사고 시 대책을 수립해 두어야 한다.

⑧ 청소년들에게 재미와 즐거움을 주는 것이 무엇보다 중요하므로, 자원봉사활동 시 청소년이 재미와 즐거움을 느낄 수 있는 매개체를 활용하면 더욱 효과적인 활동이 될 수 있다.

⑨ 열린 마음으로 다가서고 공통의 관심사와 공감대를 형성하는 것이 중요하다.

3) 청소년에 의한 자원봉사

(1) 청소년에 의한 자원봉사의 의의와 필요성

청소년 자원봉사활동은 보람된 삶의 동기를 부여하고 사회구성원으로서 조화로운 생활방식을 습득하도록 하며 자신감과 자기애를 갖게 하는 긍정적인 효과를 가진다. 특히 자아정체성과 도덕성을 통합시킬 수 있는 시기인 청소년기에 사회참여의 기회로서 자원봉사활동 경험은 청소년의 건전한 성장을 돕기 위해 꼭 필요하다(류기형 외, 2016: 256).

청소년기 자원봉사활동의 개념은 일반적 자원봉사의 개념에 '복지적 측면'과 '교육적 측면'의 개념을 덧붙여 정의한 것이다. 청소년기 자원봉사활동은 체험과 학습이 동시에 이루어져 인격도약과 바람직한 성장에 크게 작용되게 되므로 그 중요성과 의의는 매우 크다. 청소년 자원봉사의 의의를 정리하면 다음과 같다(김한구 외, 1997: 45-47; 김범수 외, 2007: 262-263).

첫째, 개념적 지식을 확대할 수 있다. 교실에서 얻은 지식은 학생들이 배운 것과 그 기술을 활용하여 다른 사람들에게 뭔가 도움을 줄 수 있을 때, 또 복잡한 사회상황과 연관을 맺을 수 있을 때 확대된다.

둘째, 경험적 학습의 기회가 된다. 청소년들이 배우고 접하는 지식은 대부분 전해 듣거나 조사·분석된 것이다. 그러나 자원봉사활동은 청소년들 자신의 직접적인 경험을 통하여 배우게 된다.

셋째, 기술 및 능력을 개발할 수 있다. 자원봉사활동을 통해 청소년들은 자신이 가지고 있는 능력과 기술을 실제로 활용해 볼 수 있다. 이러한 기회는 정보나 자료를 수집하고 분석하는 것, 판단하는 것, 타인을 배려하는 마음을 개발하는 것, 도구사용법 익히기, 대화기술의 습득 등을 포함한다.

넷째, 지역사회에 관한 지식을 습득하게 된다. 청소년들은 자원봉사활동을 통해 사회문제 및 현실에 대해 광범위한 이해를 도모할 수 있다. 어떻게 사회문제가 발생하고, 이를 개선하고 변화시키기 위해 어떠한 조치가 현실적으로 취해질 수 있는가 등에 대해 이해할 수 있다.

다섯째, 사회적 통합의 효과를 얻을 수 있다. 청소년들은 여러 가지 연령층, 다른 가치관 및 배경을 가진 사람들과 관계를 맺고 협동하는 가운데 배울 필요가 있다. 사회에 대한 인식의 부재와 편견의 문제는 단순한 접촉에 의하여 해결되지 않는다. 오직 상호작용을 통해서만이 다른 사람의 사회환경을 파악할 수 있다.

여섯째, 성인의 역할을 탐색할 수 있다. 청소년들은 성인 역할 및 성인과의 관계를 탐색하기 위하여 교사나 부모 이외의 다른 성인들과 접촉할 필요가 있다. 자원봉사활동은 청소년들을 다른 성인들과 평등한 동반자 관계를 형성할 수 있게 한다.

일곱째, 일하는 경험을 얻는 기회가 된다. 청소년들은 자원봉사활동을 통해 직업의 선택에 영향을 줄 수 있는 통찰력을 얻게 되고 미래 직업을 탐색하는 데 있어 도움이 될 경험을 얻을 수 있다.

여덟째, 여가시간을 건설적으로 활용할 수 있다. 청소년들이 여가시간을 창의적이고 건설적으로 활용하는 데 도움이 된다. 청소년들은 자원봉사활동을 통하여 민감성, 자발성, 자긍심 및 좋은 판단력을 기를 수 있다.

아홉째, 의사결정 및 책임감을 키울 수 있다. 청소년들은 주도권을 가지고 일을 추진하며 책임을 지도록 기대되는 상황에 놓일 수 있다. 즉, 그들은 문제를 파악하고 결정을 내리고 책임을 지도록 도전받을 수 있다. 이를 통해 그들은 책임감을 기르며 다른 사람들을 통해 자신의 행동결과를 관찰하게 된다.

청소년 자원봉사활동의 필요성은 크게 '개인적 차원'과 '사회적 차원'으로 나누어 설명된다(김범수 외, 2007: 263-265; 류기형 외, 2016: 256-257).

먼저 개인적 차원으로는 첫째, 다양한 입장의 사람들을 만나면서, 자기 존재의 의미와 자기 존중의 정신을 깨달을 수 있고, 사회성 발달의 좋은 기회를 갖는다. 둘째, 지도력 향상과 공동체 의식을 함양할 수 있다. 셋째, 청소년들이 자발성, 협동정신, 책임감과 같은 민주시민의 자질을 함양하게 된다. 넷째, 청소년들이 학교에서 배운 것을 확인하고 보충·심화시킬 수 있는 기회를 제공한다. 다섯째, 기본적인 학업기술(생각의 표현, 읽기 등), 높은 수준의 사고 기술(편견 없는 태도, 비판적 사고 등), 통찰력, 판단 및 이해 등의 지적 성장을 이룬다. 여섯째, 사회생활에 필요한 직업에 대한 탐색과 준비를 하게 한다.

다음으로 사회적 차원으로는 첫째, 자발적으로 어려운 사람들을 돕고 지역사회 환경을 개선해 나가는 등 자발적 참여의 사회풍토를 조성한다. 둘째, 스스로 자원봉사활동에 참여함으로써 참여의 보람과 시민으로서의 책임의식을 갖게 된다. 셋째, 유능한 사회 지도자로 성장하는 데 도움이 된다. 넷째, 자원봉사활동을 통해 함께 사랑을 나누고 힘든 일을 나눔으로써 그들에게 생의 가치를 느끼게 해주고 사회구성원으로서의 소속감을 심어 주게 된다. 다섯째, 위와 같은 발달과 성장으로 청소년 관련 각종 범죄와 사고를 예방해 준다.

위에서 언급한 청소년 자원봉사활동의 긍정적인 측면이 '봉사학습의 긍정적 효과에 관한 연구결과'로 확인되고 있다(Frazier, 1999: 14–15; 류기형 외, 2016: 265 재인용).

---

① 자원봉사를 하게 될 가능성, 문화적 다양성의 수용 등과 같은 사회적인 책임의식 중 시민의식이 눈에 띄게 발전함.
② 87%의 학생들은 봉사활동을 통해 기술을 배웠고, 그 기술을 미래에 활용하게 될 것이라고 답함.
③ 75%의 학생들은 수업시간에 배우는 것보다 봉사학습에서 더 많은 것을 배운다고 답함.
④ 학업 성취도 측면에서 봉사학습 참가자들은 사회, 수학, 과학 과목에서 높은 점수를 받음.
⑤ 영어, 수학, 과학, 사회 등의 과목에서 중학생 참가자들은 평균 16% 정도 점수가 오름.
⑥ 중학생 참가자들은 수학 과목에서만 25%의 성적이 오름.

---

(2) 청소년 자원봉사활동의 영역

청소년 자원봉사활동의 영역은 다양하게 나타나며, 크게 장소에 따른 영역, 대상에 따른 영역, 활동목적에 따른 영역의 세 가지로 분류할 수 있다.

① 장소에 따른 영역

청소년 자원봉사활동의 활동영역을 장소에 따라 분류해 보면, 학교, 각종 사회단체, 지역사회 공공기관, 지역사회복지관, 사회복지시설, 병원 등으로 구분할 수 있다(표 6-3 참조).

〈표 6-3〉 장소에 따른 봉사활동의 분류

장소에 따른 구분	활동내용
학교	• 학교 동아리 활동과 봉사활동을 통해 자신의 자아실현과 학업성취에 영향을 주면서 유기적으로 이루어져야 함 • 학교주변 청소, 환경미화작업, 학교 및 학급신문 만들기, 학교 도서관 및 자료실 정리 활동 등
각종 사회단체	• 각종 활동과 사무보조, 캠페인, 도서정리 및 각종 자료정리 등
지역사회의 공공기관	• 주민자치센터, 구청 등이 대표적 기관 • 지역 내의 업무보조, 청소활동, 공공시설 점검, 교통감시, 청소년 유해시설 조사, 놀이터 정리 및 청소, 문화시설 관리 및 유적지 조사 등
지역사회 복지관	• 지역주민의 설문조사, 사회복지관의 홍보, 무료급식 보조, 재가복지센터의 보조, 국민기초생활수급권자의 가정방문, 장애인 재활업무 보조 등
사회복지시설	• 장애인시설, 노인복지시설, 육아시설에서의 식사보조, 학습 지도, 외출동행, 책 읽어주기 등
병원	• 세탁물 보조, 차트 정리, 환자보조, 책 읽어주기, 화장실 동행, 거즈 접기 등

출처: 임은희 외(2010), pp. 250-255의 내용을 토대로 필자 작성.

② 대상에 따른 영역

청소년이 봉사할 수 있는 대상자별로 분류하여 보면, 청소년, 장애인, 노인, 지역사회, 국가 및 국제사회로 분류할 수 있다.

〈표 6-4〉 대상에 따른 봉사활동의 분류

대상에 따른 구분	활동내용
아동·청소년	• 보육시설의 교재 제작, 간식 만들기, 아동의 귀가 활동 지도, 동화책 읽어주기, 놀이시설 점검, 장난감 및 동화책 수집, 저소득층의 학습 지도 및 놀이 지도 등
장애인	• 식사보조, 직업재활보조, 신문이나 책 읽어 주기, 장애인의 학습 지도, 놀이 지도, 타이핑 및 녹음작업, 나들이 보조 등
노인	• 집안청소, 취사, 세탁보조, 책 읽어주기, 은행업무, 병원 동행, 생활활동보조, 노인 말벗 등
지역사회	• 지역캠페인, 공공시설 및 기관 등의 편의시설 실태조사, 공공시설의 점검, 관광안내, 자원봉사신문 제작, 지역행사활동 지원, 재활용품 선별, 내 고향 문화시설 가꾸기 등
국가 및 국제사회	• 군인 위문방문, 재해구호활동, 불우이웃돕기, 헌혈 및 골수기증, 국제사회를 위한 국제협력 및 난민구호 등

출처: 임은희 외(2010), pp. 250-255의 내용을 토대로 필자 작성.

③ 활동목적에 따른 영역

청소년 자원봉사활동은 그 목적에 따라 일손돕기 활동, 위문활동, 지도활동, 캠페인 활동, 자선 및 구호활동, 환경 및 시설보전활동, 지역사회개발활동, 기타 영역으로 구분할 수 있다.

〈표 6-5〉 목적에 따른 봉사활동의 분류

봉사활동목적에 따른 구분	활동내용
일손돕기활동	복지시설 일손돕기
	공공기관 일손돕기
	병원 일손돕기
	농어촌 일손돕기
	학교 내 일손돕기
위문활동	고아원 위문
	양로원 위문
	장애인 위문
	병약자 위문
	자매부대 위문

봉사활동목적에 따른 구분	활동내용
지도활동	동급생 지도
	하급생 지도
	사회교육 지도
캠페인활동	공공질서확립캠페인
	교통안전캠페인
	학교 주변정화캠페인
	환경보전캠페인
자선 · 구호활동	재해구호활동
	불우이웃돕기
	헌혈 및 골수기증
	국제협력과 난민구호
환경 · 시설 보전활동	깨끗한 환경 만들기
	자연보호
	나무 심기 및 가꾸기
	문화재 보호
지역사회 개발활동	지역실태조사활동
	지역사회 가꾸기
	지역홍보활동
	지역행사 지원활동
기타	위의 일곱 가지 큰 영역으로 분류하기 어려운 봉사활동이 개발되면 그 활동내용을 구체적으로 명시

출처: 임은희 외(2010), p. 254의 〈표 11-2〉에서 발췌.

(3) 청소년 자원봉사활동의 활성화 방안

청소년 자원봉사활동의 활성화 방안으로 제기되고 있는 것을 살펴보면 다음과 같다(양점도 외, 2010: 140; 박차상, 2014: 209-211).

첫째, 자원봉사활동 대상기관에서 학생을 꺼리거나 학생과 자원봉사활동 대상기관과의 효율적 연계시스템이 미흡하다. 이를 해결하기 위해 일차적으로 자원봉사활동 대상기관 종사자에 대한 오리엔테이션이나 정기적 간담회를 통해서 이해와 협력을 구해야 한다. 이로 인해 필요한 정보제공이 원활하게 이뤄질 것이다.

둘째, 학교 내에서의 자원봉사활동에 관한 분위기가 조성되어야 한다. 자원봉사 동아리를 조직하고, 그 동아리를 지도할 수 있는 담당교사가 배치되어야 하며, 동시에 학생들이 자원봉사활동을 통해 유익한 기술과 지식을 습득할 수 있는 기회가 마련되어야 한다.

셋째, 철저한 자원봉사활동의 계획과 지도가 필요하다. 학생들이 자원봉사활동을 성공적으로 수행하기 위해서는 봉사학습에 의한 방법으로서 활동에 참여시키기 전에 철저한 계획과 준비가 요구된다. 이는 학교뿐만 아니라 자원봉사 수행기관에서도 마찬가지이다.

넷째, 자원봉사활동 시 안전사고에 대한 대책이 미흡하다. 현재 청소년자원봉사센터의 경우 안전사고가 우려되는 프로그램을 운영하게 되는 경우 별도로 센터가 부담하여 보험에 가입하도록 하고 있는 실정이다. 따라서 이러한 보험가입 협조 역시 결국 교육청 수준에서 지역사회 봉사단체의 현황을 파악하여 보험에 가입시킬 수 있도록 협조·요청한다면 해결할 수 있으며, 자원봉사활동을 활성화시키는 데 크게 기여할 수 있다.

3. 노인 자원봉사활동

1) 노인 자원봉사의 이해

사회복지가 인간의 복지를 추구하는 사회적 노력이라고 한다면 노인복지는 노인들에게 일어나는 가난, 질병, 역할상실, 소외 등의 제반 문제를 해결하고 행복한 노후생활을 추구하는 노력이라고 할 수 있다. 오늘의 노인복지는 단순한 구빈사업이나 의료보호의 개념이 아니고, 노인이 하나의 독립된 인간으로서 기본적인 욕구충족과 문화생활을 유지하는 데 있다. 이는 가정이나 사회에서 존경받고 사회적인 역할과 활동에 참여하여 삶의 의미와 보람을 갖도록 하는 것이다(박용순 외, 2015: 284).

고령화 현상에는 부양이 보장되어야 하는 의존적인 노인도 있지만, 여전히 사회에 기여할 수 있는 능력과 자원을 가지고 있는 역량 있는 노인도 증가하고 있다는 사실 또한 강조되어야 한다. 따라서 노인 역량에 대한 사회적 인식 전환 및 그들의 역량을 실질적으로 활용할 수 있는 사회적 대안이 필요하며, 이를 위한 방안으로써 개인적 차원의 접근보다 사회적 제도를 통해 지속적으로 노인의 사회 참여를 지지·강화할 수 있는 사회·환경적 변화에 주목할 필요가 있다.

노인의 역량을 활용한다는 것은 그들의 사회 참여를 지지함과 동시에 사회적 기여를 지속·확대시킬 수 있는 기회를 제공함으로써 개인 및 사회에 상호적 이득이 되는 것을 의미한다. 이러한 관점에서 '노인을 의존적인 서비스 대상자'가 아닌 '도움을 제공할 수 있는 역량 있는 독립적인 주체'로서 고려하는 시각의 전환이 필요하다. 특히 자원봉사는 노인의 사회 참여를 높일 수 있는 방법 중의 하나이다. 자원봉사가 노인의 수명을 연장시키고, 신체적·인지적 기능을 향상시키며, 우울감 감소 및 주관적 건강 향상 등 노인의 삶과 건강에 긍정적인 영향을 미친다(홍송이, 2015: 100-101).

현대 노인들은 건강, 경제, 역할상실, 고독, 가족 내 부양문제 등 다양한 영역에서 자원봉사자의 도움이 필요하다. 또한 노인 역량을 활용한 사회참여로 보람 있는 노후생활을 위해 자원봉사활동이 요구되고 있다. 따라서 노인이 자원봉사의 대상이 되는 '노인을 위한 자원봉사'와 노인이 자원봉사의 주체가 되는 '노인에 의한 자원봉사'로 나눠서 살펴볼 필요가 있다.

2) 노인을 위한 자원봉사

(1) 노인을 위한 자원봉사의 의의와 필요성

현대사회에서 평균 수명의 연장과 노인 인구의 증가는 다양한 사회적 파급 효과를 낳는다. 여기에 도시화, 핵가족화, 기술정보사회의 특성, 빠른 사회변동, 능력 중심의 사회, 부양의식의 감퇴, 특히 우리나라의 경우 구조조정과 경기불황에 의한 명예퇴직과 조직퇴직의 일반화 등 사회 전반적인 여건과 환경이 노인에게 불리한 요인으로 작용하고 있다(현외성, 2011: 319).

이와 같은 배경에서 노인문제는 매우 심각하게 대두되고 있다. 주된 노인문제는 빈곤, 고독과 소외, 건강문제 등으로 대변된다.

노인의 빈곤은 산업화 과정이 진행됨에 따라 상대적으로 증가한다. 특히, 고령으로 인한 취업 기회의 제한은 수입의 감소 또는 단절을 가져오고 그것은 필연적으로 빈곤을 발생시킨다.

노인들은 사회활동을 중단하고 은퇴를 하게 되면 사회적 관계가 축소됨에 따라 자연스럽게 주거지에서 보내는 시간이 많아지게 된다. 노인은 역할 및 지위의 상실, 지인이나 배우자 등의 인간관계 상실, 사회참여 기회의 상실 등으로 인해 심각한 고립감에 빠지는 경우가 많다.

또한 주거지에서 보내는 시간이 많아지다 보면 신체활동의 저하를 가져와 이차적 노화를 촉진시키게 되는데, 이는 곧 신체기능의 저하나 치매의 발생 등으로 이어져 결국에는 복지서비스에 대한 의존성을 증가시킨다. 노년기에 접어들게 되면 신체적 및 정신적 기능들이 현저히 저하되고 대부분의 노인들은 만성질환을 지니게 된다. 특히 치매나 뇌졸중의 증가는 노인을 부양하는 가족에게 심리적인 면에서나 경제적인 면에서 많은 부담이 되고 있다.

이와 같은 노인의 문제는 본인이나 가족의 노력만으로는 해결이 곤란하며, 복지, 교육, 보건, 의료, 노동, 주택 등 삶의 모든 영역과 관련되어 있기 때문에 사회적 과제로 볼 수밖에 없다. 특히 현대사회의 두드러진 특성인 가족보호기능의 저하와 노멀라이제이션 이념 확산 등의 배경은 혼자 사는 노인, 거동불능 또는 치매노인(혹은 그 가족) 등의 보호와 지원 그리고 삶의 의미 및 보람의 제공, 사회참여의 촉진 등을 위한 자원봉사활동의 필요성을 더욱더 강조한다(임은희 외, 2010: 305).

(2) 노인의 특성

노인을 위한 자원봉사활동에 참여하기 위해서는 노인의 특성을 이해하고 있어야 한다. 노인은 일반적으로 65세 이상의 사람을 의미한다. 노년기에는 신체적 능력의 쇠퇴와 질병 발생, 사회적 관계 축소, 사회경제적 지위의 하락 등이 일어난다(이효선 외, 2012: 71). 이러한 노인의 특성은 크게 세 가지 차원에서 요약하여 설명할 수 있다(임은희 외, 2010: 306).

첫째, 신체적 특성으로 노화에 따라 신체를 구성하고 있는 세포 및 기관 등의 기능이 저하됨으로써 관절염, 동맥경화증, 고혈압, 신장병 등의 만성질환발병률이 증가한다.

둘째, 심리적 특성으로 노인은 지능, 기억력, 학습능력, 사고 및 문제해결능력, 창의성의 감퇴 등 지적 능력이 저하된다. 이것은 우울증 증가, 내향성 및 수동성의 증가, 친근한 사물에 대한 애착심, 성역할 지각의 변화로 보인다.

셋째, 사회적 특성으로 노인은 직장에서 퇴직함으로써 사회적 역할을 상실하고 이에 따라 직업에 부수되는 다른 공식적인 사회적 지위도 상실하게 된다. 또한 직장의 상실은 수입의 감소와 경제적 능력의 저하로 이어지고 경제적 능력이 저하됨에 따라 사회와 가정에서의 권위도 약화된다. 또한 배우자의 사망으로 남편 또는 아내의 역할도 상실할 수 있다. 이로 말미암아 노인은 의존성이 증가하고 소외와 고독을 느끼게 된다.

위와 같은 특성을 가진 노인들에게 있어 사회적 자원은 매우 중요하며 강화되어야 하는데, 자원봉사 활동을 통해서도 제공할 수가 있다.

(3) 노인을 위한 자원봉사활동의 종류와 내용

노인을 위한 자원봉사활동도 매우 다양하게 실시되고 있는데, 각각의 자원봉사활동 종류별 내용을 요약하여 도표로 제시하면 〈표 6-6〉과 같다.

〈표 6-6〉 노인을 위한 자원봉사활동의 종류와 내용

목적	목표	서비스	내용
자립 기능 향상 (직접 대인 서비스)	심리적 지지	정서적 위문	• 노인에게 안부전화 걸기 • 독거노인 결연 • 무의탁노인 가정방문 • 무의탁노인 경로잔치 및 생일잔치 • 신앙 및 고충상담
		심리적 자립	• 인지치료
	사회성 증진	교육지원	• 노인대학 운영보조 • 문맹 노인 학습 지도
		사회활동 지원	• 노인 자서전 쓰기 지도 • 독거노인 모임 보조 • 장애인 및 허약 노인 외출 동행 • 치매노인 사회적응 지도
		여가선용	• 체육 지도 • 취미활동 집단 지도 • 특기개발 지도
	생활 안정	취업지원	• 취업알선 • 공동작업장 지원
		생활 및 가사지원	• 가정환경미화 • 급식 및 도시락 배달 • 목욕보조 • 무의탁노인 세탁물 배달 • 이·미용서비스 • 영정사진 촬영
		의료 및 건강지원	• 진료보조 • 간병활동 및 임종간호(호스피스) • 저소득층 노인을 위한 무료진단 조직 • 병간호 및 신체수발 • 약품구입 대행 • 개인위생 대행(머리손질, 손발톱 깎기)

목적	목표	서비스	내용
사회적 지지 (간접 서비스)	시설 지원	업무보조	• 시설환경정리 • 차량운행 • 행정업무보조
		방문활동	• 노인시설 위문공연 • 시설 노인 생활보조 • 경로당 및 노인정 방문
		시설 (장비) 정비	• 노인복지시설 환경미화 • 보일러·수도 등 각종 시설 정비 • 휠체어 등 노인 장비 정비
	사회 환경 조성	조사·개발	• 노인 관련 출판물 제작보조 • 노인생활품 조사보조 • 노인욕구조사보조

출처: 한국사회복지협의회(1997), 임은희 외(2010), p. 308의 〈표 12-4〉에서 발췌.

(4) 자원봉사자의 자세와 유의사항

노인을 대상으로 자원봉사를 할 때 자원봉사자가 지녀야 할 자세와 유의사항은 다음과 같다(류기형 외, 2009: 382).

① 항상 단정한 외모와 겸손한 태도를 가져야 한다.

② 노인의 관심사로부터 시작해야 한다.

③ 노인과 봉사활동계획을 의논하고 실천한다.

④ 자원봉사활동의 분명한 한계를 설정하고 무리한 행동을 자제한다.

⑤ 비밀을 보장해야 한다.

⑥ 노인과의 약속을 엄수해야 한다.

⑦ 노인과 노인복지에 관한 전문지식과 기술을 습득해야 한다.

⑧ 노인의 개인성을 존중해야 한다.

⑨ 여덟 가지를 통해서 존중받고 사랑받아야 한다.

3) 노인에 의한 자원봉사

(1) 노인 자원봉사활동의 의의와 필요성

노인은 자녀의 분가, 배우자 및 친구의 사망, 퇴직으로 인한 역할 상실 등으로 인하여 사회·심리적 욕구를 충족하는 데 어려움이 있다. 이러한 사회·심리적 욕구를 충족시키지 못하면 활기찬 노후생활을 영위하는 데 어려움을 겪게 된다. 이러한 사회·심리적 욕구를 충족시킬 수 있는 활동이 바로 자원봉사이다. 자원봉사활동을 통하여 자긍심을 회복하고, 적극적으로 자기표현을 하며, 성취감을 경험할 수 있다. 뿐만 아니라 지능저하를 예방하고 노화방지에도 효과를 거둘 수 있다(박태영 외, 2008: 338).

또한 노인의 자원봉사가 필요한 이유는 자원봉사의 당사자성의 장점 때문이다. 자원봉사의 당사자성이란 일반적으로 자원봉사를 해주는 사람과 받는 사람의 관계는 대등한 관계로 이어지기 어려운데, 이러한 비대등적 관계를 대등한 관계로 전환시킬 수 있는 것을 말한다. 특히 노인은 자원봉사 서비스를 받는 대상자 일 수도 있지만, 자원봉사자로 직접 활동을 수행할 수도 있다. 사회적 서비스를 받기만 하던 대상자에서 자신도 의미 있는 역할을 할 수 있는 주체로의 전환은 자기존중감을 회복하게 되며, 무기력한 요보호자에서 의미 있는 자신의 삶에 주체가 되는 대변화를 가져오게 할 수 있다.

요약하면, 노인에 의한 자원봉사활동은 개인과 사회에 다음과 같은 이익을 줄 수 있다(박용순 외, 2015: 285-286).

먼저 개인에게 주는 이익으로는 첫째, 퇴직으로 상실되었던 사회적 지위와 역할을 보충해 준다. 자원봉사활동에 참여함으로써 자원봉사활동의 조직 속에서 새로운 지위(회장, 단장, 봉사부장 등)와 그 지위에 맞는 역할을 수행할 수 있다. 둘째, 자원봉사활동의 참여는 자칫하면 상실되기 쉬운 자신의 사회적 가치성을 회복하거나 유지할 수 있게 해 준다. 이로 인해 아직도 자신이 유용하고 중요한 존재라고 인식하게 한다. 셋째, 자원봉사의 참여는 노년기에 있어서의 자아상을 긍정적으로 유지시켜 주고 자존심을 유지 및 향상시켜 줄 수 있다. 넷째, 자원봉사의 참여는 소외감을 극복하게 하고, 창의성과 책임성을 발휘할 수 있는 기회를 제공해 준다.

다음으로 사회에 주는 이익으로는 첫째, 자원봉사활동 참여는 노화 또는 노인에 대한 인상을 긍정적으로 바꾸어 놓을 수 있는데, 이는 노인층 스스로 가지는 인식뿐만 아니라 다른 세대가 노인을 대상으로 갖는 인식 또한 포함한다. 둘째, 자원봉사활동 참여는 사회에 봉사하고 사회를 발전시키는 데 공헌하게 된다. 노인이 봉사활동에 자원봉사자로 참여하는 것은 사회의 부족한 복지 요원을 보충하는 데도 큰 의의가 있으며, 열악한 지역사회의 소중한 인력자원으로서 활용가치가 매우 높다.

(2) 노인 자원봉사활동의 영역

한국의 노인 자원봉사활동 참여율은 다른 국가에 비해 낮은 편이다. 노인은 개별적으로 자원봉사에 참여하는 경우는 적은 편이고 각종 단체에 가입해서 활동하고 있다. 대부분 복지기관이나 지방자치단체, 자원봉사센터, 종교시설 등에 소속되어서 봉사활동을 하고 있다. 노인의 자원봉사단체는 노인의 전화, 노년자원봉사회, 한국노인복지회, 노인대학 등이 있다.

현재의 노인층은 제한된 자원봉사활동 영역에서 자원봉사를 하고 있지만 앞으로 노인의 자원봉사활동 영역이 점점 확대될 것으로 전망된다. 영역별 노인 자원봉사활동 프로그램을 살펴보면 다음 〈표 6-7〉과 같다.

〈표 6-7〉 영역별 노인자원봉사활동 프로그램

영역	목표	구분	체계	서비스	프로그램
지역 사회 영역	주민편익	자문자원봉사	편익증진	정보공동체 구축	• 소비자문제 상담실 • 생활문제 수집 및 가공
		단순전문 자원봉사		시설관리 및 구축	• 공원 및 놀이터 관리 • 학교폭력예방센터 • 시민안전고발센터
	사회안전	일반자원봉사	안전 지도	현장활동 (지도)	• 놀이터 안전 지도 • 물놀이장 안전 지도 • 안전한 통학로 만들기
				캠페인 활동	• 시민감시단 운영 • 시민안전캠페인
		일반자원봉사	방범활동	순찰	• 자율방범대 활동 • 가정순찰대 • 지역소방대 • 학교주변 순찰
		전문자원봉사		주민신고망	• 주민신고조직 구성 및 운영
		일반자원봉사		교정활동	• 우범자 선도 • 보호관찰 • 비행청소년 선도
	공공지원	일반자원봉사	공공기관	현장활동	• 재활용 알뜰시장 지원 • 골목길 놀이터 만들기
		단순전문 자원봉사		시민참여	• 시민참여조직 • 의정감시단 • 일일 자원공무원 • 지방행정 감시 • 투 · 개표 참관
		일반자원봉사	지원	감시활동	• 청소년 유해환경추방운동 • 학교주변 불량청소년 추방운동
		전문자원봉사		조사 · 연구	• 의정활동 평가 • 법률상담 및 자문 • 외국어 통역 및 안내 • 각종 자료 번역

영역	목표	구분	체계	서비스	프로그램
문화 예술 영역	문화 재보존	전문자원 봉사	무형 문화재 계승	보급활동	• 무형문화재 공연(전시) 및 계승 • 후계자 양성 • 노인 합창단 및 예술단 구성 • 위문공연
		일반자원 봉사	유형 문화재 문화시설 보호	관리활동	• 내 고장 문화재 가꾸기 • 문화재 보호 캠페인 • 문화재 이용 및 관람 안내 • 문화재 지역 환경정화 • 위락시설 보수 및 환경정리 • 성곽유적지 주변환경정화 • 유형문화재 보호, 감시, 계도 • 유형문화 안전점검
		전문자원 봉사	문화재 발굴	자료조사	• 박물관 자료정리 • 향토문화 조사 · 연구
	문화생활 향상	전문자원 봉사	생활불편 및 유해환 경 개선	조사활동	• 문화시설 이용에 관한 여론조사 • 청소년 유해시설 감시 • 청소년 유해환경 실태조사
	문화복지 서비스	단순전문 자원봉사	문화 시설 이용 서비스	업무보조	• 문화시설 탁아보호 • 지역 문화시설 안내
		전문자원 봉사	대인 서비스	교육지원	• 판소리 지도 • 서예 지도 • 예절교육
교통 영역	교통편이 증진	일반자원 봉사	교통안전 지도	현장활동	• 교통표지판 • 도로시설물 감시 • 교통안전캠페인 • 초등학교 주변 교통안전 지도 • 횡단보도 주변 교통정리
		전문자원 봉사	교통교육	교육지원	• 노인층 교통안전 지도 • 교통 관련 자문 및 상담
		일반자원봉사	교육편의 제공	소통지원	• 대중교통 이용 캠페인 • 지하철 안전 및 질서 유지 • 혼잡한 거리질서 바로잡기
	교통환경 개선	단순전문 자원봉사	감시 모니터	교통행정	• 교통문화시민 감시 • 민원업무 보조
				교통환경	• 매연차량 감시 • 주차위반 감시 • 무단방치 차량 감시
		전문자원 봉사	조사활동	교통시스템	• 도로안전표지판 조사 • 학교주변 교통안전실태조사

영역	목표	구분	체계	서비스	프로그램
환경	환경 보존	일반자원 봉사	현장활동	지역사회	• 깨끗한 거리 만들기 캠페인 • 환경 푸르게 가꾸기
				동식물보호	• 나무에 이름표 달아주기
				토양보존	• 쓰레기 매립장 감시
				수질보존	• 지하수 보존운동 • 해수욕장 정화
				식품 건강	• 무공해 농산물 애용하기 • 유기농 운동
			계몽과 지원	지원	• 민간 환경단체 지원 • 폐비닐·폐농약병 수거
			쓰레기 수거와 재활용	분리수거	• 쓰레기 수거 • 재활용품 분리보관 • 폐건전지 분리수거
				재활용	• 중고제품 재활용 운동
				폐품이용	• 폐품으로 재활용 만들기
	환경 감시	단순자원 봉사	감시활동	수질감시	• 산업폐기물 처리 감시 • 상수원 보호구역 감시
				대기감시	• 무단소각 감시 • 자동차 배기가스 감시
				식품 건강	• 불량 식품 감시 • 수입 식품 유통 감시
				쓰레기 감시	• 건설 공사장 환경 감시 • 병원 처리물 처리 감시
				수질조사	• 수질오염 시료 채취
		전문자원 봉사	조사활동	동식물조사	• 야생 동식물 조사

출처: 임은희 외(2010), p. 165, 김범수 외(2017), pp. 354-358 에서 발췌.

(3) 노인 자원봉사활동의 활성화 방안

노인자원봉사에 있어서 문제점으로 노인의 자원봉사에 대한 참여와 인식부족, 노인자원봉사의 경로에 대한 홍보부족, 자원봉사활동을 위한 프로그램의 개발부족으로 제도적·법적 지원체계가 미흡하다는 점 등이 지적(김영호 외, 2007: 266-

267; 임은희 외, 2010: 268-269)된다.

우리나라는 아직까지 사회 전반에 자원봉사에 대한 인식이 부족하다. 자원봉사활동을 하고 싶은 마음을 갖고 있더라도 인식과 홍보부족으로 인해 다양한 자원봉사활동 프로그램을 찾아서 활동하기는 힘든 형편이다. 노인들은 자원봉사활동에 참여하고자 하는 의향을 가지고 있더라도 동참할 수 있는 경로를 알지 못하는 경우가 있다. 또한 다각적으로 노인을 위한 새로운 봉사 프로그램을 개발해서 봉사현장에서 실천할 수 있도록 교육하고 훈련해서 지속적으로 활동할 수 있어야 하는데, 노인이 할 수 있는 자원봉사 프로그램이 다양하지 못한 것이 현실이다.

따라서 노인의 자원봉사를 활성화시키기 위해서는 첫째, 노인들 스스로가 자신들의 참여 가능성을 인지하고, 적극적인 대응을 할 수 있도록 유도해야 한다. 둘째, 노인들의 참여 경로를 정비하고 이에 대한 홍보를 적극적으로 하는 방안이 모색되어야 한다. 셋째, 노인들이 보람을 느끼고 즐겁게 참여할 수 있는 프로그램을 개발해야 한다. 넷째, 노인들에게 자원봉사활동에 참여하는 데 필요한 경비나 이동수단을 제공하는 것도 이들의 참여를 활성화할 수 있는 하나의 방안이 될 수 있다(김영호 외, 2007: 267-268).

뿐만 아니라 노인을 대상으로 한 자원봉사교육이 마련되어야 하며, 노인 자원봉사활동을 주도해 나갈 노인 지도자의 육성이 필요하다. 노인 자원봉사자(지도자 육성 포함)의 양성과정은 일반 자원봉사자 교육과 큰 차이는 없지만, 일방적으로 강사가 수강생에게 전달하는 것으로 마무리되어서는 효과를 거둘 수 없다. 수강생이 자주적으로 생각하여 자신에게 맞는 자원봉사를 스스로 찾아가는 형식으로 진행되어야 한다(박태영 외, 2008: 353). 마지막으로 퇴직자 중심의 노인 자원봉사활동이 활성화되어야 한다. 친목회 수준에 머물러 있는 전문직 퇴직자들을 대상으로 자원봉사가 활성화되어야 한다. 이를 위한 효과적인 방법으로는 기업 등에서 퇴직을 앞둔 근로자를 대상으로 자원봉사 참여를 유도하는 교육을 수행하는 것도 하나의 방안이 될 수 있을 것이다(류기형 외, 2016: 283).

4. 장애인 자원봉사활동

1) 장애인 자원봉사의 이해

'장애' 및 '장애인'의 정의는 한 나라의 정치적, 사회적, 문화적 여건과 수준에 따라 다르므로 간단히 정의할 수 있는 것은 아니기 때문에 다양한 차원에서 이루어질 수 있다(정민숙 외, 2015: 219).

장애에 대한 공식적인 정의는 1980년 세계보건기구(WHO)에서 찾아볼 수 있다. 1980년 세계보건기구에서 제시하는 설명에 의하면 장애(disability)는 의학적 손상의 직접적인 결과로서 발생하는 것을 의미하며, 손상된 능력이 장애를 구성한다고 하였다. 그러나 최근 들어 환경의 영향이 강조되면서 장애는 신체 및 환경 측면과의 상호작용에 의하여 사회생활에의 참여를 제한하는 방식으로 표현된다고 할 수 있다(한국장애인개발원, 2012: 30). 우리나라 「장애인복지법」에서는 제2조에서 "장애인이란 신체적·정신적 장애로 오랫동안 일상생활이나 사회생활에서 상당한 제약을 받는 자를 말한다."라고 정의하고 있다.

현재 우리나라에서 통용되고 있는 장애인복지란 장애인의 완전한 사회참여를 통한 사회통합을 목적으로 한다. 이에, 장애로 인하여 발생하는 가정생활, 사회생활의 곤란을 국가나 민간사회복지기관이 모든 생활에서 곤란을 느끼지 않도록 의료적, 교육적, 직업적, 심리적, 사회적 문제에 대해 제도적·정책적으로 지원하는 활동이다(정무성 외, 2012: 94-95). 그러므로 장애인을 이해하고 더불어 함께 살 수 있는 사회가 곧 진정한 의미의 복지사회이며, 사회통합을 촉진시킬 수 있는 중요한 매개체가 장애인과 함께하는 자원봉사활동이다(박용순 외, 2015: 263). 때문에 장애인을 위한, 장애인에 의한 자원봉사활동도 장애인 복지의 맥락 안에서 이뤄져야 한다.

2) 장애인을 위한 자원봉사

(1) 장애인을 위한 자원봉사의 의의와 필요성

장애인은 일상생활이나 사회생활에 적응해 나가는 데 일정 기간 이상, 정신·신체적으로 불편하거나 불리한 조건을 가지고 살아가는 사람을 말한다.

이런 불리한 조건으로 인해 다양한 측면에서 차별을 받고 있는 것이 현실이다. 예컨대 장애라는 이유로 인해 장애인들이 일자리를 얻지 못하고 있는 실정이며, 이는 곧 장애인의 생계와 건강 및 재활치료의 어려움으로 이어진다. 또한 교육에 있어서도 차별을 받고 있어 제대로 교육을 받지 못하는 사람들이 많다. 특수교육을 위한 학교시설도 부족하지만 무엇보다 지역사회 주민들의 님비현상은 장애인들에 대한 교육기회 제공의 저해요인으로 작용하고 있다. 뿐만 아니라 사회적 무관심과 냉대, 차별 등으로 인해 장애인들은 사회적 관계가 제한되는 경우가 많다.

장애인의 사회통합을 위해서는 지역사회의 환경변화와 더불어 인적 자원으로서 자원봉사자의 역할이 보다 강조된다. 즉, 자원봉사자는 장애인에 대한 지역사회의 편견을 제거하고 장애인에게 우호적인 사회적 분위기를 조성하거나 장애인에게 불리한 사회환경과 제도를 개선하는 데 있어서 일정한 역할을 담당할 수 있다. 직접적으로는 장애인을 위한 서비스에 참여함으로써 장애인의 역할을 담당할 수 있고, 장애인의 재활을 위한 조력자가 될 수 있다(임은희 외, 2010: 313).

(2) 장애인의 특성

장애인을 위한 자원봉사활동에 참여하기 위해서는 장애인의 특성을 이해하고 있어야 한다. 본 장에서 장애인의 특성을 장애의 범주로 살펴보면서 이해하고자 한다. 우리나라 장애인복지법상 장애인의 장애 유형은 크게 두 가지로 구분된다. 하나는 주요 외부 신체 기능의 장애, 내부기관의 장애 등의 신체적 장애이고, 다른 하나는 발달장애 또는 정신질환으로 발생하는 장애인 정신적 장애이다. 「장애인복지법 시행령」에 따른 장애인의 종류와 기준은 다음 〈표 6-8〉, 〈표 6-9〉와 같다.

〈표 6-8〉 장애의 범주

신체적 장애	정신적 장애
〈외부신체기능의 장애〉 • 지체장애 • 뇌병변장애 • 시각장애 • 청각장애 • 언어장애 • 안면장애	• 발달장애(지적장애, 자폐성 장애)
〈내부기관의 장애〉 • 신장장애 • 심장장애 • 호흡기장애 • 간장애 • 장루·요루장애 • 뇌전증장애	• 정신장애

〈표 6-9〉 장애 유형과 기준

장애유형			기 준
신체적 장애	외부 신체 기능의 장애	지체장애	팔다리의 절단, 마비, 변형(척추변형) 등에 의한 장애
		뇌병변장애	뇌의 손상으로 인한 신체장애(뇌성마비, 뇌졸중 등)
		시각장애	시력장애(1급은 전혀 앞이 안 보이는 경우)
		청각장애	청력장애(2급은 전혀 안 들리는 경우)
		언어장애	음성·언어만으로 의사소통을 하기 곤란할 정도로 음성·언어기능의 장애가 있는 경우
		안면장애	코의 1/3 이상이 없어지거나 안면 부위의 변형(45% 이상)이 된 경우
	내부 기관의 장애	신장장애인	신장의 기능부전(機能不全)으로 인하여 혈액 투석이나 복막 투석을 지속적으로 받아야 하는 경우
		심장장애인	심장이상으로 정상적인 사회활동을 해 나가기 어려운 경우
		호흡기 장애인	폐나 기관지 등 호흡기관 이상으로 호흡이 어려운 경우
		간장애인	만성간질환으로 간기능이 정상이 아닌 경우
		장루·요루장애	배변·소변 등을 배 등에 만든 인공항문 등을 통하여 처리하는 경우
		뇌전증장애	뇌전증에 의한 뇌신경세포의 장애(과거의 간질장애)
정신적 장애	발달 장애	지적장애	지능지수와 사회성숙지수가 70 이하인 경우(과거의 정신지체)
		자폐성 장애	사회적 관계 형성이 어려운 장애(언어, 신체조절, 사회적응 등에 장애)
	정신장애	정신 장애	정신질환(정신분열병, 분열형 정동장애, 양극성 정동장애, 반복성 우울장애)

출처: 「장애인복지법시행령」 제2조 [별표 1], 2018.12.31. 일자 개정 기준; 박용순 외(2015), p. 262.

정신적 장애의 특성을 비교해보면 다음 〈표 6-10〉과 같다.

〈표 6-10〉 정신적 장애의 특성 비교

구분	특성
지적 장애	• 교육과 훈련 필요(질병이 아님) • 사춘기 이전에 증상 발현, 정확한 발생 원인 미상 • 반복적 행동 거의 하지 않고, 지능지수가 상당히 낮음(I.Q. 70 이하) • 환상이나 피해망상 증상이 없고, 행동이 소극적인 편임 • 의사소통과 사회적 관계가 비교적 원만
자폐성 장애	• 교육과 훈련 필요(질병이 아님). • 대부분 3세 이전에 증상 발현, 정확한 발생 원인 미상 • 반복적 행동을 하고 환경 변화를 아주 싫어하며, 지능지수와 무관 • 환상이나 피해망상 증상이 거의 없음 • 소리지르기, 자기 머리 때리기, 부딪치기 등 이상 행동을 보이기도 함(그러나 상대방에 대한 공격적 행동은 거의 하지 않음). • 의사소통과 사회적 관계가 매우 어려움
정신 장애	• 병원 치료 필요(질병임) • 주로 사춘기 이후에 증상 발현, 주로 심리적, 생리적, 환경적 요인으로 발생 • 지능지수가 일반인과 같으나, 만성화되면 지능이 낮아질 수도 있음 • 환상, 환각, 환시, 피해망상 같은 증상을 보일 수 있고, 증상에 따라 돌출행동을 할 수도 있음 • (지속적인 치료 시)의사소통과 사회적 관계가 비교적 원만

출처: 윤삼호·김의수(2009), p. 66에서 필자 수정 작성.

(3) 장애인을 위한 자원봉사활동의 종류와 내용

장애인을 위해 자원봉사자가 참여할 수 있는 일은 매우 다양하며, 자원봉사활동의 종류와 내용을 간단히 요약하면 다음 〈표 6-11〉과 같다.

〈표 6-11〉 장애인을 위한 자원봉사활동

목 표	체 계	분야별	프로그램
자립 기능 향상 (직접 대인 서비스)	심리적 지지	정서적 지원	• 재활전화상담 • 말벗 • 책/신문 읽어주기
		심리적 자립지원	• 발달장애인 친구 되기, 심리재활 프로그램 안내 및 보조
	사회성 증진	사회 활동 지원	• 시내/외 외출 돕기 • 수화통역 • 차량지원 • 점자번역 및 녹음 • 발달장애인의 대중교통 이용 지도 및 보조 • 특수학교 장애아동 통학보조 • 장애인 특수 장비 보수(휠체어/목발/의족 등)
		교육 지원	• 시각장애인 이동훈련 보조 • 자폐아동 수영교실 보조 • 직업훈련 보조 • 장애아동 학습 지도 및 기능교육 지도(컴퓨터 교육 등)
	생활안정	여가 선용	• 여가선용을 위한 정보제공 • 운동회 개최 • 견학 및 야외학습 보조 • 여가 및 체육활동 지도(휠체어 농구 등) • 장애아동 발달을 위한 학예 지도
		생활 및 가사 지원	• 장애인 가정 환경미화(벽지 바르기 등) • 장애인 가정 밑반찬 만들기 및 전달 • 목욕봉사 및 이·미용 봉사 • 행정업무 대행 • 정리정돈 및 청소, 세탁 • 식사 및 취사준비 • 생필품 구입 및 시장 봐 드리기
		의료 및 건강 지원	• 약품구입 및 약복용 지원 • 병간호 • 체온 · 맥박 측정 • 병원이용 지원 • 개인위생관리(머리손질 · 손톱 · 발톱 · 깎기 등)
		취업 지원	• 고용 홍보 보조 • 구인 · 구직 개척 • 구직 장애인을 위한 직업상담 • 작업 지도 및 보조 • 장애인 직업재활 정보 제공

출처: 김영호 외(2007), p. 313의 〈표 10-3〉에서 발췌.

(4) 자원봉사자의 자세와 유의사항

일반적으로 장애인을 위한 자원봉사자의 자세는 다음과 같다(박차상, 2014: 240; 류기형 외, 2016: 404-405).

① 활동의 기준은 장애인의 '재활'에 두어야 한다. 자원봉사활동을 하다 보면 다양한 상황에 처하게 되는데, 자원봉사자는 명확한 기준을 가지고 있어야 한다.

② 장애보다 인간에 더 큰 비중을 두는 시각을 항상 가져야 한다. 장애인을 대할 때 동정심을 동기로 하여 시혜자적 입장에서 봉사활동을 하기보다는 자원봉사활동을 통해 자원봉사자 자신이 배우고 있다는 자세를 가져야 한다.

③ 장애인을 천편일률적으로 파악하지 말고, 장애인 각자가 각기 독특한 개성을 가진 인격체라는 사실을 인식해야 한다(개별화된 활동).

④ 자원봉사활동 현장과 관련된 물리적인 상황을 고려해야 한다. 예를 들어 장애인이 거주하는 가옥의 구조, 보장구, 동거하는 가족의 특성 등도 배려해야 한다.

⑤ 장애인 및 장애의 도구화에 대해 항상 경계를 해야 한다. 장애인 대상 자원봉사를 어떤 목적(회사 이미지 홍보, 정치인의 선거홍보 등)을 위한 도구로 이용되어서는 안 된다.

⑥ 지속적인 활동을 위해서는 새로운 정보획득이 필요하다. 새로운 정보를 획득하려는 노력을 통해 장애인에게 가장 유익한 원조를 할 수 있으며 자원봉사자 자신 또한 활동역량을 높일 수 있기 때문이다.

⑦ 자원봉사활동 현장에서 만나는 비장애인에 대한 배려이다. 장애인을 위한 자원봉사활동을 할 때, 불가피하게 비장애인들에게 불편을 주게 되는 경우가 발생할 수 있는데, 이럴 때 상황을 설명하고 양해를 구하도록 해야 한다.

자원봉사자들이 장애인을 대상으로 자원봉사활동을 할 때 장애 유형별로 유의할 사항을 조금 더 세부적으로 살펴보면 다음과 같다.

① 지체장애인과 뇌병변장애인 대상(윤삼호·김의수, 2009: 55)

- 모든 장애인들이 다 그렇지만 지체장애인들은 사람들의 시선을 제일 싫어한다. 특히, 외형적으로 두드러지는 외모를 가진 사람일수록 시선에 민감하다. 지체장애인을 대할 때 보통 사람들처럼 대하는 것이 제일 좋으며, 가벼운 눈웃음으로 친근함을 표시하는 것도 좋을 것이다.
- 휠체어 사용자가 계단을 오르도록 도울 때는 2~3명이 호흡을 맞추어 휠체어의 평형을 유지하는 것이 안전을 위해 중요하다.
- 언어장애가 있는 뇌성마비인과 대화할 때는 좀 답답하더라도 끝까지 잘 듣고 성실하게 대답을 해주는 여유를 가지는 것이 중요하다.
- 중증 장애인에게 휠체어는 몸의 일부이다. 우리 몸을 함부로 만지면 기분이 언짢듯이 휠체어를 함부로 만진다거나 갑자기 뒤에서 잡고 밀어주면 당사자는 놀라고 불쾌해한다. 행동에 앞서 "도와드릴까요?"라고 묻는 것이 예의이다.
- 뇌성마비인이나 양팔에 손상이 있는 장애인에게 음료수를 권할 때는 빨대를 함께 가져다주는 것이 좋다.
- 뇌성마비인이 비틀거리면서 걷고 있다고 해서 무턱대고 부축하려 드는 것은 실례가 될 수 있다. 비록 비틀거리더라도 나름대로 균형 감각과 요령으로 걷고 있는 것이니만큼 꼭 도와야 할 상황이면 "도와드릴까요?"라고 먼저 물어보는 것이 순서이다.
- 휠체어를 탄 장애인과 대화를 나눌 때는 자세를 낮춰 눈높이를 맞추는 것이 예의이다.
- 의수를 사용하는 절단장애인과 악수를 할 때는 의수를 사용하지 않는 손쪽으로 자신의 손을 내민다.

② 시각장애인 대상(윤삼호·김의수, 2009: 57 참조 수정 작성)

- 시각장애인이 길을 물으면 "저쪽에 있어요."와 같은 모호한 말 대신 "오른쪽

으로 10m쯤 가서 왼쪽으로 다시 5m쯤 가세요."처럼 구체적으로 가르쳐 주어야 한다.

- 시각장애인을 안내할 때에는 흰 지팡이 반대편에 서서 시각장애인이 팔을 잡게 하고 반보 앞에서 걸어감으로써 움직이는 방향으로 따라갈 수 있도록 유도하는 것이 좋다. 이때 흰 지팡이를 든 손을 만지거나, 잡아끌지 않도록 주의해야 한다.
- 시각장애인과 식사를 할 때에는 식기의 위치와 내용물을 작은 소리로 설명하고, 음식물의 위치는 시계 방향으로 설명해 주는 것이 좋다. 만약 시각장애인이 음식점에 찾아오면 메뉴를 가격과 함께 설명해 주고 식사를 내온 다음에는 음식의 위치를 설명해 주는 것이 예의다.
- 시각장애인은 영화나 TV를 전혀 볼 수 없다고 생각하는 건 잘못이다. 화면해설 서비스를 제공하거나 누군가 옆에서 내용을 간단히 설명해 주면 시각장애인들도 함께 즐길 수 있다.
- 시각장애인의 가정이나 사무실에서 봉사를 할 때는 물건의 위치를 바꾸어 놓아서는 절대 안 된다. 시각장애인들은 물건들을 늘 두는 곳에 두어야 다음에도 쓸 수 있기 때문에 다른 사람이 위치를 옮겨버리면 큰 혼란을 겪게 된다.
- 시각장애인이 계단을 오르거나 내릴 때, 계단 숫자와 방향을 말해주는 것이 좋다.
- 주인의 허락을 구하지 않고 안내견을 건드리거나 주의를 산만하게 해서는 안 된다.
- 시각장애인에게 물건을 전해줄 때는 무슨 물건인지 간단히 설명하고 전달해 주는 것이 좋다.

③ 청각(언어)장애인 대상(윤삼호·김의수, 2009: 59 참조 수정 작성)

- 청각장애인과 대화를 나눌 때에는 입 모양을 크게 하여 천천히 말하는 것

이 바람직하다. 필요하면 글로 써서 의사소통을 할 수 있지만, 비장애인들도 수화를 할 수 있다면 그것이 가장 바람직할 것이다.

- 청각장애인이 듣지 못한다고 생각하여 함부로 말하거나 반말을 해서는 안 된다. 청각장애인도 다른 사람의 입 모양과 주변 상황을 보고 대화 분위기를 얼마든지 감지할 수 있다.
- 청각장애인이 전화를 걸어달라고 부탁하면, 당황하지 말고 원하는 내용을 충분히 파악한 다음에 도와주면 된다.
- 청각장애인들끼리 수화로 대화하는 것을 힐끔힐끔 쳐다보면서 쑥덕거리는 것은 아주 무례한 행동이다. 그런 행동은 삼가야 한다.
- 수화 통역사와 함께 있는 청각장애인과 대화를 할 때, 당사자와 얼굴을 보면서 이야기를 해야지 수화 통역사를 쳐다보고 대화하는 것은 예의에 벗어난 행동이다.
- 청각장애인이 함께한 가운데 비장애인과 대화할 때는 대화 내용을 청각장애인에게 간단히 설명하여 상황을 공유하며 것이 바람직하다.
- 청각장애인이 활동하는 장소에 필요한 경우 '회의 중', '화장실 사용 중' 등 상황이나 특정 장소를 알리는 표지를 설치하여 시각적 효과를 도모할 수 있다.

④ 정신적 장애인 대상(윤삼호·김의수, 2009: 65)

- 정신적 장애인을 무조건 기피하고 격리하려는 태도는 없어져야 한다. 이 세상 사람들 가운데 약간의 정신적 장애가 없는 사람이 누가 있겠는가? 정도의 차이가 있을 뿐 사람들은 누구나 정신적 장애를 겪고 있다.
- 지적장애인은 인지적인 능력은 낮더라도 자신의 욕구를 알고 표현할 수 있으므로 지적장애인의 의사를 존중해야 한다.
- 지적장애나 자폐성 장애인과 대화를 나눌 때는 쉬운 문장으로 짧게 끊어서 말하고, 친근한 태도로 그들의 말을 끝까지 들어주도록 한다.

- 자폐성 장애인이나 지적장애인들은 '농담', '상징', '비유', '추상적 언어'를 잘 이해하지 못할 수도 있다. 이들과 대화를 나눌 때에는 간결하고 구체적인 단어를 사용하여 분명하고 천천히 전달해야 한다.
- 자폐성 장애인이 갑자기 소리를 지르거나 과잉행동을 보일 경우에는 당황하지 말고 그가 무엇을 원하는지를 차분하게 물어보는 것이 좋다. 자폐성 장애인의 이상행동은 그 자체가 의사소통의 방식일 수 있다.
- 자폐성 장애인은 낯선 장소나 낯선 사람, 예측하지 못했던 상황에 불안해할 수 있으니 사전에 충분한 설명이나 예행연습이 필요하다.

⑤ 기타 장애인

- 장루/요루장애
  - 공개적으로 탈의를 해야 하는 상황에서는 장애인과 이에 대해 의논하는 것이 반드시 필요하다.
  - 장루/요루장애인의 경우 괄약근이 없기 때문에 수시로 본인의 의지와 상관없이 가스가 배출되는 경우가 있을 수 있다. 이는 장애의 특성이니 이해하고 자연스럽게 대하는 것이 좋다.
  - 장애인의 식사 메뉴 선정 시 주의를 해야 하는데, 섬유질 음식이나 가스를 유발하는 음식은 피해야 한다.

- 뇌전증장애
  - 발작이 일어나면 주변의 위험한 물건을 치우고, 안경이나 넥타이를 벗겨주고, 단추나 허리띠 등을 풀어주는 등 신체를 편안하게 해주고, 기도를 유지해 주는 것이 필요하다.
  - 발작이 지나고 어느 정도 안정을 찾으면 다른 사람들이 없는 조용한 곳으로 이동시켜 휴식을 취하게 한다.

3) 장애인에 의한 자원봉사

(1) 장애인 자원봉사활동의 의의와 필요성

장애인은 그 동안 대표적인 사회복지서비스 수혜자로만 인식되어 오고 있었다. 이러한 인식의 바탕에는 장애인들이 그 누군가를 위하여 원조할 수 없는 존재라는 인식도 함께 깔려 있는 것으로 이해할 수 있다(류기형 외, 2016: 285). 그러나 이러한 생각은 장애인을 무능력한 존재로만 바라보던 과거의 잘못된 사회적 인식에서 비롯된 편견이라 할 수 있다. 최근에는 장애인의 자원봉사 참여에 대한 관심이 증가되고 있고 그동안 객체로서 서비스를 받기만 하는 대상으로 여겨왔던 장애인이 자원봉사의 주체로서 인식되고 있다(박용순 외, 2015: 272). 실제로 장애인의 자원봉사활동은 공식적인 통계가 보고되고 있지는 않지만, 2014년 장애인 실태조사 결과 자원봉사에 참여하고 있는 장애인의 비율이 전체 장애인의 3.9%로 나타났다(한국보건사회연구원, 2014). 비장애인의 자원봉사 참여율에 비하면 비록 낮은 비율이지만 단순히 숫자로만 평가할 수는 없다.

장애인이 사회적 가치가 있는 대표적 활동인 자원봉사활동을 수행한다는 것은 사회적 자본[1] 증대 측면에서 중요한 의의가 있고, 이러한 의의는 개인적 의의와 사회적 의의로 살펴볼 수 있다. 먼저 개인적 의의로는 첫째, 자아실현의 욕구 충족, 둘째, 일정한 역할을 획득하게 됨으로써 자기 가치감 증대, 셋째, 인간관계를 확장시킴으로써 삶의 보람 획득, 넷째, 장애인들이 경험하기 쉬운 사회적 소외로부터의 극복을 들 수 있다. 다음으로 사회적 의의로는 첫째, 모두가 더불어 살 수 있는 사회통합 성취, 둘째, 현대사회의 심각한 문제인 자원봉사 인력 부족의 완화, 셋째, 장애인 자신의 잠재력을 개발하고 사회구성원으로 사회 참여 가능, 넷

1) 사회적 자본은 사회적 관계 속에서 존재하는 것이며 재정적인 한계와 상관없이 지속적으로 확대할 수 있는 자원이다(허숙민 외, 2016). 사회적 자본의 대표적인 예로 '신뢰, 네트워크, 호혜성' 등을 들 수 있다.

째, 사회적 역할의 강화로 인한 개인의 역량 향상을 들 수 있다(박용순 외, 2015: 272-273).

한편, 심리적 혹은 신체적인 측면에서 어려움을 겪고 있는 사람들이 자신의 주관적 만족감을 향상시키는 데 있어 자원봉사활동이 긍정적인 영향을 미칠 수 있다는 연구결과(Poulin & Holman, 2013)들로 인해 장애인 자원봉사활동의 필요성이 더욱 증대되고 있다.

(2) 장애인 자원봉사활동의 영역

장애인의 자원봉사활동 참여 영역은 〈표 6-12〉와 같이 정리할 수 있다.

〈표 6-12〉 장애인 자원봉사활동 영역

영역	활동내용
일상생활의 참여	• 컴퓨터 지도, 편지쓰기, 아동청소년을 위한 상담, 독거노인 말벗, 안부 전화하기 등
발달장애인 지원	• 발달장애인과 친구 되기
대중교통 이용의 지원	• 이동 지원 및 보조 • 관공서 동행 등
재활서비스 지원	• 재활에 관한 상담 및 정보제공(의료, 교육, 직업, 사회, 심리적 문제 등) • 재활을 위한 안마 서비스 지원 등
소통을 위한 수화통역	• 청각장애인이 이해할 수 있게 통역 지원

출처: 박용순 외(2015), pp. 275-277 참고하여 필자가 재구성 및 보완.

(3) 장애인 자원봉사활동의 활성화 방안

장애인이 자원봉사활동을 통해 사회참여를 도모하고 높은 삶의 질을 유지할 수 있도록 하기 위한 장애인 자원봉사활동의 활성화 방안으로는 다음과 같다(류기형 외, 2016: 292-294).

① 자원봉사 영역의 차별화이다. 이를 위해서는 장애인 개개인의 '할 수 있는 것'과 '할 수 없는 것'에 대한 정확한 사정이 이루어져야 한다. 예를 들면, 지

체장애인의 경우 차량봉사나 노약자, 중증장애인 등에 대한 전화상담, 안부전화, 비행청소년의 생활 지도, 사무보조 등을 들 수 있으며, 시각장애인의 경우 안마, 침술, 지압 서비스, 말벗 하기, 중도실명자의 점자교육 등이 있을 수 있겠다.

② 장애인들의 이동 편의와 관련된 환경기반 강화이다. 장애인들의 교통이용에 대한 접근성 증진 및 이용의 편의성과 적절성이 보장되도록 하는 환경이 조성되어야 할 것이다.

③ 팀워크를 활용한 참여의 유도이다. 자원봉사활동을 할 때 여러 명이 팀을 이뤄 세부적인 역할을 나눠서 해야 할 필요가 있을 수 있다. 이때 팀을 활용하여 자원봉사활동을 할 수 있다. 예를 들면, 중증장애인 외출동반 서비스의 경우 차량을 보유하고 운전이 가능한 지체장애인과 외출동반이 가능한 다른 자원봉사자가 함께 팀을 구성하여 활동한다면 훨씬 더 효율적일 것이다.

④ IT 활용이다. 보통 자원봉사 활동을 하기 위해서는 어떠한 물리적인 환경에서 이뤄지게 된다. 때문에 활동이 불편한 장애인들은 자원봉사 활동 현장에 쉽게 참여할 수 없었다. 이 같은 측면에서 장애인들이 가지는 물리적 제한들을 극복할 수 있는 가상(virtual) 혹은 on-line 장애인 자원봉사센터 운영 등을 제시할 수 있겠다.

7장

자원봉사 실천 분야 및 실천 대상 Ⅱ

1. 기업 자원봉사활동

1) 기업 자원봉사의 의의와 필요성

기업 자원봉사는 범사회적 통합의 상징으로서의 역할과 기능을 수행할 뿐만 아니라 자원봉사자로부터 직접적인 도움을 받는 비영리조직의 입장에서도 조직 운영에 필요한 중요한 인적 자원으로 평가되고 있다(박태규 외, 2016). 기업 자원봉사활동의 개념은 기업이 임직원의 자원봉사활동을 정책적으로 유도하며, 시간과 기술을 지역사회에 제공하고자 하는 임직원 및 퇴직자의 자원봉사활동을 공식적으로 지원하는 활동을 말한다. 즉, 기업 자원봉사활동은 기업이 지역사회의 일원으로서 소속된 몫을 담당하기 위해 '기업시민'이라는 계몽된 기업윤리를 실천하는 데서 비롯되었다(양점도 외, 2010: 147). 한국 기업의 사회공헌활동 역사는 삼양사(현 삼양그룹, 1924년 창업)가 1939년에 설립한 양영재단[1]을 시초로 볼 수 있다. 이와 더불어 우리나라에서 기업 사회공헌이나 사회적 책임을 논할 때 대표적인 사례로 제시되는 유한양행은 설립이념, 경영철학, 지배구조, 운영방식, 이윤의 사회환원 등을 고려했을 때 사회 책임 경영의 시초로 볼 수 있다(이만식 외, 2017: 290). 국외에서는 1970년대 이후 미국 기업들이 지역사회에 기부금을 내는 방식에서 탈피하여 임직원들의 능력과 기술, 시간을 직접 지역사회 문제해결에 이바지하는 자원봉사활동을 제도적으로 뒷받침해 주면서 등장하게 되었다. 오늘날 기업의 자원봉사는 기업 자체가 가진 자산과 인력의 활용을 통해 지역사회의 이익 및 기업의 지속가능성을 높여주는 경영전략의 일환으로서 그 중요성을 인정받고 있다(류기형 외, 2009: 303).

---

1) 국내최초의 민간 장학재단인 '양영재단'은 삼양사의 창업자에 의해 설립되었으며, 삼양그룹은 1968년에 '수당재단'을 설립하여 장학사업을 확대 실시하고 있다(http://www.samyang.com/Contribute).

기업의 자원봉사활동은 기업의 사회적 책임과 무관하지 않다. 일반적으로 기업의 사회적 책임이란 기업의 전통적인 경제적 책무의 영역을 벗어나 사회적으로 수용되는 범위 내에서 '인간적 가치(human value)'까지 창출하여야 하는 책임을 가리킨다(황보람·김환희, 2010: 128).

초기에 경영학적인 측면에서 정의된 기업의 사회적 책임은 1990년대부터 점차 사회복지적 관점에서 정의되기 시작하였는데, 이를 요약하면 다음 〈표 7-1〉과 같다.

〈표 7-1〉 사회복지적 관점에서 본 기업의 사회적 책임

Mondy(1990)	다른 집단의 이익을 위해 봉사하거나 그것을 보호하려는 경영자의 의무
Bartol(1991)	조직 자체의 이익과 동시에 사회복지를 증진시키는 행동을 추구할 의무
오두범(1991)	사회적 문제들의 해결을 기업의 인적·물적 자원 등을 통해 사회적 약자를 도울 책임
Visser(2009)	사회의 복지를 보호하고 개선할 경영자의 의무, 경제적 법적 책임을 완수하거나 그 이상의 의무를 수행하는 것

출처: 황보람·김환희(2010), p. 129의 〈표 1〉에서 발췌.

기업 자원봉사는 특정 기업체의 구성원의 일원으로서 자원봉사에 참여한다는 점에서 일반 자원봉사와 유사점과 차이점을 동시에 가지고 있다. 기업 자원봉사가 일반 자원봉사와 다른 점은 기업의 사회공헌활동의 맥락에서 이루어진다는 점이다(황창순, 2016: 494).

기업의 사회공헌활동(Corporate Social Responsibility: CSR, 이하 CSR)이란 '기업이 행위 주체가 되어 기업 내 근로자가 아닌 기업 외에 행하는 복지적 개입의 총체적인 활동'으로 정의될 수 있으며, 좀 더 구체적으로는 기업이 생산 및 영업 활동을 하면서 환경경영, 윤리경영, 사회공헌활동 등 사회 전체의 이익을 동시에 추구하며 그에 따른 의사결정 및 활동을 하는 것이다(박태규 외, 2016: 214). 이와 비슷한 개념으로 기업의 '공유가치창출(Creating Shared Value: CSV, 이하 CSV)'이 있다. 공유가치창출(CSV)이란 경제·사회적 조건을 개선시키면서 동시에 비즈니스의 핵심 경쟁력을 강화하는 일련의 기업정책 및 경영활동을 의미한다. 아

래의 공정무역 사례를 통해 CSR과 CSV의 차이를 이해할 수 있을 것이다(박태규 외, 2016: 214).

> "가난한 농부가 재배한 농작물에 제값을 쳐주는 공정무역은 사회공헌활동(CSR)관점에서 빈곤을 해결하는 선행이라는 의미를 가지지만 이는 현재의 파이를 재분배하는 데 그친다는 한계가 있다. 반면, 공유가치창출(CSV)은 농법을 개선하고 농부를 위한 지역협력과 지원체계를 구축하는 방법으로 접근하여, 농부들이 더 효율적이고 지속가능한 방법으로 작물을 재배해 수확량과 품질을 개선하도록 도와 농가 소득을 높이는 데 기여한다."

본서에서는 공유가치창출(CSV)보다 자원봉사활동과 더욱 밀접한 관련이 있는 기업의 사회공헌활동(CSR)을 중심으로 살펴보고자 한다. 사회공헌활동(CSR)은 주체, 대상, 형태, 재원의 네 가지 차원에서 살펴볼 수 있다(황보람·김환희, 2010: 130).

첫째, 주체 차원에서 보면 기업의 사회공헌활동은 크게 재단과 기업 내부의 전담부서에서 이루어진다. 재단이 기업과 일정한 관계를 유지하면서 사회공헌활동을 펼친다면 기업 내부의 전담부서는 물적 기부는 물론 직원들의 자원봉사활동을 직접 동원, 조직, 배치하는 것을 특징으로 한다.

둘째, 대상 차원에서 볼 때 기업의 사회공헌활동은 기업 외부, 특히 기업의 직접적이고 명시적인 이해당사자인 주주 및 투자자, 그리고 소비자와 생산과정상의 협력업체를 벗어난 지역사회 전반을 대상으로 삶의 질 향상 및 지역사회 통합을 목적으로 한다.

셋째, 형태 차원에서 보면 물적 기부, 즉 현금 및 현물 기부(기술 지원 및 시설 개방 포함)와 인적 봉사로 나뉜다.

마지막으로 기업의 사회공헌활동 재원은 기업 매출액의 일부와 조직구성원으로서의 직원들의 자발적, 비자발적 기부액으로 이루어진다.

기업의 사회공헌활동(CSR) 중 기업 자원봉사는 다음과 같은 의의를 지닌다(박태영 외, 2008: 411).

첫째, 기업 자원봉사는 기업 자체에서 추구하는 전반적인 경제적 및 사회적 목적들을 달성하고, 기업의 다양한 구성원들 및 이해 당사자들의 기대에 부응하는 데 있어서 가장 적절하고 효과적인 도구로서의 역할을 한다. 즉, 자원봉사는 기업이 종업원들이 가지고 있는 그들의 근로환경과 생활환경에서의 '삶의 질'에 대한 관심에 반응하는 한 방법이다. 이것은 직원들에게 참여와 성취의 기회를 제공하게 된다.

둘째, 기업 자원봉사는 지역사회의 다양한 문제해결을 위해 인적 자원과 에너지를 공급할 수 있는 근원이 된다. 기업들은 다른 어느 곳에서도 얻기 힘든 특정 기술들과 전문성을 구비한 사람을 가지고 있으며, 자발적인 의지로 참여하는 봉사의 손길들을 제공할 수 있다. 자원봉사 프로그램은 기업이 지역사회 문제해결에 있어서의 기업의 참여라는 일반대중의 기대에 확고하게 반응할 수 있는 한 방법이다. 반대로 자원봉사 프로그램은 직원의 지도력과 참여적 의사결정에 있어서의 능력을 증진하고 강화할 수 있는 한 방법이기도 하다.

셋째, 대부분의 사람들에게 직장은 중심적인 역할을 수행하기 때문에, 기업들은 직원이 자기 자신들과 타인들을 도울 수 있는 방편으로서의 자원봉사활동을 지원하고 격려함으로써 도덕적으로 올바른 위치를 지키고, 더 나아가 기업 자체의 노동력을 강화하게 된다.

2) 기업의 자원봉사활동

기업 자원봉사활동의 주요 원리 및 특성으로는 기업이 추구해야 하는 올바른 사회공헌활동과 자원봉사활동은 상호 보완 관계여야 한다. 여러 학자들이 제시한 내용을 다음 다섯 가지로 정리할 수 있다(조흥식·정무성, 2008; 류기형 외, 2009: 305-306).

첫째, 사회공헌활동의 철학과 이념 및 윤리의 준수가 경영일환으로서 이루어져야 한다는 것이다. 즉, 기업의 자원봉사활동은 영리를 목적으로 하지 않고 공공성을 위하여 투명하게 전개되어야 한다.

둘째, 선택과 집중의 테마화이다. 이것은 기업이 정부 또는 주민에게 사회문제 참여에 공익을 펼치는 것이 아니라 기업의 특성화와 자원봉사에 집중하는 목적으로 이루어진다.

셋째, 커뮤니케이션 효과의 극대화이다. 이것은 사회공헌과 책임자의 정서적 체감을 통해 평가받는 것이 주목적이다.

넷째, 새로운 사회공헌전략의 구축과 시민정신의 확립이다. 사회공헌활동은 기업 경영전략의 주요한 부분으로서 기업의 정책과정에 통합되어야 한다. 이를 위해서는 기업과 시민정신의 확립에 중요한 역할을 한다.

다섯째, 지역사회와의 협력을 통한 기업 자원봉사 활성화이다. 특히 지역 내 중소기업이 상호 협력하여 지속적인 지역밀착형 사회공헌활동 및 자원봉사활동을 전개할 수 있도록 협의체를 구성하고 지자체에서는 이를 지원하는 것이 필요하다.

(1) 기업 자원봉사활동의 사업 분야

기업 자원봉사활동의 사업 분야는 다음의 〈표 7-2〉와 같다.

〈표 7-2〉 기업 자원봉사활동의 사업 분야

구분	내용
기획	• 내·외부 환경분석 • 사회공헌비전과 전략수립: 사회공헌브랜드 구축, 중장기 비전·단계별 전략 수립, 운영규정·지원정책 수립 • 기업 자원봉사 대표 프로그램 개발 • 기업 자원봉사단 기획
연구개발	• 기업 자원봉사 프로그램 연구: 사회공헌 브랜드 구축 • 기업 자원봉사 동향 분석: 국내·외 동향 분석 및 기업 자원봉사 의식 조사
교육	• 교육대상: CEO 및 임직원, 자원봉사자 팀리더, 임직원 자원봉사자, 기업 자원봉사 담당자 • 교육형태: 워크숍, 자원봉사활동 체험, 해외 전문가 초청 강연, 국제심포지엄

구분	내용
실천	• 실천: 자원봉사 코디네이터 파견, 자원봉사활동처 개발, 자원봉사활동 연계 • 프로그램 개발: 기업 자원봉사 이벤트·캠페인 기획, 볼런테인먼트 프로그램 개발, 국제자원봉사활동 기획 및 교류
홍보·출판	• 홍보: 공익연계 마케팅 기획 및 자문 • 출판: 사회공헌백서 기획, 기업 자원봉사 핸드북 제작, 기업 자원봉사 프로그램 사례집 제작, 기업 자원봉사 도서기획 출판
평가	• 기업 자원봉사 성과평가 개발 • 기업자원봉사단 심사 • 임직원 만족도 조사 • 지역사회 만족도 조사

출처: 한국자원봉사문화(구 볼런티어 21) 홈페이지(www.volunteeringkorea.org).

이뿐만 아니라 최근에 기업들이 자국 내 사회공헌을 넘어 글로벌 사회공헌 활동을 위해 노력하고 있다. 국내 기업의 글로벌 사회공헌활동은 〈표 7-3〉과 같다.

〈표 7-3〉 국내 기업의 글로벌 사회공헌활동

구분	내용
삼성전자	• 유네스코 교육기금사업: 아프리카, 동남아시아 등 교육지원 • 중국: 농촌 마을 자매결연 및 농촌 봉사활동, 교육시설 교체 등 • 동남아시아: 동남아 7개국 청소년 디지털 기술 체험을 위한 '삼성 디지털 호프' • 우크라이나: 심장병 아동돕기 행사 진행, 2천여 명 심장병 어린이 수술 지원
현대자동차	• 미국 태풍 카트리나 피해 복구기금 지원 • 현대자동차 인도재단 설립: 첸나이지역 보건, 교육, 직업훈련, 환경, 교통안전, 예술 과학, 기술분야 지원
한국전력공사	• 필리핀: 농어촌 전화사업 지원, 순회 의료봉사활동, 일리안 복합화력발전소 주변지역 환경개선
LG전자	• 태국: 마약퇴치 프로그램 지원 • 베트남: 불우 환자 성금 기부 및 무료 개안수술 지원 • 중남미 지역: 현지 아동시설 및 사회복지단체 후원 • 중동지역: 선천성 상구순열 환자 무료 시술, 이집트 중고 PC 고아원 기증 등 • 중국: LG 희망소학교 건립 및 교육 기자재 지원 등
포스코	• 아시아 지역: 'Beautiful change 2006' 어린이 안면기형 수술 지원 • 해외 재난지역 지원활동: 파키스탄 강진 피해지역지원, 인도네시아 지진 피해지역 지원

구분	내용
아시아나 항공	• 캄보디아: 직원봉사단과 지역 초등학교의 결연사업 '아름다운 교실' 진행 • 베트남: 저소득층 여성 사회진출을 위한 취업교육 프로그램 운영
SK 네트워크	• 몽골 및 빈곤층 국가: 의료 기증 및 155억 원 상당의 의류 및 원단 지원
KTF	• 북한 룡천역 사고 구호물품 지원활동 • 파키스탄 재난 구호금 지원 • 동남아 쓰나미 재해복구 모바일 기금 기부 등
신한은행	• 몽골, 캄보디아 우물 설치 지원(환경재단 연계 진행)

출처: 김혜영 외(2018), pp. 113-114, 이만식 외(2017), pp. 302-303에서 발췌.

(2) 기업 사회공헌활동 패러다임의 변화

기업 사회공헌 활동의 새로운 패러다임은 기존의 시혜적 활동에서 전략적 사회공헌활동으로 변화되고 있다. 이는 역할 전환으로 볼 수 있는데, 기업이 자선을 베푸는 기관에서 사회투자자로 전환되고 있는 것으로 해석할 수 있다(정무성 외, 2014). 또한 사회공헌 활동 범주로 본다면 기업이 속한 공동체 중심에서 전 세계로 영역이 확산되고 있는 점도 새로운 패러다임으로 볼 수 있다(이만식 외, 2017: 301).

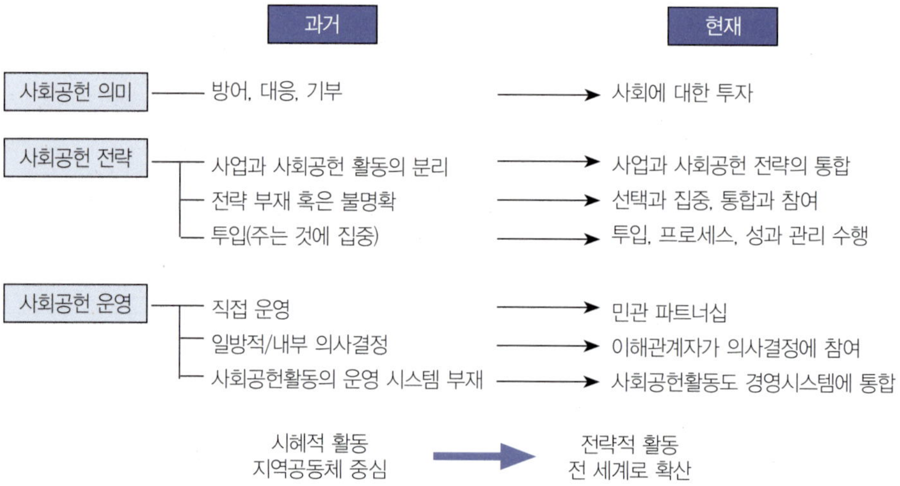

〈그림 7-1〉 기업 사회공헌활동 패러다임의 변화

출처: 정무성 외(2014), 이만식 외(2017), p. 302에서 수정 작성.

(3) 국내 기업의 사회공헌활동 현황

전국경제인연합회에서는 지속적으로 국내 기업이 실제로 어떠한 사회공헌 활동을 얼마나 수행하고 있는지 조사하고 있다. 2019년 매출액 상위 500대 기업 중 245개사를 중심으로 분석하여 발표한 '2020년 주요 기업의 사회적 가치 보고서'를 보면 그 현황을 알 수 있다. 보고서의 주요 내용은 다음과 같다(전국경제인연합회, 2020).

- 사회공헌지출 총액 : 2019년 한 해 약 2조 9,927억 원(주요기업 220개사)
- 분야별 지출 현황 : 취약계층 지원에 대한 지출(33.5%), 교육·학교·학술(10.6%), 문화예술 및 체육(9.2%), 지역경제 활성화(5.6%) 순으로 지출
- 사업대상 : 아동·청소년(36%), 지역사회(12.9%) 순으로 나타남
- 사회공헌 인식 현황 : 사회공헌 프로그램 운영 시 지역사회가 당면한 문제 해결 및 지역 발전 기여도(30.7%)를 가장 중요하게 인식

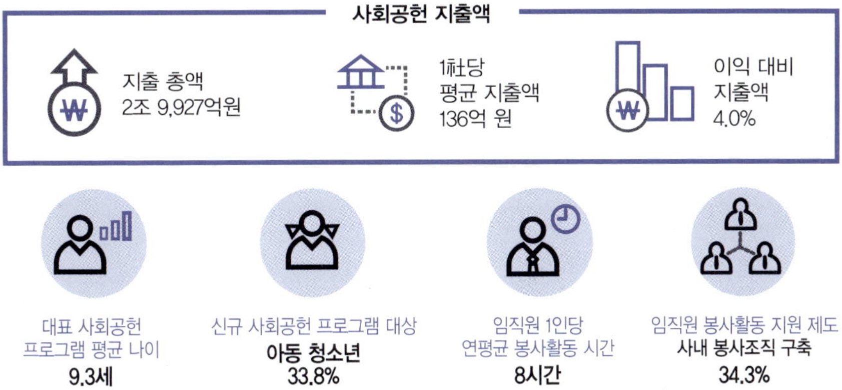

〈그림 7-2〉 2019년 국내기업의 사회공헌활동 주요 현황

출처: 전국경제인연합회(2020). p. 5.

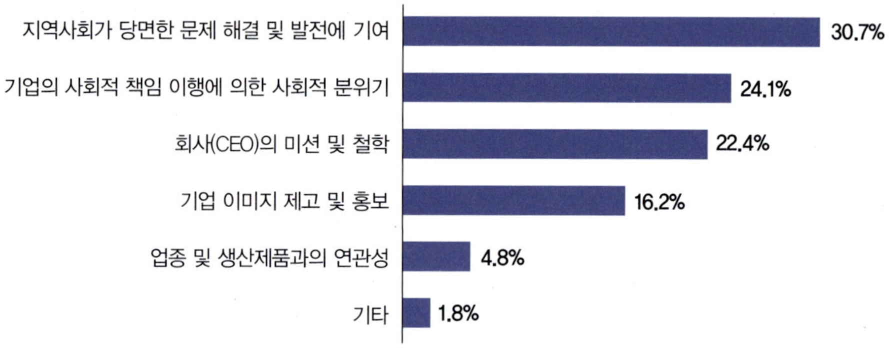

〈그림 7-3〉 사회공헌 프로그램 운영 시 주요 고려사항

출처: 전국경제인연합회(2020). p. 24.

3) 기업 자원봉사활동의 활성화 방안

기업의 자원봉사활동은 기업경영 차원에서 지속적 관리와 운영이 함께 이루어져야 하는데, 여기에서는 기업의 조직관리를 중심으로 활성화 방안을 제시하면 다음과 같다(서재익, 1997; 류기형 외, 2009: 310-311; 전국경제인연합회, 2018: 11 참조 재구성).

첫째, 기업 내 자원봉사활동 부서나 위원회를 두어 자원봉사활동 분야를 전략적으로 정하고, 거기에 맞는 기업 내 조직부서와 인력을 활용하여 자원봉사활동의 지속성과 전문성을 기하여야 한다.

둘째, 기업 자원봉사활동을 전 직원이 지켜야 할 행위규범 차원으로 끌어올리는 것이다. 즉, 기업에서 직원들의 지역사회 개선을 위한 활동을 권장사항으로 정하거나, 인사제도에 봉사활동 실적을 연계하여 승진 점수에 반영하는 것도 하나의 방법이다.

셋째, 기업 자원봉사활동의 측정과 보고의 제도화이다. 즉, 기업별로 사회공헌 및 자원봉사활동 관련 연간보고서를 작성하여 기업의 내·외부에 홍보하는 것이다.

넷째, 상품표시 전략이다. 즉, 자원봉사활동이 우수한 기업에 지자체의 이름으로 환경마크처럼 해당 기업이 생산하는 제품에 마크를 새기게 하는 것 등이 제시될 수 있다.

다섯째, 사회적으로 투자자들이 기업에 투자할 때 해당 기업의 자원봉사활동이나 사회공헌 수행성과를 판단하여 투자하는 분위기 조성도 필요하다.

여섯째, 자원봉사자 인정과 활동에 대한 지원 및 홍보강화이다. 먼저 지원의 방법으로 봉사활동 마일리지 제도운영, 우수 자원봉사자(혹은 동아리) 포상, 봉사활동 후 단합대회 비용(조직 활성화비) 지원, 사내 학점으로 인정하는 봉사활동 학점제 운영, 볼런투어(voluntour)[2] 혜택 부여 등이 있겠다. 홍보강화 방법으로는 자원봉사자의 활동사항을 사내, 또는 외부 홍보매체에 적극적으로 소개하는 것이 있고, 사보 등 정기간행물에 자원봉사 고정란을 배정하거나 연말보고서의 특집란 등을 신설하여 운영하면 더욱 큰 효과를 기대할 수 있다.

일곱째, 직원의 자원봉사활동 시간 배려이다. 직원이 근무시간을 사용하여 자원봉사활동을 할 수 있도록 배려해 주는 제도이다. 그 형태는 근무시간 면제, 사회봉사휴가, 관리 전문직의 인력파견 등의 형태가 있다.

여덟째, 직원의 외부 단체와의 연계 및 공동 프로그램 참여 독려이다. 자원봉사활동의 시작은 지역사회문제에 대하여 주인의식과 책임의식을 갖는 데서부터 시작된다고 할 수 있다. 따라서 지역사회 내의 다른 단체나 기관과의 연계나 협조체제 구축은 필수적이라고 생각하며, 여러 기관이나 단체가 연합하여 시행하는 공동 프로그램이 있을 경우 적극적으로 참여시켜야 할 것이다.

아홉째, D·I·Y(Do it yourself)형 봉사활동 제도를 활용하는 것이다. 직원이 자발적으로 봉사 프로그램을 기획하여 신청한 후 예산지원을 받아 프로그램을 진행

2) 볼런투어(voluntor)란 자원봉사(volunteer)와 여행(tour)을 조합한 뜻으로 봉사와 여행을 함께 진행하며 보람과 즐거움을 함께 느낄 수 있는 활동을 의미한다.

하는 형태로 직원이 직접 봉사활동 시간, 장소, 봉사 내용 등을 기획하고 실행할 수 있도록 기회를 마련해 주는 것이다. 이러한 제도에 참여하는 직원은 사내 자원봉사활동 인정 시 추가적인 혜택을 주는 것도 하나의 방법이 될 것이다.

마지막으로 기업의 자원봉사활동은 사회적 가치 창출에 기여하려는 기업의 노력으로서, 지역사회 구성원으로서 기업이 갖는 권리이자 의무라는 경영진과 직원들의 가치와 의식이 조직문화로서 확립되어야 하는 것이 매우 핵심적인 과제라고 하겠다. 예를 들어, 자원봉사 집중 주간이나 매월 봉사 날짜를 정해서 실시할 수도 있을 것이다.

2. 종교계 자원봉사활동

1) 종교계 자원봉사의 의의와 필요성

종교계 자원봉사활동은 크게 두 가지로 그 의의를 제시할 수 있다(김동배, 2006; 김영호 외, 2009: 331–332; 류기형 외, 2016: 338 참조 재구성).

첫째, 종교계 자원봉사활동은 종교적 이념을 실현하는 가장 효과적인 방법으로 인식되어 왔다. 자원봉사활동과 관련한 각 종교의 이념은 다음과 같다. 천주교와 기독교는 그리스도교 교리를 신념체계로 삼고 이웃사랑의 실천을 중요한 삶의 방향으로 설정하고 있다. 따라서 신자들의 자원봉사활동은 하나님의 사랑에 대한 응답이자 교리의 실천이다. 불교는 부처의 인간 영혼의 구제와 자비를 보시로서 실천하고 보살사상을 실천하는 과정에서 마땅히 해야 하는 것이 자원봉사활동이다. 원불교의 자원봉사활동은 그 사상적 기반의 하나인 자선에 기초하여 보은의 의무를 강조하는 것으로부터 유래하였다. 또한 '무아봉공(無我奉公)'의 가르침에 따라 개인이나 자기 가족만을 위하려는 생각을 버리고 오직 이타적인 관점으로 일체중생을 제도하는 데 성심성의를 다하고자 하는 생활철학에서 자연스럽게 자원봉사활동과 연결된다.

둘째, 종교계의 잠재적 지원의 조직화와 활성화가 이루어진다면 자원봉사의 인적 자원 충원에 있어서 상당한 기여를 할 수 있다. 사실 모든 종교는 교리로서 타인을 위해 무한한 사랑과 자비를 베풀도록 권장하고 있다. 즉, 어떤 대가를 바라지 않고 자발적으로 공익을 위한 행동을 하도록 요구하고 있는 것이다. 신앙심을 바탕으로 한 신도들의 헌신적인 사회활동은 자원봉사활동과 맥을 같이하고 있다. 종교지도자들의 자원봉사에 대한 관심이 한층 높아진다면 신도들의 잠재된 능력이 엄청난 자원봉사 인력으로 전환될 수 있을 것으로 기대한다.

다음으로 종교계 자원봉사활동의 필요성은 아래와 같다(정길영 외, 2017; 김혜영 외, 2018: 117-118 재인용).

첫째, 자원봉사활동은 종교 성장의 한 축을 이루므로 지역사회를 위한 자원봉사로써 매우 중요하다. 지역사회로부터 인정받지 못하는 종교기관의 성장은 기대할 수 없으므로 종교기관이 자리 잡고 있는 지역사회를 섬기는 일이 선행되어야 한다.

둘째, 자원봉사활동은 종교기관을 건강한 공동체로 만들어주는 역할을 한다. 지역사회(주민)를 섬김으로 종교기관은 한마음으로 연합하고 서로 협력하게 되며, 이웃을 향상 봉사활동이 활발해질수록 공동체의 사회적 자본은 증가하게 될 것이기 때문이다.

셋째, 자원봉사활동은 그 종교에 속하지 않은 사람을 만날 수 있는 계기가 되어 그들의 종교를 선교할 수 있는 기회가 되기도 하고, 다른 종교를 이해할 수 있는 기회가 되기도 한다.

2) 종교계의 자원봉사활동

(1) 종교계 자원봉사활동 원칙

종교계 자원봉사활동은 그 필요성과 사상적 기반에 입각하여 각 종교의 신도들이 자원봉사활동을 수행할 때 다음과 같은 원칙을 유념하여야 한다(김영호 외, 2007: 285-286; 류기형 외, 2016: 338).

① 종교계 자원봉사활동은 종교의 이념적 사명인 자비심, 이웃사랑, 무아봉공 등에 그 바탕을 두고 실천해 나가야 한다.

② 종교계 자원봉사활동은 평등성의 원칙에 입각하여 성별, 연령, 지역, 종교 등에 관계없이 필요한 서비스를 제공해야 하며, 그 대상은 인간뿐만 아니라 자연환경도 포함된다.

③ 종교계 자원봉사활동은 복지공동체 문화의 형성을 위하여 신자들의 자발성에 기초하여 진행되어야 한다.

④ 종교계 자원봉사활동은 각 종교계의 조직과 기구(사찰, 교회, 수도원, 교당)들 뿐만 아니라 다른 종교계의 조직과 단체들이 함께 네트워크화를 구축하여 실시해 나간다.

⑤ 종교계 자원봉사활동은 각 종교의 특성에 입각한 창의적 프로그램을 개발하는 데 주력해야 한다.

⑥ 종교계 자원봉사활동은 단순한 자선활동의 수준을 넘어 수요자의 문제예방과 치료 및 자립을 지향하는 활동을 전개해 나가야 할 것이다.

(2) 종교계 자원봉사활동 분야

종교계 자원봉사활동은 각 종교의 교리에 입각하여 다양한 자원봉사활동 영역에서 이뤄지고 있다. 또한 같은 종교 내에서도 해당 종교기관이 위치한 지역 특성을 반영하여 주력하는 봉사활동 내용은 각기 다를 것으로 생각된다. 이에, 본서

에서 필자는 종교계 자원봉사협의회[3]의 사업내용을 소개하고자 한다

종교계 자원봉사협의회(이하 종봉협)는 자원봉사의 가치와 의미를 지키고, 국내외 자원봉사 활동의 활성화를 위해 창립되었다. 종봉협은 종교 간 연대와 협력, 정의와 조화의 원칙으로 자원봉사의 이념을 확산시켜 궁극적으로는 사회복지의 증진과 복지사회의 건설에 일조하여 사랑과 은혜, 그리고 자비의 문화를 이루는 것을 지향한다(종교계 자원봉사협의회 홈페이지 참조).

종봉협의 주요 사업은 크게 두 가지로 '지역사회 네트워크 사업'과 '재난대응교육' 사업이다. 먼저 지역사회 네트워크 사업은 종교–민간기관–행정의 연계협력을 위한 네트워크를 조직하여 각 종교 교리를 기반으로 자원봉사 리더자 양성을 위한 교육프로그램 기획·운영을 계획하고 있다. 나아가 다양한 자원봉사활동 프로그램을 4대 종교가 연합하여 기획·운영하게 될 것으로 기대한다. 다음으로 '재난대응교육' 사업은 대한적십자사회 공동으로 재난안전 교육프로그램 운영을 계획하고 있다.

앞으로 4대 종교가 연계하여 체계적이고 전문적인 종교계 자원봉사활동을 기대해 본다.

3) 종교계 자원봉사활동의 활성화 방안

종교계 자원봉사활동의 문제점과 활성화 방안을 정리하면 다음과 같다.

3) 종교계 자원봉사협의회(종봉협): 국내 4대 종교(원불교, 불교, 가톨릭, 기독교)가 연합된 협의회로 2015년 3월 종단네트워크 회의를 시작으로 2016년 5월 출범식을 가졌다(출처: www.krnv.org).

먼저 기독교계 자원봉사활동의 문제점으로는 개인의 신앙성장 및 교회의 양적 성장을 중심으로 하는 봉사활동 수행, 교회에서 사회복지활동을 전담할 인력이 부족하여 자원봉사활동의 전문성과 체계성이 떨어질 수밖에 없는 실정, 전달체계의 비체계성을 지적할 수 있다(이종복, 2009). 가톨릭계 자원봉사활동의 문제점으로는 서울대교구 본당 자원봉사 활동실태조사를 통해 살펴보면, 평신도들의 자원봉사 참여율은 비교적 높은 편이지만 2/3 이상이 본당 내 봉사활동에 머물고 있는 한계가 있으며 아직 지역사회에 대한 관심과 활동이 미흡한 점을 지적할 수 있다(윤석인, 2009). 원불교계 자원봉사활동의 문제점으로는 봉사활동의 전근대성, 대외적 봉사활동의 부족, 조직의 자율성 결여 및 인력부족, 조직 관리의 비현실성, 비전문성, 단편적인 프로그램 등을 들 수 있다(오세영, 2009b). 불교계 자원봉사활동의 문제점으로는 불교계의 자원봉사활동은 신도수 대비 자원봉사자 비중이 타종교에 비해 매우 열위에 있다는 점이 지적되고 있다(유승무, 2009).

이러한 문제점들을 극복하기 위한 활성화 방안을 살펴보면 다음과 같다.

첫째, 자원봉사활동에 대한 개념의 재정립과 의식의 전환이 필요하다. 자원봉사에 대한 개념이 제대로 정립되지 않으면 그 활동이 왜곡될 수 있기 때문이다.

둘째, 종교기관의 인적·물적 자원과 시설을 자원봉사활동에 보다 효율적으로 활용될 수 있도록 제도적 장치가 필요하다.

셋째, 종교계 내에서도 자원봉사자 모집과 교육, 적재적소에 배치하고 관리하기 위한 전문인력을 양성할 필요가 있다. 종교계 자원봉사활동 전문가 양성은 활동의 전문성을 제고할 수 있을 뿐만 아니라 체계적인 활동 지속, 각 종교 교리에 맞는 전문프로그램 개발, 체계적 실행 평가도 가능하게 하기 때문이다.

넷째, 각 종교기관에서는 과거보다 많은 예산을 자원봉사활동에 투입하고 있지만, 아직도 많은 종교기관에서는 예산 배정에 소극적이다. 따라서 자원봉사활동을 위한 더 많은 예산을 배정하는 것이 필요하다.

3. 문화 자원봉사활동

1) 문화 자원봉사의 의의와 필요성

문화 자원봉사는 '문화'와 '자원봉사'의 복합어로 일반적으로 널리 알려진 '자원봉사'의 개념에 봉사활동의 영역을 문화 부분으로 옮겨 놓은 것으로 이해할 수 있다(전병태, 2014: 42). 즉, 문화자원봉사란 문화 공간 및 문화 영역에서 이루어지는 모든 자원봉사 활동을 의미한다(문화체육관광부 외, 2014: 1). 문화 자원봉사는 예술적·인문학적 공감이 있는 문화적 소통으로 사회에 기여하는 활동으로 봉사자나 봉사를 받는 모두의 문화감수성[4)]을 증진시켜 삶의 기획력을 높여 준다. 또한 사회적으로는 사회 전반의 창의성과 활력을 띤 문화공동체를 가꾸도록 도와주는 역할을 한다(문화체육관광부, 2014a: 15).

〈그림 7-4〉 문화자원봉사의 의미

출처: 문화체육관광부(2014a), p. 15.

오늘날의 사회는 세계화와 양극화의 심화, 대중의 성장 그리고 기술발달의 고도화가 특징으로 이러한 특징은 자원봉사에 대한 패러다임에도 변화를 유발했다. 현대사회에서 창의적이고, 다양성을 포함하며, 삶의 기획력이 살아 있는 자원봉사

4) 문화감수성은 문화적 수용능력과 상상능력을 의미한다. 다른 사람의 일상과 삶을 이해하고 공감하는 능력은 물론, 보이지 않는 것을 상상하며 기획하는 능력을 이끌어준다(문화체육관광부, 2014a: 15).

가 필요하게 되었고, 문화 자원봉사활동은 이러한 현대적인 자원봉사활동의 필요에 의해 발전하게 되었다.

특히 문화 자원봉사의 핵심인 '문화감수성'은 현대사회에서 여러 중요한 역할을 수행하고 있는데, 현대인들의 삶의 질 향상의 내적 동력이자, 관계에 있어서 소통 능력을 높여주며, 공동체의 가치를 재창조하는 밑거름으로 작용하고 있다(문화체육관광부 외, 2014: 1-2).

문화 자원봉사의 필요성을 여기에서 찾을 수 있다(문화체육관광부, 2014a: 21). 첫째로, 사람은 누구나 문화적 권리를 가지며, 누구나 자신의 문화적 권리를 누리려는 욕구를 가지고 있다. 그래서 '삶의 질'은 중요한 일상의 문제가 된다. 그러나 삶의 질은 외부의 지원만으로 높아질 수 없고, 스스로의 동력인 문화적 감수성으로 생산될 수 있다. 이러한 문화적 감수성의 증진은 가정, 학교, 인간관계 혹은 외부의 도움을 통해 자극받게 되는데 이것이 문화 자원봉사 활동이 필요한 이유이다.

둘째로, 사회적으로도 문화 자원봉사활동이 필요한데, 다양성이 한층 확대되는 현대사회에서 개인이나 공동체는 점점 삭막해지는 반면, 사회는 문화적인 소통능력을 요구한다. 예술적 상상력을 매개로 한 문화소통이 이루어지는 문화 자원봉사는 사회적 갈등을 이해하는 중요한 활동이며, 공동체의 가치를 재창조하는 계기가 될 수 있다.

이에, 문화 자원봉사는 바로 봉사자 자신의 문화 감수성을 높이는 것뿐만 아니라, 다른 사람과 공감하는 과정이다. 이에 문화 자원봉사는 '문화감수성'을 주고받으며 함께 성장하는 활동으로 이해할 수 있다(문화체육관광부, 2014a: 15).

2) 문화 자원봉사활동

(1) 문화 자원봉사의 도입 배경

문화 자원봉사활동은 1996년 문화복지 정책이 시작되면서 문화시설 활성화와 국민들의 문화 참여 향상을 목적으로 전문예술분야와 일반인들 사이의 매개활동을 위해 자원봉사자가 활동한 것이 그 시작이었다. 하지만 관심 있는 문화시설 및 단체들 위주로 진행되어 크게 확산이 이루어지지 못했다. 그러나 2014년 문화체육관광부와 한국문화예술위원회는 '생활문화 확산'이라는 문화정책 아래, 문화자원봉사에 대한 인식을 확산시켜 국민들의 활동 접근성을 높이고, 기존 문화예술 관련 봉사활동을 '문화자원봉사'로 영역화하고, 문화시설 및 단체의 관심을 높이기 위한 문화자원봉사 활성화 사업을 본격적으로 시작하게 되었다(전병태, 2014: 45).

(2) 문화 자원봉사활동의 특징

문화자원봉사는 다음의 세 가지 특징을 가지고 있다(문화체육관광부, 2014a: 15).

첫째, 문화적 감수성은 세상과의 공감능력을 높인다.

둘째, 창의성은 일상을 바꾸는 힘이 된다.

셋째, 전문성은 일상을 뛰어넘는 기획능력을 만드는 것을 말한다. 이 특징 중 시작은 문화적 감수성이며, 이것은 창의성과 전문성을 높이게 하는 역할을 하기도 한다.

(3) 문화 자원봉사와 일반 자원봉사와의 차이점

문화 자원봉사와 일반 자원봉사의 공통점은 공동체적 가치와 건강한 시민사회를 지향한다는 점이다. 차이점은 먼저 일반 자원봉사는 결핍과 요구에 대한 도움과 돌봄을 실현하고, 문제인식→실행→해결의 진행과정이 있으며, 봉사활동을 통한 공동체성 실현, 활동의 결과로서 도움과 보람을 중심으로 이뤄진다. 한편, 문화자원봉사는 문화적 공감을 통한 돌봄을 실현하고, 감수성, 창의성, 전문성의 순환과정을 중요시하며, 자발적 문화 활동을 통해 삶의 질 향상을 도모하고, 활동의 결과로서 문화감수성의 공유를 지향한다. 즉, 일반 자원봉사는 사회적 공공성을 높이는 시민성을 강조한다면 문화 자원봉사는 삶의 질 향상을 강조한다고 이해할 수 있다(문화체육관광부, 2014a: 24). 두 자원봉사활동의 공통점과 차이점을 좀 더 구체적으로 살펴보면 아래와 같다.

<table>
<tr><th></th><th>일반자원봉사</th><th>문화자원봉사</th></tr>
<tr><td>공통점</td><td colspan="2">• 개인 또는 단체가 지역사회·국가를 위하여 자발적으로 행하는 '타자 지향적' 행위임
• 직접적 보상(대가) 없이 시간, 노력, 재능 등을 나누는 행위임
• 수혜자와 피수혜자 간의 '감정교류'를 지향함
• '자아실현'과 '지역공동체 형성'의 기능(효과)이 있음
– 개인적 효과로 '자아실현'의 기능이 있음.
(심리적 안정감, 삶의 만족감, 자아정체감 등)
– 사회적 효과로 '지역공동체 형성'의 기능이 있음
(의사소통 및 결속력 제고, 취약계층의 사회참여 유도, 공동체 의식 유발 등)</td></tr>
<tr><td>차이점</td><td>• 의료, 교육, 환경, 복지, 교통 등 지역사회 전반에 관련된 봉사활동을 일컬음
• 기본적으로 수혜자와 피수혜자 간 '교감'을 지향하나, 정도는 경우에 따라 상이함
• '도움(수혜자와 피수혜자의 구분)'과 '돌봄(수혜자와 피수혜자의 감정교류'의 혼재 형태임
• 지역공동체 회복, 사회발전, 경제적 효과 등 다양한 가치를 목표로 함</td><td>• 문화예술에 관련된 활동, 또는 활동 공간이 문화시설인 봉사활동을 일컬음
• 수혜자와 피수혜자 간 '교감'이 많이 이루어지며, 이러한 교감을 통해 대상자의 문화적 감성이 함양됨
• 문화적 교감을 통한 '돌봄(수혜자와 피수혜자의 감정교류)'의 형태임.
• 궁극적으로 대상자들의 '문화적 감성의 제고'를 목표로 함</td></tr>
</table>

출처: 전병태(2014), p. 44.

(4) 문화 자원봉사활동의 영역

문화 자원봉사활동 현장은 예술 활동이 일어나는 공연장, 전시관 같은 시설이나 공간뿐만 아니라, 사람들이 생활하는 일상의 모든 생활문화 공간이 해당된다. 이에, 문화 자원봉사활동 영역은 매우 다양해서 일일이 제시하기는 어려우나 활동공간과 활동내용, 그리고 활동성격에 따라 그 영역을 이해할 수 있다.

구분	공간		시설
활동공간	문화시설	공연시설	문화예술회관, 시군구민회관, 일반 공연장 등
		전시시설	박물관, 미술관, 전시관 등
		생활문화시설	문화의 집, 문화원, 청소년문화복지시설, 여성회관, 사회복지회관, 근로자복지회관
		특수목적시설	문화관, 국악원 등
		문화유산 보존시설	궁, 능, 사적지 등
		도서관	도서관, 작은 도서관, 자료관 등
	지역사회		지역축제 및 행사, 마을 재활성화 사업, 문화 공동체사업, 마을 예술창작소 등
	찾아가는 활동		학교, 교도소, 지역아동센터 등

구분	성격	구분	비고
활동성격	활동 주체에 따라	여성, 어르신, 청소년, 어린이, 사회은퇴자, 전문가 등	청소년이나 어린이 문화 자원봉사는 교육적 성과를 기대하는 활동이며, 사회은퇴자나 전문가 등은 사회적 욕구에 맞게 활동을 조직할 수 있음
	집단 성격에 따라	개인, 동호회, 일시적 봉사단, 네트워크	개인의 자발적인 문화 자원봉사는 물론 지속성을 갖는 동호회 또는 특별한 목적으로 일시적으로 기획하는 것이 가능
	활동 내용에 따라	예술 재능, 기획, 행정, 안내, 해설, 통역, 교육, 영상, 사진, 홍보, 협업 프로젝트 등	활동 내용에 따라 비교적 단순한 활동에서 전문성을 요하는 활동까지 다양하게 문화자원봉사 활동이 기획될 수 있음
	활동 대상에 따라	일반 시민, 시설이용자, 어르신, 청소년, 어린이, 다양한 소외계층 등	무형문화재 공연(전시) 및 강습, 향토문화 조사 및 연구

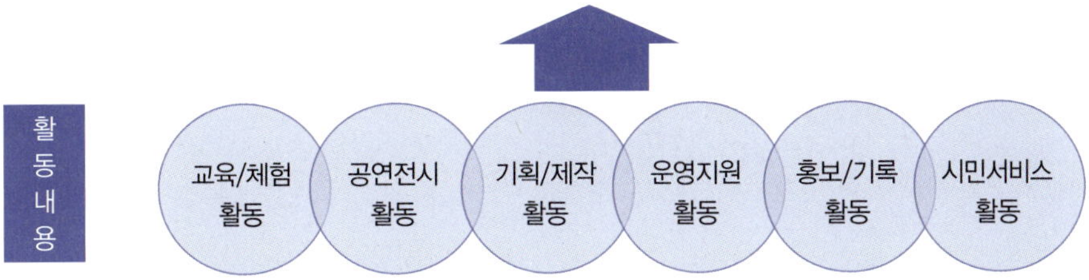

〈그림 7-5〉 문화 자원봉사활동의 공간, 성격, 내용에 따른 구분

출처: 문화체육관광부(2014a), pp. 27-28, 문화체육관광부 외(2014), p. 4 참조 재구성.

(5) 문화 자원봉사활동의 실제 사례

문화 분야의 자원봉사가 점점 더 중요해지고 이에 대한 관심이 증대됨에 따라 문화 자원봉사활동 또한 다양해지고 있다. 2014년 현재 우리나라 각 지역별로 활동하고 있는 문화 자원봉사활동의 실제 사례를 몇 가지 살펴보면 다음과 같다.

〈표 7-4〉 각 지역별 문화 자원봉사활동의 실제 사례

지역	사업명	주요 내용
서울	서울시 문화나눔행복서울 사업	전문·아마추어 예술단체들의 재능기부
	서울문화재단 문화이용권 자원봉사자 〈우리누리 봉사단〉	소외된 이웃들의 문화생활 지원
인천	인천문화재단 문화자원봉사자	복합문화 예술공간인 트라이볼의 사업 지원
부산	부산문화재단 문화나눔 자원봉사자 〈벌무리〉	문화나눔 관련 행사지원
대전	대전시 문화유산해설사	관광객 대상 역사, 문화에 대한 해설제공
부천	부천박물관 자원봉사단	전시실 안내, 박물관 교육프로그램 운영 등
전주	효자문화의 집 〈효자동 사람들〉	문화코디, 문화생태 해설, 책 읽어주는 문화봉사단 '북–북' 운영 등
곡성	곡성문화원 할머니인형극단〈민들레〉	60세 여성으로 구성, 인형극 활동
강릉	종합자원봉사센터 문화자원봉사	장애인 문화나눔활동, 시민대상 찾아가는 게릴라 공연 활동 등
경상도	통영국제음악제 자원활동가	공연장 운영, 행사 지원, 마케팅 홍보 등
충청도	청원문화원 어르신문화나눔봉사단 〈청원갖바치〉	실버세대와 예비실버 세대로 구성, 찾아가는 문화공연 봉사활동 등

출처: 전병태(2014), pp. 64–74에서 발췌.

3) 문화 자원봉사활동의 활성화 방안

문화 자원봉사활동의 활성화 방안은 다음과 같다(전병태, 2014: 135–142).

첫째, 문화 자원봉사자활동을 위한 시스템을 구축할 필요가 있다. 문화자원봉

사활동 관련 포털 정보 사이트 구축 및 통합적 관리체계를 마련하여 문화 자원봉사 정보 제공, 인력 확보, 교육, 인증 및 보상제도 운영, 실적 관리, 문화자원봉사단 운영 등과 같은 사항들이 체계적으로 실행되어야 한다.

둘째, 문화 자원봉사자 인력 확보가 필요하다. 기존 일반 자원봉사자 활용이 아닌 문화 분야 특성이 고려된 독자적인 모집 방안이 필요하고, 이를 위해서는 대상에 맞는(학생, 주부, 직장인, 노인세대 등) 홍보 전략 또한 필요하다. 뿐만 아니라 인력 확보를 위한 세대별 맞춤형 문화자원봉사 활동 프로그램이 먼저 제시되어야 할 것이다.

셋째, 문화 자원봉사자 전문성 함양을 위한 교육 시스템이 필요하다. 전문교육기관을 지정하여(예, 한국문화의집협회 등) 단계별, 계층별, 지역별 상황에 맞는 전문교육과정 및 내용을 개발해야 한다. 기본소양교육부터 현장실습 및 워크숍까지 체계적인 교육 과정을 도입해야 한다.

넷째, 다양한 문화자원봉사단을 구성할 필요가 있다. 지역민의 생활문화시설 운영 참여 통로로서의 문화자원봉사단을 조직하고, 단순 참여자가 아닌 문화주체로서의 문화자원봉사단을 조직한다.

4. 국제협력 자원봉사활동

1) 국제협력 자원봉사의 의의와 필요성

국제 자원봉사활동(International voluntary service)이란 국제적인 자원봉사활동에 자발적으로 참여하는 활동을 말한다. 즉, 국제협력 자원봉사활동은 언어, 종교, 정치, 사회경제적 장애를 뛰어넘어 자신의 시간, 능력, 에너지를 사용하여 사회변화, 경제발전, 환경보전 등을 실천하는 것이다.

일반적으로 국제협력 자원봉사활동으로 한국국제협력단(Korea International

Cooperation Agency: KOICA)에서 파견하는 '해외봉사단(Korea Overseas Volunteers)'이나 여러 민간단체에서 파견하는 다양한 형태의 프로그램이 국제 자원봉사활동으로 많이 알려져 있다. 즉, 일정 기간 외국, 특히 저개발국가에 거주하며 지역사회 개발, 교육, 의료활동 등을 통해 지역사회의 발전에 참여하며, 한편으로는 자신의 경험을 확대하는 것을 말한다(류기형 외, 2009: 423). 뿐만 아니라 활동장소가 국내일 경우, 국제적 문제나 프로젝트에 참여하는 것도 국제 자원봉사활동이라고 할 수 있다.

국제협력 자원봉사활동은 전 세계가 하나의 공동체가 되어 이루어지는 것이다. 국제협력 자원봉사활동은 이제 모든 국가가 새로운 욕구에 대응하고 있는 것이라 할 수 있다. 이러한 국제협력 자원봉사활동의 필요성은 다음과 같다(한국사회복지협의회, 1997; 권중돈 외, 2008: 273–274).

첫째, 국제적 공동 대처가 필요해졌다. 즉, 현대사회에서는 한 지역사회나 국가에서 발생한 문제가 다른 지역이나 국가에 미치는 영향은 지대하다. 이러한 영향은 해당 국가나 지역사회의 힘만으로는 해결할 수 없을 정도로 커졌으며, 서로 간의 영향으로 인해 공동대처가 필요해졌다.

둘째, 국가 간 친선 도모와 자아개발에 도움이 된다. 해외봉사자는 해당국에서 봉사자로 일하면서 각 지역의 언어는 물론 문화, 사회, 경제를 배우게 되고, 이를 통해 친선을 도모함과 동시에 개인적으로는 자기 성장과 자기발견의 기회를 가질 수 있게 된다.

셋째, 과거의 도움에 대한 보답으로서 국제협력 자원봉사활동이 필요하다. 우리나라는 한국전쟁 직후 국제적십자사, 유니세프 등에서 국제적인 후원을 받아온 나라이다. 이제는 경제성장과 더불어 젊은 세대가 적극적으로 참여하는 국제자원봉사를 통해 국제사회에 환원해야 할 시기를 맞이하였다.

2) 국제협력 영역에서의 자원봉사활동

(1) 국제협력 자원봉사활동의 유형

국제 자원봉사활동의 유형은 그 활동 내용과 형태에 따라 다음과 같이 일곱 가지 유형으로 구분된다(류기형 외, 2009: 428-432).

첫째, 워크캠프형이다. 국제 워크캠프는 서로 다른 인종과 사상과 국적을 가진 사람들이 지역 스폰서에 의해 2~3주로 기획되는 프로젝트에서 함께 지내며 일하는 것이다. 대부분의 워크캠프는 여름 기간에 발생되며 10~30명의 참가자들로 지역주민들과 함께 사회활동을 하며 일하는 것이다. 전 세계의 자원봉사 워크캠프 단체 및 그룹들과 함께 일하는 국제 자원봉사 워크캠프 기구로서 IWO(International Workcamp Organization)가 있다.

둘째, 개인, 단기형이다. 활동지 혹은 인근지역에 거주하면서 일정 기간 상근이나 비상근으로 활동한다. 대우는 활동내용에 따라 다르지만, 일반적으로 식사와 숙박은 제공된다. 참가비를 납부하거나 휴일에 활동하는 경우도 있으며, 주요 활동분야로는 자연보호, 야생생물보호 관련 활동, 복지교육 관련 활동 등 다양하다. 최근 한국에서 관심이 높게 일고 있는 호주의 Working Holiday와 유사한 프로그램이다.

셋째, 정기 방문형이다. 해외의 민간단체사무소나 병원 등의 복지시설에 매일 혹은 매주 몇 번씩 정기적으로 통근하면서 활동하는 형태이다. 자기 집에서 통근하는 국내 자원봉사활동의 해외판으로 볼 수 있다. 유학이나 민박을 하면서 활동을 하는 사람, 해외에 몇 개월 사는 동안 활동하는 사람도 있다. 보통 스스로 숙박 등을 해결한다.

넷째, 장기개발형이다. 최저 1년 이상 현지에 체류하면서 개발활동(환경, 교육, 농촌개발활동, 기술지도 등을 포함)에 종사하는 형태로서 개발도상국의 활동이 주를 이루고 있다. 전문가로 활동하기 때문에 이에 필요한 전문지식이나 경험이 필요한 경우가 대부분이다. 대개 생활비 정도의 수당과 항공료를 지급받는다.

다섯째, 긴급원조형이다. 재난에 따른 긴급사태에 대한 원조형태이다. 예를 들면 홍수나 지진발생 시 인명구조, 생활원조, 난민원조, 분쟁 시의 인권보호활동, 인도적 원조활동 등이 있다. 일반적으로 의료관계, 난민원조관계가 대부분을 차지하고 있다.

여섯째, 인턴십형이다. 미국 학생들 중 많은 수가 외국에 나가 자신이 흥미를 가지고 있는 분야의 NGO, 기업 등에서 재학 중 인턴을 하면서 귀중한 현장체험을 쌓는다. 방학을 이용해서 일정 기간 일하는 경우가 대부분이다. 미국이나 영국에서는 인턴십의 정보를 담고 있는 책자가 다양하게 발행되고 있으며, 숙박을 소개하는 경우도 있다. 종종 유급의 경우도 있으나, 대부분 무급이다.

일곱째, 국내형이다. 국제 자원봉사활동은 외국에서뿐만 아니라 국내에서도 참여할 수 있는 분야와 기회가 많이 있다. 세계 환경문제, 인권문제, 개발문제 등을 다루는 단체 등에서 자원봉사활동을 하는 것도 국제 자원봉사활동이라 할 수 있다. 또한 정기적으로 단체의 사무실 등에서 일하는 것이 어려운 사람은 심포지엄 등의 이벤트 단위로 활동할 수도 있으며, 회원이 되어서 그룹활동을 지원할 수도 있고, 자금모집을 위한 바자회에 물건을 모아 보내는 방법도 있다.

(2) 국제협력 자원봉사활동의 종류와 내용

국제자원봉사활동의 종류와 내용을 살펴보면 다음 〈표 7-5〉와 같다.

〈표 7-5〉 국제 자원봉사활동의 종류와 내용

<table>
<tr><th>목표</th><th>체계</th><th>서비스</th><th>프로그램</th></tr>
<tr><td rowspan="4">난민
·
빈민
구제</td><td rowspan="2">현장활동</td><td>기술지원</td><td>르완다 난민 정착 지원, 기아봉사단 파견</td></tr>
<tr><td>행정지원</td><td>르완다 난민 아동의료 지원</td></tr>
<tr><td rowspan="2">국내
후원</td><td>모금활동</td><td>평화의 주머니 보내기, 사랑의 달리기 모금, 제3세계 빈민촌 펌프 파주기, 사랑의 동전 모으기, 북한 어린이 급식후원, 사랑의 굶기 운동, 사랑의 빵 운동, 사랑의 쌀 한 줌 모으기, 우정의 선물상자 만들기</td></tr>
<tr><td>업무지원</td><td>사랑의 맨발 걷기, 동전분류 업무지원 등</td></tr>
</table>

목표	체계	서비스	프로그램
제3세계 개발 지원	지역 사회 개발	기술지원	베트남 직업훈련사업, 르완다 재건교육지원, 네팔 상수원 건설
		행정자문	연변지역 새마을 운동, 인도네시아 양돈사업, 방글라데시 양어장 사업, 인도네시아 멜론 재배
		교육지원	연변과학기술대학 교육봉사, 필리핀 교육봉사, 스리랑카 한국어 교육, 인도 초등학교 교육, 베트남 태권도 교육, 중국 한국어 교육, 스리랑카 보건 교육
	주민 서비스	의료지원	네팔 적십자사 혈액원 지원, 네팔 진료소 건립, 네팔 병원 및 학교 건립, 탄자니아 의료 지원, 네팔 가족계획 업무
외국인 보호 · 후원	보호 활동	권익옹호	외국인 노동자 법률상담소 운영, 외국인 상담소 운영
		생활안정	외국인 상담소 의료지원
	후원활동 후원	교육지원	외국인 상담소 상담 및 통역
		위문활동	해외입양동포 모국어 연수, 외국인 노동자 문화축제
국제 친선 교류	행사지원	현장활동	국제기독교 청소년 교류, 청소년 국제교류 파견사업
	편의 제공	후원활동	외국 청소년 민박, 한국 · 에티오피아 친선 교류, 한국 · 일본 청소년 적십자 교류

출처: 한국사회복지협의회(1997), p. 19, 류기형 외(2009), p. 433.

(3) 국제협력 자원봉사활동의 유의사항

어떤 형태이든 국제협력 자원봉사활동 참가자는 일반적으로 봉사자가 지켜야 할 원칙과 함께 아래의 활동 수칙을 숙지하여 봉사활동에 임해야 할 것이다(한국사회복지협의회, 1997; 권중돈 외, 2008: 274; 이만식 외, 2017: 282-284 참조 재구성).

① 인간은 인종, 피부, 직업, 연령, 사고방식 등을 초월하여 누구에게나 인간의 존엄성이 있다는 철학을 갖는다. 즉, 인권문제에 대한 민감성을 항상 유지해야 한다(예: 국제 NGO Friends international 캄보디아 지부의 캠페인-'어린이는 여행 상품이 아니다.')

② 각국의 고유한 문화와 관습, 전통, 생활양식, 정치나 사회제도는 오랜 세월을 이어 온 그 나라의 고귀한 유산이라는 인식을 갖는다. 즉, 다문화 감수성을 포함한 문화적 이해를 충분히 갖추어야 한다.

③ 국제협력 자원봉사활동은 외국의 상이한 언어, 문화 등을 배울 수 있는 좋은 기회라는 사실을 인식하고 국제협력 자원봉사활동 확대에 노력한다.

④ 특정 정치나 사상에 관련된 활동, 영리사업이나 특정 종교의 선교활동을 배제한다.

⑤ 봉사대상자나 대상지역 주민들의 자기결정권을 존중해야 한다.

⑥ 봉사자들은 해외 현지 적응 과정에서 다양한 경험을 할 수 있으므로, 현지 정보가 부족해서 낭패를 보지 않도록 철저히 준비한다.

3) 국제협력 자원봉사활동의 활성화 방안

'자원봉사진흥 제3차 국가기본계획(2018~2022년)' 수립에 의거, 행정안전부는 '2018년도 자원봉사진흥 시행계획'을 발표하였다. 국제 자원봉사활동 관련 사업은 크게 두 가지로 '자원봉사분야 국제교류 강화 사업(국제 자원봉사 분야와의 교류·협력 활성화, 해외 자원봉사와 국내 자원봉사 섹터와의 연계 강화)', '자원봉사 국제개발협력 확대 및 내실화 사업(체계화된 다분야 해외 자원봉사사업 촉진, 해외 자원봉사사업 성과평가 및 성과관리 시스템 구축)'이다(행정안전부, 2018: 22-23).

이러한 국제 자원봉사 사업의 활성화를 위한 방안은 다음과 같다(오단이, 2014: 394-395; 박윤애, 2017: 66-74 참조 재구성).

첫째, 사람(People), 프로그램(Program), 인프라 및 정책(Infrastructure & Policy)' 중심의 지원이 필요하다.

- 사람 중심: 국제협력 자원봉사 사업이 봉사활동 대상 현지인들의 자발적 역량 강화를 지원하는 활동에 보다 초점을 맞춰 운영한다면, 장기적인 차원에서 보다 지속가능하고 높은 효과를 가져 올 것이다.
- 프로그램 중심: 해외 현지에 적합한 프로그램을 현지 사람들 주도로 개발 및 진행할 수 있도록 한국의 봉사활동단체 및 센터들과 파트너십을 구축하

여 유능한 봉사자들(예: 은퇴자)을 발굴·지원하는 등 현장의 요구에 부합하는 지원노력을 기울일 필요가 있다.

- 인프라 및 정책 중심: 현지의 자원봉사 인프라 구축을 위한 지원이 필요하므로 해외 자원봉사활동 단원 선발 시, 자원봉사 기관의 실무경험을 가진 전문가를 선발하여 파견, 현지 인프라 구축을 지원하게 할 필요가 있다.

둘째, 국제 자원봉사자들이 현지에 적응하는 과정을 돕는 체계적인 정책적 지원이 필요하다. 오단이(2014: 394-395)의 연구결과에 의하면 국제 자원봉사자들이 현지적응 과정에서 많은 어려움을 경험한 것으로 나타났다. 따라서 국제 자원봉사 활동의 활성화를 위해서는 위와 같은 정책적 지원이 필요하다.

V O L U N T E E R I S M

3부

자원봉사관리자를 위한 자원봉사: 체계로 이해하기

8장

자원봉사활동의 관리체계 I

자원봉사활동의 관리체계란 자원봉사자를 효과적으로 활용하기 위해 시설이나 기관 등이 행하는 모든 활동을 말한다. 자원봉사활동의 관리체계는 8장과 9장에서 다뤄지고 있다. 먼저 8장은 자원봉사관리와 자원봉사관리자에 대한 설명이다. 9장은 관리체계의 실질적인 과정인 구성요소를 다루고 있다. 먼저 자원봉사관리와 자원봉사관리자에 대해서 알아보도록 하자.

1. 자원봉사관리란 무엇인가?

1) 자원봉사관리의 개념 및 목적

자원봉사활동이 효과적으로 운영되기 위해서는 자원봉사 프로그램 기획부터 프로그램 목적에 적합한 자원봉사자 모집, 교육, 평가까지 전반적인 관리가 체계적으로 이루어져야 한다. 자원봉사활동이 이루어질 수 있도록 하는 일련의 과정을 '자원봉사관리(Volunteer Management)'라고 한다.

자원봉사관리의 정의에 대해서는 관리의 역할과 범위에 따라 학자들마다 차이를 보인다. 그러나 일반적인 자원봉사관리의 정의는 '자원봉사활동의 수요와 공급을 적절하게 조정하는 활동'의 협의의 개념을 포함하면서 '자원봉사를 총괄하는 조직적이고 포괄적이며 다각적인 활동'의 넓은 의미로 정의된다(최유미, 2012: 117–118).

한편, 한국자원봉사협의회(www.vkoreaedu.or.kr)에서 설명하고 있는 자원봉사관리의 개념과 목적은 아래와 같다.

> "자원봉사관리란 자원봉사활동을 원하는 측의 요구와 자원봉사활동의 원조를 받는 측의 욕구를 연결시켜 효과적인 자원봉사활동이 이루어지게 하는 일련의 절차와 방법을 강구하는 것으로(미국자원봉사관리협회, 자원

봉사 윤리강령, 2000) 자원봉사관리의 목적은 자원봉사자의 지속적인 활동을 위한 동기 부여를 통해서 지역사회에 최대의 혜택이 돌아가도록 하는 것은 물론 기관의 목표도 함께 달성되도록 하는 것이다."

자원봉사관리는 과학적이고 전문적이어야 하며 단순한 임시방편으로 운영되어서는 안 된다. 자원봉사관리가 제대로 이뤄지지 못할 경우 시간과 노력을 들여 확보한 자원봉사자를 효율적·효과적으로 활용할 수 없을 뿐만 아니라, 자원봉사자의 기대도 충족시킬 수 없게 된다. 더 나아가 기획했던 자원봉사 프로그램을 기획한 조직의 목적 달성 또한 이뤄지지 못할 것이다. 이러한 결과는 자원봉사자의 활동 만족도 및 활동의 지속성에 부정적인 영향을 미치게 될 뿐만 아니라 더 나아가 자원봉사활동의 효율성과 지역주민들에게 제공되는 서비스의 질 또한 낮아지게 하는 결정적인 요인으로 작용한다(박용순 외, 2015: 106-107).

정리하면 가장 이상적인 자원봉사관리는 〈그림 8-1〉에서 제시된 핵심 주체의 욕구가 모두 충족될 수 있도록 하는 것이다.

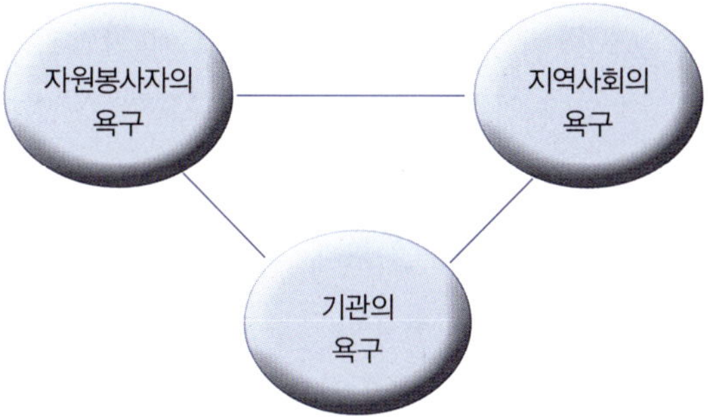

〈그림 8-1〉 자원봉사 관리의 핵심 주체 욕구

2) 자원봉사 관리의 필요성

자원봉사활동 관리의 필요성을 국가·사회적 측면, 기관·시설 측면, 자원봉사자 측면으로 나누어 살펴보면 다음과 같다(승금희, 2005; 박용순 외, 2015: 107-109).

(1) 국가·사회적인 측면

- 자원봉사활동은 복지사회의 실현을 위한 공사 협력관계를 구축할 수 있다.
- 지역주민들이 다양한 지역사회 문제해결을 위해 함께 노력함으로써 공동체 의식과 연대의식을 갖게 하고 사회통합을 촉진시킨다.
- 지역 내 유휴자원을 활용함으로써 지역사회에 필요한 인적·물적 자원을 자발적 동기에 의해 동원하여 보다 실제적이고 효과적인 사회복지 목표를 달성할 수 있게 한다.

(2) 기관·시설 측면

- 기관·시설 직원은 자원봉사자들의 활동을 통해 과다한 업무를 처리해야 하는 부담을 덜 수 있어 업무의 질적 향상을 도모할 수 있다.
- 기관·시설은 자원봉사활동을 통해 제한된 유급직원에 의해 제공될 수 있는 것보다 다양한 서비스의 형태를 확대시킬 수 있다.
- 자원봉사자로 지역주민들을 활용함으로써 지역사회 접근성이 용이해지고 지역 안에서 기관·시설의 좋은 이미지를 유지할 수 있다.
- 기관·시설의 유급 직원이 현실적으로 집중하기 어려운 봉사대상자 또는 특정문제에 개별적 관심을 제공할 수 있다.
- 자원봉사자 자신이 기관의 좋은 지지자나 후원자가 될 수 있다.
- 기관의 시설운영비 절감 등 눈에 보이지 않는 부가적인 기능까지 얻을 수 있다.

(3) 자원봉사자 측면

- 자원봉사활동을 함으로써 어려운 과업을 완수하고 새로운 경험에 도전하는 과정을 통해 자신의 잠재력을 발견할 수 있게 된다.
- 자원봉사자는 자원봉사 활동에 대한 성취감을 통해 자신감과 긍정적인 자아상을 확립할 수 있게 한다.
- 자원봉사자는 집단경험을 통해 다양한 사람들과 상호작용하면서 타인의 의견을 수용하는 힘을 키우고, 집단구성원들의 의견을 조정하고 타협하는 과정에서 문제해결능력을 증진시키게 된다.
- 자원봉사활동은 자원봉사자로 하여금 인간의 존엄성과 사회연대감 및 공동체 의식을 키우게 한다.
- 자원봉사활동은 자원봉사자가 이전에 알지 못했던 지식이나 기술을 학습할 수 있는 기회를 제공한다.

2. 자원봉사 관리자에 대한 이해

1) 자원봉사 관리자의 개념

자원봉사활동에 대한 필요성이 현대에 들어서 한층 더 요구되면서 이를 담당하는 관리 인력에 대한 관심도 증가하고 있다. 자원봉사 관리자(volunteer administrator)는 자원봉사활동이 성공적으로 이루어지도록 그 책임을 가지는 사람이다. 자원봉사활동에서 처음에는 자원봉사자의 선의가 그들을 모집할 수 있도록 했지만, 이후에는 자원봉사활동 관리자의 능력만이 자원봉사자를 지킬 수 있는 힘이 된다(이만식 외, 2010; 박차상, 2014: 143).

자원봉사관리자가 맡고 있는 기능 및 역할의 범위가 각 기관에 따라 다를 수 있겠지만 그들의 고유 업무는 동일한 것으로 이해할 수 있으며 그 기능 및 역할

또한 유사하다고 할 수 있다. 따라서 자원봉사관리자는 '조직의 목표를 달성하기 위해 자원봉사자들과 함께, 그리고 그들을 통해서 일하는 사람'이라고 정의할 수 있다(Wilson, 1976; 유용식 외, 2016: 155 재인용). 즉, 자원봉사관리자는 자원봉사자들과 함께 그리고 그들을 통하여 기관의 목표를 달성하기 위해 자원봉사활동에 관련된 계획을 수립하고 그에 따른 직무를 설계하여 위임·조정하며, 그 직무에 적합한 인력을 모집, 교육, 배치하여 지도, 감독, 평가하는 역할을 하는 전문가이다(유용식 외, 2016: 156).

2) 자원봉사 관리자의 기능과 역할

(1) 자원봉사관리자의 기능

한국자원봉사협의회는 자원봉사 관리자의 기능을 다음에서 제시하고 있는 바와 같이 크게 다섯 가지 기능을 제시하고 있다(한국자원봉사협의회 홈페이지 참조).

첫째, 조정자의 기능으로 서비스와 요구를 조정하는 기능이다.

둘째, 훈련자의 기능으로 훈련을 담당하는 훈련자(trainer)로서의 기능이다.

셋째, 지도감독자의 기능으로 과업수행을 지도, 평가하고 조언하는 기능이다.

넷째, 연계자의 기능으로 공공기관 및 지역사회와 연계하는 기능이다. 이때, 관계기관이나 단체와 조정활동을 통해 협력체계를 만들어가는 것이 필요하다.

다섯째, 대변자의 기능으로 사회 내에서 존재하거나 발생하고 있는 욕구를 대변하는 기능이다. 지역사회, 나아가 사회 전체에 대해 특정 프로그램의 필요성을 알리고, 자원봉사자의 역할과 기능을 부단히 사회에 노출시켜 아동, 청소년, 요보호 여성, 노인, 자원봉사 등의 욕구를 대변한다.

(2) 자원봉사 관리자의 역할

자원봉사 관리자의 역할은 단순한 행정 관리 차원을 넘어 다양한 역할의 복합물로서 각기 다른 상황과 사람들(자원봉사자, 기관의 직원, 봉사대상자 등)에게 적절히 대응할 수 있는 유연성과 융통성을 필요로 한다. 학자마다 자원봉사 관리자의 역할을 다양하게 정의하고 있으나 바라보는 관점과 사용되는 용어의 차이일 뿐, 본질적으로 설명하고자 하는 주요한 역할은 거의 비슷하다.

자원봉사 관리자의 구체적 역할은 다음과 같다(볼런티어 21, 2004; Ilsley & Niemi, 1981; 최종혁 외, 2015: 75).

① 자원봉사센터, 사회복지기관·시설, 기타 지역사회의 다양한 기관과 단체들의 자원봉사활동에 대한 관심을 유발시키고 봉사자들에게 친절하며 협조하는 분위기를 조성하는 역할
② 자원봉사자와 대상자의 연결·조정자(coordinator)의 역할
③ 직무활동을 지휘·통제하는 감독자(director)의 역할
④ 과업수행을 지도·평가하고 조언하는 지도감독자(supervisor)의 역할
⑤ 자원봉사자 또는 소그룹 리더의 교육 및 훈련을 담당하는 훈련자의 역할
⑥ 자원봉사자의 자유로운 활동을 촉진하는 리더의 역할
⑦ 공공관계와 지역사회 관계를 도모하는 조직 내외의 컨설턴트의 역할
⑧ 자원봉사활동 프로그램의 연구 개발자 및 평가자의 역할
⑨ 자원봉사자의 변화 욕구와 개인의 특성을 파악하고 그들의 능력을 발휘할 수 있는 기회를 제공하고 지원하는 역할
⑩ 자원봉사자들의 불안을 완화시키고 자원봉사활동의 적응을 돕는 역할
⑪ 자원봉사자들의 고민과 어려움에 대한 상담자의 역할
⑫ 동료이자 친구의 역할 등

한편, 한국자원봉사협의회는 피셔와 콜(Fisher & Cole)이 설명하고 있는 다섯 가지 역할을 협의회 홈페이지에서 소개하고 있다. 그 다섯 가지 역할은 아래와 같

고, 이 역할 중 피셔와 콜은 '지도자'와 '관리자'로서의 역할이 가장 중요하다고 지적했다.

① 자원봉사자들이 지도자와 봉사활동 지침의 결정자
② 자원봉사 프로그램의 관리자인 인사 관리자
③ 조직에서 활동하는 자원봉사자들의 옹호자
④ 조직에서 활동하는 자원봉사자들 사이에서의 의사결정자
⑤ 자원봉사 프로그램의 지지를 위한 기금 조성자

3) 자원봉사 관리자로서의 자세와 역량

자원봉사 프로그램이 발전하고 대인 서비스가 한층 더 중요해짐에 따라 자원봉사 프로그램을 총괄하고 감독하는 새로운 전문직으로서 자원봉사 관리자가 요청되어 관리자의 역할은 최근 몇 년 사이에 크게 변화되었다. 이러한 자원봉사관리자의 활동은 인간에 대한 깊은 이해를 바탕으로 지역사회 자원을 동원하여 인간복지실현을 목표로 하고 있다. 이에, 자원봉사 관리자로서의 기능과 역할을 잘 수행할 수 있도록 기본적으로 갖추어야 할 자세와 필요한 능력은 다음과 같다(유용식 외, 2016: 158–163; 박용순 외, 2015: 131–133 참조 재정리).

첫째, 인간에 대한 이해와 지식이다. 인간을 탐구하는 기회를 많이 가지고 편견과 차별 없이 대상자나 자원봉사자와 동등한 위치에서 인간관계를 유지해 나갈 수 있어야 한다. 즉, 인간행동의 유형을 이해하고, 특히 조직 속에서 인간행위에 대한 지식과 조정능력이 있어야 한다.

둘째, 사명감(commitment)이다. 우리가 하는 일에 대해 어떤 확신을 가짐은 물론, 새로운 차원의 수준으로 발전시키기 위해 먼저 자신이 헌신적으로 노력할 줄 알아야 한다. 자원봉사 관리자의 사명감은 조직 속에 속한 조직원으로서 조직목표의 비전 제시를 통해 이뤄질 수 있다. 이를 위해서는 아래와 같은 것들이 필

요하다.

- 지속적으로 참여하도록 격려와 공유가치 진작
- 모든 사람들에게 열린 마음의 진솔한 신뢰 획득
- 모든 일에 적극적으로 솔선수범하는 실천성
- 자기 일을 천직으로 알고 업무에 창조성 발휘
- 목적에 부합하는 가치관과 직무의 융통성
- 타인에 대한 존경과 예의 등

셋째, 지도력(leadership)이다. 관리자의 지도력은 조직의 활동과 프로그램의 방향을 바르게 제시하고, 이를 위해 교육하고, 관리하는 것이다. 이를 위해서는 아래와 같은 것들이 필요하다.

- 작은 것도 꼼꼼하게 살피는 관찰력과 인내력
- 좋은 언어의 구사력과 문장력
- 창조적으로 이끌어가려는 의지와 능력
- 제반 문제를 구별할 수 있는 판단력과 용기
- 기존 정책을 이해하고 활용하며 새 정책을 개발할 수 있는 능력
- 조직원의 욕구, 능력, 기술, 기대 등을 분석하고 통합할 수 있는 식견
- 업무의 개관과 우선순위에 따른 의사결정력
- 기획, 감독, 평가할 수 있는 총괄적인 조직력

넷째, 관리능력이다. 자원봉사 관리자는 복잡하고 다양한 관리능력(management skill)이 필요하다. 구체적으로 살펴보면 다음과 같다.

- 계획 추진 및 집행의 융통성 부여
- 조직원과 자원봉사자 사이에 좋은 관계로 협조하도록 직무환경 조성
- 자원봉사자를 적절한 프로그램에 배치 및 전체 조직과의 조정
- 정보 및 의사소통의 통로 확장과 감독

- 프로그램 집행과정 및 조직 평가
- 자원봉사자와 수요자, 시설물 그리고 후원자 관리 및 교육 훈련
- 각종 서류 및 보고서 작성·보관 및 개발
- 회계 관리 및 기금조성
- 각종 인쇄물이나 홍보물의 제작·편집 및 광고

한편, 서울시 자원봉사센터는 자원봉사관리자의 역량모델을 연구한 결과 아래와 같이 필요 역량을 제시하였다(이재은 외, 2015: 186-187).

- 역량 1. 공통역량: 직급 및 직무에 상관없이 자원봉사 관리자로서 모든 직무를 수행하는 데 공통적으로 필요한 다섯 가지 역량으로, '신뢰형성, 책임감, 주도성, 고객 지향, 윤리의식'이다.
- 역량 2. 리더십 역량: 직급에 따라 여섯 가지 관리자 리더십 역량(갈등관리, 동기 부여, 전략적 사고, 비전제시, 조직관리, 네트워킹)과 여섯 가지 실무자 리더십 역량(자기관리, 전문성 추구, 문제해결, 대인관계, 의사소통, 팀워크)으로 구분된다.
- 역량 3. 직무역량: 직무에 따라 네 가지 기획홍보 역량(자원봉사센터 운영전략 수립, 자원봉사 예산 기획 관리, 수요처 개발 관리, 홍보전략 수립 및 실행), 네 가지 활동지원 역량(자원봉사 사업기획, 자원봉사자 모집/선별/배치, 자원봉사자 교육기획 및 운영, 자원봉사활동 모니터링 및 사후관리), 두 가지 자원관리(자원봉사 DB 및 실적관리, 자원봉사 관련 민원처리)가 해당된다.

4) 자원봉사 관리자의 윤리

지금까지 살펴본 자원봉사관리자의 기능과 역할 등은 국가별로 내용은 조금씩 다를 수 있으나, 대부분의 국가들이 자원봉사관리자 윤리강령의 규정을 제정하

여 자원봉사 현장에서 지침으로 활용하고 있다. 본서에서는 미국자원봉사관리협회에서 제정한 자원봉사 관리자의 윤리원칙과 우리나라에서 2015년에 제정하여 선포한 윤리강령을 중심으로 살펴보고자 한다.

먼저, 미국자원봉사관리협회(Association for Volunteer Administration: AVA)의 여덟 가지 자원봉사관리자 윤리원칙은 아래와 같다.

자원봉사철학	자원봉사 관리자는 자원봉사 프로그램을 개발함에 있어서 다른 사람과 함께 일하는 것을 기반으로 자원봉사자가 자원봉사에 대한 일관된 철학을 개발하도록 윤리적 책임을 진다.
인간의 존엄성	자원봉사 관리자는 관계된 모든 사람들의 인간 존엄성을 증진시키는 자원봉사 프로그램 개발에 윤리적 책임을 진다.
상호 호혜성	자원봉사 관리자는 어떤 자원봉사 활동에서도 관련된 모든 사람들의 고유한 상호이익에 대한 이해와 그 실현을 증진시키는 윤리적 책임을 진다.
자주성	자원봉사 관리자는 영향을 받는 당사자가 의사 결정 과정에의 참여를 증진시키는 윤리적 책임을 진다.
사적비밀 (사생활)	자원봉사 관리자는 개인의 사적 비밀(사생활)과 내밀하게 받은 정보를 존중하고 지켜볼 윤리적 책임을 진다.
직원과의 관계	자원봉사 관리자는 모든 직업적 전문가들과 기타 유급 직원들의 업무를 확대 강화하는 자원봉사 프로그램 개발의 책임을 진다.
사회적 책임	자원봉사 관리자는 사회 분위기, 즉 인간의 욕구가 충족되고 인간의 가치가 증진되는 그러한 분위기 창출의 윤리적 책임을 진다.
직업전문가로서의 책임	자원봉사 관리자는 자원봉사자들에게 직업 전문가로서의 신용을 얻는 데 윤리적 책임을 진다.

출처: 한국자원봉사협의회 내 자원봉사관리자 교육과정 홈페이지(www.vkoreaedu.or.kr).

우리나라에서는 한국자원봉사관리협회(現 자원봉사이음)가 2015년 11월 5일 '자원봉사관리자(활동가) 윤리강령'을 선포하였다. 이 당시 선포된 윤리강령은 전문과 여섯 개의 기본원칙, 그리고 세 개의 기준(자원봉사자에 대한 윤리기준, 조직에 대한 윤리기준, 사회에 대한 윤리기준), 그리고 자원봉사관리자 윤리위원회 구성과 운영에 대한 내용으로 구성되어 있다. 이후 '자원봉사이음'은 2018년 10월 '자원봉사관리자 윤리강령 개정 및 자원봉사관리자 윤리지침 제정을 위한 포럼'을 개최하고 윤리강령의 개정(안)을 제시하였다.

본서에서는 2015년에 제정되어 선포된 윤리강령 중 기본원칙만 소개하겠다. 자세한 내용은 본서의 부록을 참조하기 바란다.

자원봉사관리자 윤리강령의 기본원칙은 다음과 같다.

- 인간의 존엄성을 존중하고 향상하기 위해 최선을 다한다.
- 자원봉사활동에 관련된 사람과 조직의 요구를 존중하며 이를 실현하고자 노력한다.
- 자원봉사활동에 관련된 모든 사람들의 종교, 인종, 성, 연령, 국적, 결혼상태, 성 취향, 경제적 지위, 정치적 신념, 장애 등을 이유로 차별하지 않는다.
- 전문가로서의 품위와 자질을 유지하고 자신의 업무에 책임을 진다.
- 전문적인 지식과 지위를 이용하여 어떠한 사적인 이익도 취하지 않는다.
- 개인의 사생활을 존중하며 모든 형태의 사적인 정보를 보호한다.

9장

자원봉사활동의 관리체계 II

9장의 관리체계 Ⅱ에서는 자원봉사 관리의 구성요소를 살펴보고자 한다. 자원봉사 관리 과정에 대한 구분은 실제 자원봉사를 관리하는 현장이나 기관의 상황에 따라 중복되고 생략될 수 있으므로 상대적 구분으로 이해할 필요가 있다. 자원봉사 관리에 가장 대표적이며 일반적으로 알려진 자원봉사 관리모형은 '보편주의적 자원봉사 관리모형(Universalistic Volunteer Management)'이다(김소희, 정진경, 2018: 90). 따라서 본서에서는 보편주의적 자원봉사 관리모형에 대해 살펴보고자 하며, 세부적인 내용은 조휘일(1990)이 제시한 과정에 따라 구분하여 설명하고자 한다.

1. 자원봉사 프로그램 개발 및 직무설계

1) 자원봉사 프로그램 개발

사회복지사는 좋은 프로그램을 만들 줄 알아야 하는데, 좋은 프로그램을 만들기 위해서 우리는 어떤 구체적인 활동을 실행하기 전에 그 일에 대한 일련의 계획을 만들어가는 과정을 경험하게 된다. 이것이 바로 기획(Planning)이다. 또한 기획은 개발(development)이라는 용어와 비슷하게 사용되는데, 차이점은 기획에 비해 개발은 단순히 프로그램에 관한 아이디어를 구상해 보는 수준을 넘어 프로그램의 필요성, 목적과 목표, 내용, 예산, 평가방법 등과 같은 전반적인 내용을 확정한 것으로 볼 수 있다. 그러나 이러한 구분은 단지 개념적 차이를 이해하기 위한 구분일 뿐이며, 실제 사회복지 현장에서는 이 용어들을 명확히 구분해서 사용하지는 않는다(조성우 외, 2018: 29).

(1) 자원봉사 프로그램의 개념

프로그램이란 용어의 사전적인 의미는 목록, 순서, 예정계획이란 뜻이다. 이에,

프로그램은 의도된 계획에 따라 구체적인 목표를 달성함으로써 지역사회의 문제와 욕구를 해결하기 위한 활동들의 집합체라고 할 수 있다. 이와 같은 맥락에서 자원봉사 프로그램은 '자원봉사자들의 참여를 통해 지역사회의 문제와 욕구를 해결하기 위한 체계적이고 구체적인 활동들의 집합체'로 이해할 수 있으며, 이는 지역의 문제를 반영한 기획에서부터 자원봉사자 모집, 교육, 지도, 평가 등 일련의 조직적 과정을 포함하는 활동이다(박태영 외, 2016: 227). 이러한 자원봉사 프로그램은 사회문제해결뿐만 아니라 봉사대상자와 자원봉사자 모두 삶의 질의 향상을 도모함과 동시에 더불어 살아가는 공동체를 만들어 가는 데 도움을 줄 것이다.

(2) 자원봉사 프로그램 개발 시 고려사항

자원봉사활동이 자원봉사자에게 도움이 되는 활동이 되기 위해서는 자원봉사자의 특성에 맞는 다양하고 합리적인 내용으로 구성된 자원봉사 프로그램 개발이 필요하다. 이에, 자원봉사 프로그램 개발 시 고려해야 할 사항을 제시하면 다음과 같다(박태영 외, 2016: 227-228).

첫째, 자원봉사 프로그램은 자원봉사의 가치를 실현할 수 있어야 한다. 자원봉사 프로그램의 대상, 내용, 방법 등은 해당 특성에 맞게 다양하게 개발될 수 있지만 자원봉사의 가치를 실현한다는 전제를 간과해서는 안 된다.

둘째, 자원봉사 프로그램은 자원봉사자의 참여로 이루어진다. 따라서 자원봉사자를 주요 참여대상으로 인식하고 목표나 대상자 선정 등 모든 프로그램의 개발과정에서 고려해야 한다. 이에, 자원봉사자의 참여와 자발적인 토의과정 및 의사결정을 존중하는 과정을 거쳐서 수행될 필요가 있다. 자원봉사자를 고려한다는 것은 결국 자원봉사자의 동기와 욕구에 맞게 설계될 것이며, 자원봉사자들은 프로그램 참여를 통해 만족감을 얻을 수 있을 것이다.

셋째, 자원봉사 프로그램은 문제를 해결하거나 욕구에 부응하는 결과뿐만 아니라 그 과정 자체가 큰 의미를 갖는다는 것을 자원봉사 관리자는 고려해서 프로그램을 개발해야 한다(예: 청소년의 경우 봉사활동을 통해 학습을 경험).

자원봉사 관리자는 위에서 설명한 사항들을 고려하면서 효과적인 자원봉사 프로그램 개발을 위해 아래 사전 점검사항들을 체크해 볼 필요가 있다(염동문 외, 2017: 98-99).

① 자원봉사 프로그램으로 무엇을 얻고자 하는가?
② 자원봉사 프로그램을 기획하고 운영하는 것에 대해 이사회 등 상급관리자는 얼마나 이해하고 있고, 그에 따른 책임감을 갖고 있는가?
③ 자원봉사자에 대한 직원의 태도는 어떠한가?
④ 직원들이 자원봉사자와 함께 일하는 것에 동기화되어 있고 도움을 주고받을 수 있는가?
⑤ 필요시 직원들이 자원봉사자의 업무를 규정하고 교육, 지도·감독할 수 있는 사명감이 있는가?
⑥ 기관은 자원봉사자들을 모집할 수 있는 잠재력이 있는가?
⑦ 자원봉사자에게 적합한 교육 프로그램을 제공할 수 있는가?
⑧ 기관은 자원봉사에 관한 정책이 있거나 또는 정책을 만들기 위한 의지가 있는가?

즉, 위 여덟 가지의 점검사항들은 결국 "왜 기관이 자원봉사자들의 개입을 필요로 하는가?"에 대한 명확한 근거가 있는지와 이를 토대로 "자원봉사 프로그램의 필요성과 목적에 대해 직원들이 이해하고 있는가?"로 정리할 수 있겠다. 이 두 가지 질문에 답을 할 수 있다면, 자원봉사 프로그램 실행의 당위성을 설정할 수 있고, 설정된 당위성으로 직원들의 참여를 촉진시킬 수가 있다. 직원들의 적극적인 자원봉사 프로그램 참여는 추후 자원봉사자의 유지관리 부분에서도 많은 도움을 받을 수 있는 이점이 있다.

(3) 자원봉사 프로그램 개발과정

프로그램 개발은 문제발견과 욕구분석으로부터 시작하여 포괄적인 목적과 구체적인 목표를 조작·설정하고 이를 성취하기 위한 실행체계를 구성하는 과정을 의미한다. 여기에서는 자원봉사 프로그램 개발과정을 여덟 단계로 세분화하여 검토하고자 한다(오세영, 2011: 240-245; 김혜영 외, 2018: 163-170 참조).

① 1단계: 문제 분석

자원봉사 프로그램을 개발함에 있어서 가장 먼저 해야 할 일은 문제를 발견하고 원인을 규명하는 것이다. 문제 분석은 궁극적으로 사회적 개입이 필요한 부분을 확인해 내는 작업으로 정확한 문제의 인식에서부터 프로그램의 개발이 시작된다고 해도 과언이 아니기 때문에 매우 중요하다.

② 2단계: 욕구조사

욕구조사를 통해 개인, 집단, 지역사회가 가지고 있는 사회문제나 필요한 욕구의 범위와 수준을 파악할 수 있다. 프로그램 대상자의 욕구조사가 제대로 이루어져야 프로그램의 목적과 목표가 일관성 있게 바람직한 방향으로 설정될 수 있으며, 이는 프로그램 개발에 가장 기본적으로 요구되는 단계이다.

일반적인 욕구조사 방법(자료수집 방법)은 다음 〈표 9-1〉과 같다.

〈표 9-1〉 욕구조사의 자료수집 방법

구분	개념	방법	
		양적 연구	질적 연구
1. 직접관찰	**개념**: 대상 집단에게 직접 물어보거나 검색을 통해 욕구를 파악하는 방법	• 설문조사 (일반집단, 표적집단)	• 지역사회 공개토론회 (공청회) 등 • 델파이(Delphi) 기법 • 관찰법 • 심층 면접법 • 비공식적 인터뷰 등

구분	개념	방법	
		양적연구	질적연구
2. 사례조사	**개념**: 알려고 하는 대상집단을 직접 상대하거나 관계를 맺고 있는 제3자를 접촉하여 증언을 듣는 등 그들의 욕구를 조사하는 방법	• 프로그램 운영자 및 서비스 제공자 조사 • 서비스 통계이용	• 공식적 인터뷰 (주요정보제공자 조사)
3. 간접증거 자료조사	**개념**: 기존의 기록이나 지표 또는 자료를 활용하거나 대상 집단을 정확히 알지는 못하지만 얼마간 관련이 있는 정보의 출처들을 이용하여 대상 집단의 욕구나 문제를 추산해 내는 방법	• 2차 자료 분석 • 사회지표 분석 • 행정자료 조사 • 비활동 자료 분석 • 공간분석(GIS)	–

출처: 오세영(2011), pp. 240-241, 김혜영 외(2018), p. 163을 토대로 수정 작성.

③ 3단계: 자원체계의 확인

자원체계의 확인이란 프로그램을 실시하기 위해서 필요한 인적 및 물적 자원이나 지식 및 기술, 사회적 환경이 어떠한가를 살펴보는 활동을 말한다.

■ 프로그램 대상자 및 대상 집단의 선정

프로그램 대상자 및 대상 집단의 선정이란 프로그램 적용대상이 누구인가를 결정하는 것을 말한다. 이것은 일반적으로 다음의 네 가지 집단으로 구분하여 파악한다.

〈표 9-2〉 프로그램 대상 구분

구분	내용
일반집단 (general population)	프로그램에 영향을 미칠 대상가능 인구로서 봉사대상자가 속한 관할지역 또는 행정구역 내에 있는 모든 사람들
위험집단 (at-risk population)	일반집단 중 문제나 욕구를 가지고 있다고 추정되는 잠재집단을 지칭한다. 즉, 일반집단 중에서 프로그램이 겨냥하고 있는 사회문제에 직접적으로 관련되어 있어, 특정의 개입을 필요로 하는 집단
표적집단 (target population)	위험집단 중 문제나 욕구가 드러나 있는 집단으로서 우선적인 서비스 제공이 필요한 집단
봉사대상자 집단 (client population)	표적 집단 중 실제 프로그램에 참여하는 사람 즉, 실질적인 서비스를 받을 수 있는 집단

■ 인적·물적 자원의 검토

자원봉사 프로그램이 지속 가능하고 성공적으로 실행되기 위해서는 자원봉사활동에 참여하는 봉사자의 지식, 경험, 태도, 능력 등과 시설 및 장소·장비 등이 지원될 수 있는지 구체적인 검토가 필요하다. 예를 들어, 치매어르신의 인지능력 향상을 위한 미술교실 프로그램 진행 시 자원봉사자들이 치매노인의 특성을 잘 모르고 참여해서 프로그램의 효과성이 떨어질 수도 있다. 이에, 조직의 특성, 예산 규모, 인력의 점검 등을 통해 프로그램 실행과 어떻게 연결할 것인지 구체적인 검토는 반드시 필요하다.

④ 4단계: 목적 및 목표설정

프로그램 개발과정에서 네 번째로 중요한 단계는 목적(purpose)과 목표(objectives)를 설정하는 단계이다. 목적은 어떤 활동의 주체가 달성하고자 하는 바람직한 미래의 상태를 거시적, 포괄적, 추상적, 장기적으로 표현하는 것을 말하고, 목표는 목적보다 미시적, 부분적, 구체적, 단기적인 방향으로 목적을 달성하기 위해 세분화되는 것을 말한다. 일반적으로 하나의 프로그램의 목적에 대해서 다수의 목표를 갖는 것이 보통이고, 각각의 목표 아래 더욱 세부적이고 구체적인 하위목표가 설정될 수도 있다.

일반적으로 이상적인 세부 목표설정의 원칙으로 SMART 원칙이 제시된다. 즉, 세부목표는 Specific(구체적으로 명료하게), Measurable(측정 가능하게), Attainable(성취 가능하게), Result-oriented(결과 지향적으로), Time-bounded(시간 제한적으로)의 틀 속에서 제시되어야 한다는 것이다.

⑤ 5단계: 자료수집과 방안 설정

목표가 설정되고 나면 그와 관련된 자료를 수집하고 적절한 대안을 설정해야 한다. 먼저, 프로그램 관리자가 설정한 대상 집단이나 대상문제에 대해 지역사회의 다른 사회복지기관이나 비영리조직들에서 실시하고 있는 프로그램이 있는가,

그리고 자체기관과 타 기관 및 시설의 유사한 경험이나 프로그램, 외국의 실례 등을 조사해 보는 것이다. 자료조사의 방법으로는 해당 기관을 방문하거나 관계자들을 초청하여 내용을 듣거나, 현장답사, 기관 전화, 영화나 비디오를 관람하는 것, 인터넷 검색 등 여러 가지 방법이 있을 수 있다.

관련 자료들을 수집한 후, 프로그램의 목적과 목표에 부합하는 다양한 서비스 활동을 선택해야 한다. 그 다음으로 제한된 서비스의 우선순위를 선정해야 하는데, 이것은 이용자에게 가장 도움이 되는 서비스이거나, 많은 자원이 소요되는 서비스와 적은 자원이 소요되는 서비스, 목적과 목표 달성에 가장 바람직한 서비스들을 순위를 매겨 결정하는 것을 의미한다.

마지막으로 대안선택, 즉 제안된 서비스 혹은 세부 프로그램을 선택하는데, 그것은 우선순위 비교와 자원동원 가능성에 따라 결정되며, 우선순위는 적합성과 실행 가능성 여부에 의해서 비교·결정된다(신복기 외, 2005: 417–420).

대안(프로그램)을 선정할 때 고려해야 할 사항은 다음과 같다(조성우 외, 2018: 106–107).

① 목적과 목표를 달성하는 데에 부합하는가?
  – 프로그램 활동은 첫째도, 둘째도, 목표달성과 관련되어야 함

② 현실적으로 실행 가능한가?
  – 지역사회 차원: 인구현황, 사회경제적 수준, 지역특성
  – 기관 차원: 예산의 확보, 활용인력
  – 봉사대상자 차원: 봉사대상자 모집 및 접근성, 낙인감 고려 등

③ 봉사대상자 특성을 고려하였는가?
  – 연령, 성별, 신체적·정신적 능력 등

⑥ 6단계: 실행 계획의 수립

관련 자료가 수집되고 우선순위에 의해 대안서비스들이 설정되고 나면 이를 달성하기 위한 구체적인 실행계획이 수립되어야 한다. 실행계획의 수립은 선택된 대

안 서비스들이 구체적으로 작성되는 과정이라고 할 수 있다. 실행계획을 수립하기 위해 구체적으로 해야 할 일들을 선정하고 할 수 있는 범위를 단계적으로 정하여 목적, 목표, 프로그램을 기술한 기본계획 및 활동시간, 장소, 예산, 업무분담 등 구체적인 실행방안을 기술한 실행계획서를 만들어야 한다(신복기 외, 2005: 421).

그 다음으로 예산체계를 마련한다. 프로그램 예산 수립은 재정계획을 세우고 재원을 조달하여 여러 가지 목적에 따라 할당하는 과정을 말한다. 즉, 프로그램을 구상할 때, 그 프로그램의 수행을 뒷받침할 재정 상태를 검토하고, 계획된 프로그램에 재원이 충분히 제공될 수 있는지를 평가하는 재정계획을 수립한 후, 계획된 재정을 조달할 수 있는 방안을 마련하는 재원 조달의 과정을 거쳐 적절하게 할당하는 과정을 포함한다.

⑦ 7단계: 프로그램의 실행

프로그램 실행이란 수립된 실행계획을 실시하는 것을 말한다. 프로그램을 실행하면서 특히 유의할 것은 프로그램 계획에 지나치게 얽매여서 목표 전치가 발생하지 않도록 해야 한다. 프로그램은 효율적이고 효과적인 서비스를 제공하기 위한 도구이지 그 자체가 목적은 아니다. 따라서 프로그램 실행에는 탄력적으로 운영을 할 수 있는 융통성이 필요한 것이며, 때로는 목적 달성을 위하여 프로그램의 실행계획이 수정될 수도 있다.

⑧ 8단계: 프로그램 평가

프로그램 평가단계는 자원봉사 프로그램 개발의 마지막 단계로서 프로그램의 계획과 실행결과를 비교하여 프로그램 개발의 결과를 알고 그 의미를 부여하는 과정이다. 자원봉사 프로그램의 평가는 자원봉사 프로그램을 실행하는 데 있어서 책임감을 강조하고 프로그램의 기획이나 운영과정에 필요한 정보를 제공하기 위해서 필요하다.

일반적으로 사회복지 분야에서의 평가기준은 다양한데, 평가연구에서 공통적으로 제시되거나 활용빈도가 비교적 높다고 판단되는 기준들은 노력성(effort), 효과성(effectiveness), 효율성(efficiency), 서비스 질(quality), 봉사대상자의 만족도, 과정(process), 영향(impact) 등이다.

〈표 9-3〉 자원봉사 프로그램 개발을 위한 워크시트

<table>
<tr><td rowspan="3">욕구
조사</td><td>지역사회의 욕구</td><td></td></tr>
<tr><td>봉사자들의 욕구</td><td></td></tr>
<tr><td>기관의 욕구</td><td></td></tr>
<tr><td colspan="2">대상 설정 및
접근방법 아이디어</td><td></td></tr>
<tr><td rowspan="5">전략
수립</td><td>목 적</td><td></td></tr>
<tr><td>목 표</td><td></td></tr>
<tr><td>사업개요</td><td></td></tr>
<tr><td>세부추정
사업내용</td><td></td></tr>
<tr><td>소요예산</td><td></td></tr>
<tr><td>자원봉사자
모집</td><td>실행에 필요한
준비용품 파악</td><td></td></tr>
<tr><td rowspan="3">프로
그램
실행</td><td>자원봉사자 교육</td><td></td></tr>
<tr><td>배치방법</td><td></td></tr>
<tr><td>실행과정 시
유의사항</td><td></td></tr>
<tr><td rowspan="3">평가</td><td>준비평가</td><td></td></tr>
<tr><td>과정평가</td><td></td></tr>
<tr><td>결과평가</td><td></td></tr>
</table>

출처: 김현옥 외(2008), p. 55.

2) 자원봉사 직무설계

(1) 직무설계의 필요성 및 기본 요소

① 직무설계의 필요성

자원봉사 프로그램 개발이 완료되면, 자원봉사관리자는 그 프로그램에 투입될 자원봉사자를 확보하는 데 주력하게 된다. 이때, 자원봉사관리자는 효과적인 자원봉사 프로그램을 관리(인력관리, 프로그램 내용관리, 직원의 협조체제 구축 등)하기 위해 자원봉사자가 해야 할 업무를 세부적으로 설계한다. 직무설계의 필요성을 좀 더 구체적으로 살펴보면 다음과 같다(김범수 외, 2017: 102).

- 자원봉사자의 의무에 대한 설명을 통해 직원과 자원봉사자의 역할을 명확히 하여 서로 간의 역할 이해를 도울 수 있다.
- 해당 업무가 어떤 자격과 기술, 책임, 활동 시간을 필요로 하며, 그 직무에 배치된 사람이 어떤 자격요건을 갖추어야 하는지를 알려 준다.
- 업무의 명확한 제시로 자원봉사자가 맡게 될 업무가 자신의 동기에 적합한 일인가를 판단할 수 있게 한다.
- 누가, 무엇을, 누구에게, 언제까지, 얼마 동안 해야 하는지를 명확하게 함으로써 자원봉사자 지도감독 활동의 기초가 된다.

② 효과적인 직무설계를 위한 기본 요소

자원봉사자를 위한 직무설계를 할 때는 자원봉사자의 능력과 자원봉사자들의 동기를 유지시키고 높여줄 수 있는 방안들이 고려되어 설계되어야 한다. 즉, 아래와 같은 사항들이 반영되어야 한다(염동문 외, 2017: 104-105: 이만식 외, 2017: 127-135).

• 주인의식

자원봉사자 스스로 책임지고 통제할 수 있는 독립된 역할, 즉 자원봉사 프로그램을 제공하고 이를 통해 자부심을 갖게 한다. 하지만 팀워크를 무시해도 된다는 뜻은 아니다.

• 생각할 권한(사고 권한, 독자적 사고의 권위)/ 의사결정 참여권

주인의식을 부여하여 자신(들)의 일을 계획하고 평가하고 실행하는 과정에 참여하고 생각할 수 있는 권한을 주는 것이다. 여기에서 권한은 계획, 조직, 결정, 평가하는 것을 말한다.

• 결과에 대한 책임의식

직무설계를 통해 자원봉사자들이 단순히 내용을 실행하는 것이 아니라 기관의 사명과 프로그램 결과에 대한 직접적인 책임을 갖게 하도록 하는 것이다. 결과에 대한 책임은 활동 자체보다 결과에 초점을 두고 목적을 달성하도록 격려하는 것을 말한다.

• 실적평가(성과 측정)

자원봉사자의 업적과 활동을 평가하기 위해 측정하는 일이다. 측정방법을 분명하게 명시해서 자원봉사자자 자신이 기여한 가치를 평가할 수 있도록 한다. 이때 평가도구를 마련하여 활용하게 하면 유용하다.

• 직무기술서와 직무명세서

직무설계의 필요성에 의해 직무기술서와 직무명세서가 작성된다. 직무기술서(job description)는 직위기술서(position description) 또는 직무해설서라고도 하며, 직무분석의 결과에 의하여 작성되는 직무에 대한 설명이다. 직무기술서에는 직무표지, 직무개요, 직무내용 및 요건 등 직무 전반에 대한 사항이 기술된다. 직

무 표지란에는 직무의 명칭, 부서, 부호 등이 기록되고, 직무 개요란에는 직무의 목적과 내용이 기록된다. 직무 내용란에는 직무수행방법, 수행기간, 관계 활동 사항 등이 상세히 기재되며, 직무 요건란에는 숙련과 기술요건, 노력요건, 책임요건, 인적 자원요건 등이 기재된다.

한편, 직무명세서(job specification)는 직무기술서의 내용 중에서 직무요건 내지는 자격요건만을 분리하여 구체적으로 작성한 문서로서, 직무요건 중에서도 특히 성공적인 직무수행을 위해 필요한 인적 요건을 중심으로 기술한 것이다. 따라서 직무기술서에 인적 요건까지를 구체적으로 나타낸 경우에는 직무명세는 작성할 필요성이 없다.

(2) 직무설계의 구성

직무설계는 자원봉사를 수행하는 자원봉사자에게 의미와 만족을 부여하기 위해 필요한 직무의 내용, 방법, 관계를 구체적으로 설계하는 활동이다. 자원봉사자의 참여 동기를 높일 수 있게 작성된 직무명세서는 자원봉사자 모집 시에도 상당히 효과적이다. 또한 직무설계를 통해 작성된 직무명세서는 자원봉사자와 조직의 욕구를 충족시켜주기 위한 목적도 있다. 이에, 자원봉사자가 일을 시작한 후 더 나은 업무수행을 위해 직무명세서의 수정을 요구할 수 있으며, 이때 자원봉사 관리자는 프로그램의 목적달성에 부합한다면 얼마든지 수정할 수도 있다.

직무명세서는 직무 명칭, 목적과 목표, 책임, 자격, 활동 시간 및 장소, 교육, 지도감독자, 혜택, 평가, 준수사항, 해고조건 등의 다양한 요소로 이루어질 수 있고, 기관과 프로그램의 특성상 구성 요소는 얼마든지 자유롭게 구성할 수 있다.

〈표 9-4〉 자원봉사 직무명세서 서식 샘플

프로그램 명	
프로그램 목적	
프로그램 목표	
활동내용(책임)	
필요자격	
필요기술	
활동시간	
활동기간	
활동장소	
지도감독자 (슈퍼바이저)	
훈련과 감독	
평가	
혜택	
업무 주요지침 (준수사항)	
해고조건	
담당자 및 연락처	
서명 ____________________(자원봉사자) ____________________(슈퍼바이저)	

출처: 이만식 외(2010), p. 250, 김범수 외(2017), pp. 106-110을 토대로 수정 작성.

2. 자원봉사자 모집 및 면접 그리고 배치

자원봉사 프로그램 개발 후 그에 따른 자원봉사자 직무설계가 끝났다면 이를 근거로 구체적인 자원봉사자 모집계획을 수립할 수 있다.

1) 모집

(1) 모집의 정의

모집(recruitment)은 기관이나 조직이 자원봉사자가 될 수 있는 잠재적 역량을 갖는 사람들을 찾아내는 과정이다. 이는 자원봉사활동에 참여하고자 하는 자원봉사자의 욕구를 찾아내는 일이기도 하다. 따라서 단순한 인력의 모집이 아니라 자원봉사 프로그램이나 업무에 가장 적합한 인적 자원을 발굴하는 것이기도 하다(볼런티어 21, 2004: 87).

모집은 신중하게 계획되어야 하는데, 효과적인 모집을 위해서는 왜 자원봉사가 필요하며, 어느 정도 규모의 자원봉사자와 어떤 자질과 특징을 가진 사람들을 필요로 하는지, 어떤 가치를 가지고, 어떤 종류의 활동에 자원봉사자가 참여하여 도움을 제공하게 될지 등등에 대하여 생각하면서 자원봉사자를 모집해야 한다(현외성, 2011: 128).

자원봉사자들을 모집할 수 있는 최상의 장소(출처)가 결정되고 모집할 최적의 시기, 능동적 참여의 동기를 할 수 있는 메시지의 준비 그리고 그들이 가장 쉬운 방법으로 등록할 수 있는 절차의 확립 등이 이루어져야 한다(조휘일, 1996: 35-36).

(2) 모집과정

일반적인 모집과정은 다음 여섯 단계로 설명될 수 있다.

〈표 9-5〉 자원봉사자 모집과정

단계	내용(질문을 통한 점검)
1단계 모집계획 수립	• 어떤 분야에서 활동할 자원봉사자를 언제까지 몇 명을 모집하기를 원하는가?
2단계 모집대상 설정	• 어디에서 그들을 찾을 수 있으며 만날 수 있는가?
3단계 홍보수단 설정	• 선택한 모집방법이 우리가 모집하고자 하는 대상층에게 설득력이 있는가?
4단계 홍보자료 제작	• 그들에게 무엇을 말해야 하나? • 어떻게 메시지를 구성해야 효과적일 수 있는가? • 지역사회의 요구, 활동내용, 혜택 중 어떤 부분을 어떻게 강조하고 대상층별로 어떤 동기에 맞게 메시지를 조정할 수 있는가?
5단계 모집활동 수행	• 어디서, 어떻게, 몇 번의 홍보활동을 할 것인가? • 누가 모집을 해야 하나? • 모집과정 각각에서 누가 어떤 역할을 담당할 것인가? • 모집활동에 참가할 모든 사람들이 자신들의 역할을 이해하는가?
6단계 평가 및 조정	• 모집계획의 효과성을 어떻게 평가할 것인가? • 중간결과, 최종결과, 자원봉사자 조정 등 모집 전반에 대한 점검 계획은 무엇인가? • 마케팅 전략을 포함하고 있는가? • 추후 반영할 사항은 무엇인가?

출처: 박태영 외(2016), pp. 261–262를 토대로 수정 작성.

(3) 모집의 유형

모집 프로그램에는 다수모집, 표적모집, 동심원모집, 연계성 모집과 같이 네 가지 유형이 있을 수 있다(김범수 외, 2007: 100–101).

첫째, 다수모집(warm body recruitment)은 일반적인 모집으로 특별한 기술이 필요하지 않거나 제한된 시간 안에 배울 수 있어서 대부분의 사람에 의해 수행될 수 있는 활동을 위해 모집하고자 할 때 효과적이다. 이 방법은 단기간의 단순한 일에 많은 자원봉사자를 찾고자 할 때 특히 효과적이며, 자원봉사 프로그램에 관한 메시지를 가능한 한 많은 사람들이 접할 수 있게 한다. 다수모집을 하기 위한 방법에는 ① 모집 브로셔와 포스터를 사람들이 많이 모이는 장소에 배포하는 방법, ② 신문, 라디오, TV 같은 대중매체와 PC 통신과 인터넷을 이용하는 방법,

③ 반상회, 부녀회, 로터리클럽 같은 지역사회 단체 등과 접촉하는 방법 등이 있다. 단점은 경비가 많이 소요될 수 있다.

둘째, 표적모집(target recruitment)은 누가 업무를 수행했으면 좋을지를 구체적으로 결정하여 대상자를 찾아내는 방법이다. 표적모집은 특별한 기술을 가진 자원봉사자를 모집할 때 효과적이며, 어떤 심리적인 특성을 가진 자원봉사자를 모집할 때도 효과적일 수 있다. 표적 대상자들에 따라 그들을 찾아낼 수 있는 장소는 달라진다. 예를 들어, 십 대들을 찾기 원한다면 학교 앞에서 홍보지를 돌리고, 잠재적인 자원봉사자가 특정 지역에 산다면 집집마다 방문해야 할 것이다. 집단에 따라 준비된 연설이 필요하거나 일상적인 대화가 필요하다. 대중매체를 사용한다면 청취자, 시청자, 독자의 특성에 따라 어떤 매체를 사용할지를 선택할 필요가 있다.

이만식 등(2017: 150-171)은 효과적인 표적모집을 위한 준비과정을 여덟 가지로 소개하고 있다.

① 자원봉사자가 수행할 직무는 무엇인가?

잠재적인 자원봉사자의 관심을 이끌어 낼 수 있는 가장 중요한 요소는 자원봉사자가 수행할 직무 그 자체이다. 때문에 모집 전 어떠한 활동을 위한 자원봉사자 모집인지 명확한 이해가 필요하다.

② 그 직무에 관심이 있는 잠재적 자원봉사자는 누구인가?

즉, 찾고자 하는 자원봉사자는 어떤 집단인지 검토할 필요가 있다. 예를 들어 청년, 중년, 노년 집단이 모두 필요한 경우라면 단순히 한 연령집단을 선택하기보다는 각 연령집단을 대상으로 차별화된 모집 전략과 메시지로 자원봉사자 모집 캠페인을 특화할 필요가 있다.

③ 잠재적 자원봉사자를 어디에서 찾을 수 있는가?

'누구를 모집할 것인가?'를 결정한 후에는 '그들을 어디서 찾을 것인가?'를 결정해야 한다. 이를 위해서는 찾고자 하는 자원봉사자 집단이 주로 활동하는 장소를 확인한다.

④ 잠재적인 자원봉사자와 어떻게 대화를 시작할 것인가?

이 단계에서는 '그들에게 모집 메시지를 어떻게 전달할 것인가?'에 대한 고민이 필요하다. 이때 사용될 수 있는 방법은 한 방향(one-way) 의사소통과 양 방향(two-way) 의사소통 방법이다. 예를 들어 한 방향 의사소통방법으로는 포스터나 신문광고 등을 활용할 수 있고, 양 방향 의사소통방법으로는 잠재적 자원봉사자들이 질문하면 이에 대해 답변할 수 있는 방법을 기획하여 활용할 수 있다.

⑤ 잠재적 자원봉사자들의 자원봉사활동 참여 동기(욕구)는 무엇인가?

자원봉사활동 참여자들은 개인에 따라 다양한 동기를 가지고 참여하게 된다. 이에, 모집의 목표집단(target groups)이 설정되면 그 집단의 각 개인에게 가장 중요한 욕구가 무엇인지 추정 후 그 욕구에 직접적으로 호소할 수 있는 메시지를 전달해야 한다.

⑥ 잠재적인 자원봉사자에게 무슨 말을 해야 하는가?

모집 안내문에 구체적으로 어떤 메시지를 담을 것인지에 대한 고민이 필요하다. 효과적인 모집 메시지를 위해서는 다음 세 가지를 포함시킨다. 먼저 자원봉사활동 참여 필요성과 그 당위성에 대한 내용이다. 다음으로는 참여하는 자원봉사자의 업무에 대한 내용이고, 마지막으로 자원봉사자 자신의 참여 동기 충족 확신에 대한 내용이다. 즉, 잠재적인 자원봉사자들에게 왜 이러한 활동이 필요한지 설명하고(필요성과 당위성), 그 문제를 해결하기 위해 어떠한 활동을 할 수 있는지 보여주고(업무), 그 과정에서 자원봉사자들이 무엇을 얻을 수 있는지(욕구 충족 및 활동에 따른 혜택)를 메시지에 담아내는 것이다.

⑦ 누가 모집 업무를 담당할 것인가?

자원봉사자 모집은 자원봉사 관리자에 의해서만 수행되는 일이 아니기 때문에 여기에 주도적으로 참여할 자원은 누구인지에 대한 고민이 필요하다. 예를 들면 기관의 직원들이 주도적으로 자원봉사자를 모집할 수도 있고, 기관장, 이사, 그리고 기존의 자원봉사자 집단 등이 될 수도 있다.

⑧ 모집 담당자가 해야 할 일은 무엇인가?

자원봉사자들을 모집할 주요 모집 담당자(또는 집단)가 정해지면 모집 과정에서의 역할, 모집 메시지 등에 대한 훈련을 통하여 자신들이 수행해야 할 일에 대해 숙지하도록 한다.

셋째, 동심원 모집(concentric recruitment)은 연못에 돌을 하나 던졌을 때 그 돌이 던져진 곳을 중심으로 물결이 밖으로 퍼져 나가는 것처럼 기관과 관련을 맺고 있는 사람들을 시작으로 밖으로 확산해 나가 자원봉사자를 모집해 나가는 방법이다. 동심원을 형성할 이상적인 집단에는 현 자원봉사자, 자원봉사자의 친구나 친척, 자원봉사자 대상자 및 그들의 친구, 직원, 후원자, 지역사회주민들이 있다.

넷째, 연계성 모집(ambient recruitment)은 자아정체감과 연계성이 강한 사람들이나 집단으로 이루어진 닫힌 체계들에서의 모집방법이다. 닫힌 체계의 예로는 학교, 회사, 전문 직업, 교회 신도들, 이웃, 군사 기지 등이 있다. 연계성 모집 캠페인에는 세 단계가 있는데, 첫 번째 단계는 참여문화를 형성하는 것이고, 두 번째 단계는 그 가치에 대해 공동체나 그룹의 구성원들을 교육시키는 것이며, 마지막 단계는 지지집단을 형성하는 것이다.

(4) 모집의 기본 원칙

자원봉사조직에서 자원봉사자만 많이 모집할 수 있으면 모든 문제를 다 해결할 수 있다고 생각하는 것은 위험한 발상이다. 자원봉사자를 모집할 때는 고려해야 할 기본 원칙이 존재한다. 예컨대, 이만식 등(2010: 154)은 자원봉사자 모집에 대한 원칙을 다음 두 가지로 제시하고 있다.

첫째, 자원봉사자의 다양한 잠재적 활용 가능성에 대해서 유연성을 가지고 폭

넓게 사고하라. 하지만 그러한 자원봉사자를 모집하기 위한 메시지와 방법에 대해서는 치밀하고 좁게 생각하라.

둘째, 자원봉사자를 위한 좋은 업무를 준비하라. 하지만 이러한 업무를 수행하는 데 요구되는 구체적인 일과 일정은 항상 유연하게 하라.

아울러 모집은 자원봉사 관리자와 자원봉사자 사이의 관계 전반에 있어서 이루어지는 지속적인 과정이라는 사실을 기억해야 한다는 점이 강조된다. 실제로 자원봉사자들이 자원봉사활동을 위해 기관에 나타날 때마다 그들을 다시 모집한다는 식의 사고 전환이 필요하며, 그들이 기관에 남아서 의미 있는 시간을 보내고, 원하는 봉사에 전념할 수 있도록 지속적으로 동기 부여의 기회를 제공해야 할 것이다(이만식 외, 2010: 155).

2) 면접

모집활동을 통하여 응모한 지원자 중 다양한 기법을 적용하여 조직이나 직무에 적합한 지원자를 채택하고 부적격한 지원자를 거부하는 조직적 활동이 바로 선발이다. 선발과정 자체가 자원봉사자의 채용 여부를 결정하기 때문에 인적자원 확보활동의 중심적인 역할을 하며, 이를 위해서는 직무분석에 의하여 직무내용이 명확해야 한다.

기관이 자원봉사자들의 활동으로부터 최대의 혜택을 기대하고 자원봉사자들 역시 만족을 얻게 하려면 세심한 선발과정을 계획해야 하고 그들에게 가장 잘 부합되는 업무를 부여해서 배치의 작업을 완료해야 한다. 이때에 정확한 판단을 할 수 있도록 도와주는 가장 공통적인 방법이 면접이다.

면접은 자원봉사자와 기관이 서로 간의 기대와 요구가 맞는지를 구체적으로 확인하는 과정이다. 즉, 자원봉사자와 기관은 면접을 통해 서로에 대해 생각하고 기대했던 바가 서로 잘 맞고 일치되는지를 확인하며 최종결정을 하게 된다. 다음 〈표 9-6〉과 〈표 9-7〉은 면접의 유형과 성공적인 면접을 위해 고려해야 할 전략이다(류기형 외, 2016: 185).

〈표 9-6〉 면접의 유형

구분	전화면접(상담)	서류심사	대면면접
개념	• 프로그램 참여 여부를 신청자와 자원봉사관리자가 전화상담을 통하여 결정	• 제출된 프로그램 참여신청서를 토대로 자원봉사 관리자가 프로그램 참여를 결정	• 프로그램 참여 여부를 신청자와 자원봉사관리자가 대면하여 상호 정보교환 후 참여 여부를 결정
장점	• 시간의 효율적 활용 • 업무 효율성 • 경제적	• 시간의 효율적 활용 • 신청자 정보수집 용이 및 책임성 강화 • 기록관리 용이	• 상호신뢰
단점	• 신청자의 음성에만 의존 • 신청자 책임성 약화, 참여율 저조 • 기록관리 어려움	• 신청서만 의존	• 시간적 부담 • 경제적 부담
적용 사례	• 행사지원, 사무보조, 일손돕기 등	• 대규모 행사지원활동 등	• 상담 또는 교육 활동 • 전문분야 활동 등

출처: 김혜영 외(2018), p. 185.

〈표 9-7〉 성공적인 면접을 위한 전략

구분	바른 지침	유의해야 할 점
면접을 위한 단계설정	• 정직하고 개방된 마음을 갖도록 편안하고 안정된 분위기를 선택하라. • 대화하는 동안 경험의 형태, 비언어적·신체적 동작을 주의 깊게 관찰하라.	• 피면접자로 하여금 신경 쓰이게 하거나 방해받는다고 느낄 수 있는 바쁜 환경을 피하라. • 끈질긴 질문, 오만한 질문을 함으로써 피면접자로 하여금 방어적 태도를 갖게 하는 것을 피하라.
질문을 위한 전략	• 개방형 질문을 하라. 피면접자로 하여금 몇 가지 선택이 가능할 수 있도록 그런 방법으로 질문을 하라.	• 예스나 노라는 대답이나 피면접자로 하여금 유도하는 듯한 질문은 피하라. • 더 많은 정보를 얻기 위해 무례한 행동은 피하라.
면접 과정	• 특정한 업무에 대한 설명과 프로그램의 목적을 설명하라. • 자원봉사자들과 빠른 라포를 형성하도록 이해와 관심을 보여라. • 당신이 찾고자 하는 정보가 무엇인지를 알아라.	• 면접 과정에서 서두르지 마라. • 거칠거나 위협적이거나 위압적이라고 느낄 자세를 피하라. • 무계획적이거나 융통성 없는 것을 피하라.

면접 동안 사용될 수 있는 질문의 몇 가지 예를 제시하면 다음과 같다(박용순 외, 2015: 161).

- 우리 기관에 대해 가장 궁금한 점은 무엇입니까?
- 어떻게 저희 기관 및 자원봉사활동에 대해 관심을 가지게 되었습니까?
- 자원봉사활동에 참여하고자 결정하신 이유는 무엇입니까?
- 자원봉사활동을 통해 무엇을 얻을 수 있다고 생각하십니까?
- ○○○님이 경험했던 봉사활동 중에서 가장 즐거웠던 기억과 기분 나빴던 기억은 무엇입니까?
- 혼자 혹은 그룹, 한 명의 파트너 중에서 가장 당신이 선호하는 활동형태는 어떤 것입니까? 그리고 그 이유는 무엇입니까?
- 자원봉사활동에 활용할 수 있는 기술을 가지고 있습니까? 있다면 어떤 종류입니까?
- 가장 해 보고 싶은 자원봉사활동이 있습니까? 혹은 싫어하는 활동 영역은 무엇입니까?
- ○○한 상황에 처한다면 어떻게 하실 것입니까?(특정한 자원봉사활동 상황제시)

면접관은 면접하면서 면접에 응해준 자원봉사 응시자들을 위해 다음과 같은 사항들을 주의할 필요가 있다(박태영 외, 2016: 284).

- 경청한다: 가능한 내담자의 말을 끊지 않고, 이야기에 간단한 대답으로 응수하며 말이 끝날 때까지 기다려준다.
- 비현실적인 보장이나 약속, 너무 빠른 판단은 금물이다.
- 편견과 선입견을 버린다: 목소리나 외모에서 느껴지는 선입견을 버리고, 일관되고 인내심 있는 태도로 상담한다.
- 인간적인 존중의 표시로 남녀노소를 불문하고 존댓말을 사용한다.
- 면접 응시자가 면접관을 시험하려고 하거나 사업에 대해서 구체적으로 질문

할 경우 사업 담당자를 연결해 주는 것도 좋다.

- 자원봉사관리자의 개인 신상에 대한 질문에는 답하지 않는다.
- 모든 질문은 자원봉사자의 입장에서 생각하고, 거절은 명확하고 정직하게, 그러나 주의 깊게 해야 한다.

한편, 면접은 반드시 자원봉사자를 모집할 때만 이루어지는 것은 아니다. 만약 어떤 때라도 자원봉사자 자신이 기대했던 원래 시간을 채울 수 없게 된다면, 자원봉사 관리자는 자원봉사자에게 종결면접(exit interview)을 할 수 있다는 것을 설명해야 한다. 종결면접은 관리자가 프로그램에 관한 정보를 모을 수 있는 가장 유용한 도구 중의 하나이다. 이것은 또한 자원봉사자에 대한 존중의 표현일 수 있는데, 그 이유는 경험의 종결을 하는 기회를 주기 때문이고, 만약 원래의 위임시간을 완성하기 전에 떠나야만 한다면 자원봉사자가 죄의식을 느끼지 않도록 해주기 때문이다(류기형 외, 2016: 186-187).

3) 배치

자원봉사자는 일정한 교육 및 훈련을 받은 후에 봉사활동에 배치되는 것이 바람직하다. 자원봉사자의 배치는 자원봉사자의 관심과 기술 등 제반 특성과 자원봉사 대상 및 분야의 특수성과 자원봉사 기관의 사정 등에 적절하게 맞추어 실제로 자원봉사활동을 할 수 있도록 돕는 과정이다(현외성, 2011: 157).

자원봉사자는 기관으로부터 보호받아야 할 뿐만 아니라, 기관과 자원봉사자의 욕구가 적절히 고려될 때 최상의 서비스가 행해질 수 있기 때문에 적절한 배치는 매우 중요하다(Wilson, 1976: 122; 류기형 외, 2016: 192). 반대로 적절한 배치가 이루어지지 않으면 자원봉사자는 자원봉사활동에 대한 관심과 흥미가 떨어지고 결과적으로 중도 탈락할 가능성이 높고, 결과적으로 자원봉사활동의 효과성과 효율성이 떨어지게 된다.

배치에 있어서 가장 중요한 과업 중의 하나가 자원봉사자를 적재적소에 배치하는 일이다. 이를 위해서는 먼저 직무분석을 통하여 직무의 내용을 충분히 검토하고 그 직무를 가장 잘 수행할 수 있는 지원자의 적성에 대한 평가가 이루어져야 한다. 여기서 특정 직무에 대한 지원자의 태도가 중요하다. 즉, 지원자가 그 직무를 수락할 것인가 거부할 것인가이다. 따라서 조직은 직무배치에 있어서 지원자의 성장가능성이나 현재 및 잠재적 능력이나 적성 등을 고려하여 개인의 목표와 조직의 목표가 일치할 수 있는 적재적소의 인원배치가 이루어져야 한다.

이러한 업무배치에 있어서 고려되어야 할 점은 다음과 같다(류기형 외, 2016: 193).

첫째, 자원봉사 수요기관의 조건이다. 자원봉사를 필요로 하는 기관에서 요구하는 업무내용과 조건, 기관에 대한 기본적인 이해, 이전 또는 기존의 자원봉사자 활동 현황 등을 고려해야 한다.

둘째, 자원봉사활동 집단 또는 조직에 대한 조건이다. 자원봉사자들이 개별로 활동하는 것이 아니라 팀으로 활동할 경우 활동을 함께할 집단이나 조직에 대한 충분한 정보를 제공하여야 한다. 따라서 집단이나 조직의 주요 활동, 구성원의 속성, 정기모임, 가입방법 등에 대한 정보를 알아야 한다.

셋째, 자원봉사자의 조건이다. 자원봉사자가 희망하는 활동내용은 물론 지역·시간의 한정 여부, 자원봉사자의 속성, 의식 등을 고려해야 한다. 또한 배치에 있어서는 무엇보다도 먼저 고용조건에 대한 합의와 함께 업무내용을 명확히 제시한 직무지침에 대한 설명을 해야 한다.

한편, 모집 후 선발과정을 거쳐 1차 배치된 자원봉사자라 할지라도 부적절하게 배치되어 자원봉사자에게 적절하지 않거나 봉사대상자에게 비효과적인 서비스가 제공될 때 등 다양한 요인으로 자원봉사활동의 효과성이 낮을 경우 재배치도 고려해 볼 수 있다(류기형 외, 2016: 195).

3. 자원봉사 교육

1) 교육의 종류

면접을 통해 자원봉사자가 선발되었다고 해서 곧바로 자원봉사활동에 투입되는 것은 아니다. 달리 말하면, 자원봉사활동에 필요한 준비를 갖춘 사람만이 참여가 가능한 것이다. 선발된 자원봉사자가 자원봉사활동에 투입되기 전에 반드시 오리엔테이션과 교육·훈련이 이루어져야 한다. 특히 오리엔테이션은 적합한 자원봉사자 선발 후 해당 영역에 배치하기 전에 기본적으로 받아야 하는 교육이다. 그래서 오리엔테이션은 시간적으로는 자원봉사자 배치 전에 이루어진다.

자원봉사 교육은 자원봉사자가 수행하고 있는 직무와 관련해서 필요한 지식, 기술, 행동 등에 대한 학습을 촉진시키기 위해 조직에 의해서 실행되는 계획된 노력이다. 또한 자원봉사자 교육을 통해 자원봉사의 가치에 대한 이해를 높임으로써 자원봉사자 자질을 향상시키는 것을 목적으로 한다(행정안전부, 2018b: 33). 이러한 자원봉사자 교육은 기본교육, 전문교육, 보수교육으로 구분할 수 있고 그 세부내용은 다음과 같다.

〈표 9-8〉 자원봉사자 교육 종류

과정명	주요 내용	
오리엔테이션	교육대상	자원봉사에 관심 있는 일반인, 자원봉사 경험은 있지만 기본 교육을 이수하지 않은 자원봉사자 등
	교육내용	기관 사업소개, 활동지침, 자원봉사 혜택, 교육 일정 등
	교육방식	프레젠테이션, 영상자료 등 활용
	교육시기	자원봉사단 구성 초기, 자원봉사자 면접 시 동시 진행 등

과정명	주요 내용	
기본 교육	교육대상	신규 자원봉사자를 대상으로 실시(가급적 연령별 구분)
	교육내용	자원봉사의 이해, 자원봉사자 기본 태도 및 소양, 봉사활동 진행 절차 및 주요 내용, 자원봉사 활동 프로그램, 유의사항 등
	교육방식	집체 교육, 현장방문교육(수요처, 단체 등)
	교육시기	월 1회 이상, 자원봉사자 배치 전 필요시 수시 진행
전문 교육	교육대상	전문 자원봉사활동에 관심 있는 자원봉사자
	교육내용	전문 자원봉사자 육성을 위한 봉사자 역량강화, 전문분야 발굴, 자원봉사 리더(지도자) 양성 등
	교육방식	집체 교육(외부 전문 강사 활용 가능), 위탁 교육
	교육시기	연간 최소 4회 이상
보수 교육	교육대상	연간 자원봉사 실적 30시간 이상 자원봉사자, 자원봉사단체
	교육내용	신규 자원봉사활동 영역 및 수요처 발굴, 자원봉사 우수사례 확산, 위험사례 공유, 우수 자원봉사 지역 견학 및 네트워크 형성 등
	교육방식	집체 교육, 방문교육 등
	교육시기	연간 최소 2회 이상

출처: 행정안전부(2018b), p. 34; 박태영 외(2016), p. 293에서 발췌.

이 외에도 자원봉사 관리자를 위한 실무자 교육을 진행한다. 자원봉사센터의 경우 직원은 연간 20시간 이상의 교육을 이수해야 한다. 실무자 교육의 기본 방향은 크게 3가지로 '프로그램 개발 및 교육, 상담 관련', '자원봉사센터 운영 관련', '실무자 역량강화를 위한 공통교육–자원봉사의 기본가치, 자원봉사활동 확산을 위한 네트워크 형성, 관리자 마인드 향상 등)이 해당된다(행정안전부, 2018b: 35).

2) 효과적인 교육진행을 위한 과업

자원봉사자들은 배정받은 일정한 업무를 수행하기 위해 지속적으로 교육을 받아야 한다. 효과적인 자원봉사자의 교육 수행을 위해서는 다음과 같은 과업을 수행하는 것이 필요하다(오세영, 2011: 256–257).

첫째, 교육과 관련된 욕구조사를 하는 것이 필요하다.

둘째, 자원봉사자들이 교육을 위한 준비가 되어 있는지, 즉 학습을 위한 준비가 어느 정도로 되어 있는지를 파악하면서 학습에 대한 동기 부여를 하는 것이 필요하다.

셋째, 자원봉사자의 훈련을 더욱 효과적으로 하기 위해서는 기관에서 교육 프로그램을 개발하는 것이 필요하다.

넷째, 교육 프로그램을 개발할 때에 어떠한 방법을 사용할 것인가를 검토하면서 적절한 방법을 선택하는 것이 필요하다.

다섯째, 효과적인 교육이 되게 하기 위해서는 자원봉사자들이 교육을 받은 이후에 새로운 지식과 기술 및 행동이 과업에 적절하게 반영되고 있는지를 확인하는 것이 필요하다.

여섯째, 교육프로그램이 적절하게 수행되었는지, 목표를 얼마나 달성하였는지, 앞으로 지속할 것인지, 앞으로 어떻게 발전시켜 나가야 하는 것인지 등을 평가하는 것이 필요하다.

〈표 9-9〉 자원봉사자를 위한 교육장 점검 리스트

교육장 점검리스트(Facilitator's Planning Checklist for Arrangements)

일 시		장 소	
교육생	명	담 당	

■ 필요 기자재

□ Overhead project	□ 스크린
□ VCR & TV	□ 컴퓨터 or 노트북
□ 플립 차트	□ 마이크 & 음향
□ 칠판	□ OHP or 실물 화상기
□ ____________	□ ____________

■ 준비

- ☐ 등록 테이블
- ☐ 장소 안내문 & 환영 인사
- ☐ 교육교재 및 유인물
- ☐ 참가자 등록부
- ☐ 강사 명단 및 연락처
- ☐ 진행 시나리오
- ☐ 다과 테이블 및 다과
- ☐ 강의 자료(ppt, 영상물 등)
- ☐ 교육 평가서
- ☐ 시설 사용 관련(화장실의 위치, 흡연 장소, 휴게실, 주차 등)
- ☐ 일정표
- ☐ 여분의 필기구
- ☐ 참가자 명단 및 연락처
- ☐ 수막
- ☐ 여분의 긴 코드
- ☐ 교육장 좌석배치
- ☐ 교육 문구
- ☐ 강사 영수증
- ☐ 이름표

■ 기타 검토 목록

- ☐ 쾌적한 실내온도
- ☐ 실내 장치
- ☐ 전체 진행 일정
- ☐ 비품이 제 위치에 있는가와 제대로 작동하는가?
- ☐ 전선 및 비품은 안전하게 배치되어 있는가?
- ☐ ____________________
- ☐ 조명
- ☐ 사용할 수 있는 출구
- ☐ ____________________

출처: 김현옥 외(2008), p. 90.

4. 자원봉사자 활동의 유지관리

자원봉사의 유지관리란 자원봉사자가 자원봉사활동을 지속적으로 수행할 수 있도록 도움을 제공하는 일을 말한다. 자원봉사활동이 지속적으로 이루어지지 못하고 일회성으로 끝나버리면 봉사대상자의 문제와 욕구는 해결되지 못할 뿐만 아니라 기관(단체)에 대한 이미지에도 큰 영향을 미치게 된다. 따라서 자원봉사활동이 지속적으로 유지될 수 있도록 관리하는 일은 자원봉사 관리에 있어서 매우 중요한 영역이다(오세영, 2011: 262).

1) 인정과 보상

(1) 인정과 보상의 개념 및 필요성

자원봉사자 활동에 대한 인정과 보상(Volunteer Recognition and Reward)은 자원봉사활동의 가치를 받아들이고 승인하기 위해 제공되는 유·무형의 것들을 총칭하는 것이다. 이는 자원봉사자들의 활동에 대해 가치를 부여하고 감사를 표현하는 방법이 되며 자원봉사자에게 지속적인 활동의 동기를 부여하고 자원봉사 활동의 생산성과 책임감을 증대시키는 수단이 되기도 한다(이용환 외, 2013: 14).

현재 우리나라는 자원봉사자의 활동에 대한 인정과 보상에 대한 부분을 법에 기반하여 지원하고 있다. 「자원봉사활동 기본법」 제13조 제1항에 의거, 국가는 국민의 자원봉사활동에 대한 참여를 촉진하고 자원봉사자의 사기를 높이기 위해 자원봉사자의 날(매년 12월 5일) 및 자원봉사 주간(자원봉사의 날부터 1주간)을 정해 관련 행사를 진행한다.

인정과 보상의 필요성을 정리해 보면 첫째, 새로운 자원봉사자를 모집 및 유지하는 수단으로 그 가치가 높다. 둘째, 자원봉사자의 욕구에 부합하는 인정과 보상은 자원봉사자의 개인적 만족감과 참여의지를 강화하고 기관에 대한 소속감을 높여 자원봉사 활동의 생산성 증대와 지속적인 활동을 유지하게 한다. 셋째, 자원봉사의 인정과 보상은 활동성과를 가시적으로 보여줌으로써 자원봉사자가 스스로 만들어낸 변화를 인식하고 자원봉사의 사기를 높여주며, 넷째, 기관의 사명과 목적을 이루는 데 있어 자원봉사자의 역할과 기여를 점검하게 되어 기관과 직원들로 하여금 자원봉사 및 자원봉사자의 가치를 재확인할 수 있는 기회를 제공한다(이용환 외, 2013: 14 참조 재가공).

(2) 인정과 보상의 시행원칙

인정과 보상의 시행원칙을 정리하면 다음과 같다(박태영 외, 2016: 330-331; 최종혁 외, 2015: 92-93).

첫째, 자원봉사자별로 그들의 특성과 욕구에 맞는 개별적인 인정과 보상이 제공되어야 한다. 이를 위해 인정과 보상의 방법은 다양해야 하며, 늘 새롭고 창의적인 인정의 방식을 고민해야 한다.

둘째, 시의적절하게 이루어져야 한다. 자원봉사자에 대한 인정은 되도록 활동 직후에 빨리 이루어지는 것이 효과적이다.

셋째, 공정한 인정과 보상이 이뤄져야 하며 명확한 메시지로 전달할 필요가 있다. 공정한 기준과 함께 제공 과정 또한 정직해야 한다. 즉, 봉사자 스스로뿐 아니라 주변 사람들로부터 받을만한 사람이 받았다고 느껴지는 것이 가장 좋다.

넷째, 지나치게 과도한 인정보상 제공은 피하는 것이 좋다.

다섯째, 지속적이고 자주 하는 인정이 더 효과적이다. 방식으로는 매일 언어와 행동을 통해 존중감과 감사를 표현할 수 있다. 장소 여하를 불문하고 가능하다.

여섯째, 활동기간에 따라 다른 방식의 인정이 필요하다. 단기 자원봉사자에게 필요한 인정방식과 장기 자원봉사자에게 필요한 인정방식은 다르기 때문이다.

일곱째, 지역사회 단위에서 자원봉사 관련 기관들은 상호 협의하여 가급적 표준화된 기준에 의해 자원봉사 인정을 시행해야 한다.

(3) 인정과 보상의 유형

자원봉사 활동에 대한 인정과 보상은 공식적, 비공식적 인정과 보상, 그리고 금전적 보상과 비금전적 보상으로 구분하는 등 그 유형이 다양하다. 여기에서는 행정안전부의 '자원봉사센터 운영지침'에서 제시하고 있는 바와 같이 유형을 구분해 보고자 한다. 행정안전부에서는 그 유형을 '정서적 인정, 기회의 인정, 상징적 인정, 간접적·경제적 인정, 사회적 인정' 등으로 구분하고 있다(이용환 외, 2013: 14–15). 자세한 내용은 아래와 같다.

〈표 9-10〉 인정과 보상의 유형

유형	인정 프로그램의 내용
정서적 인정	• 감사카드, 축하카드(생일, 성년 등), 연하장, 휴대폰 문자 등 • 언어적·비언어적 감사의 표시와 관심 표현
기회의 인정	• 국내외 행사 참석 기회, 보건소 무료 건강검진 기회 • 전문 심화교육, 워크숍 참석기회 • 국내·외 연수, 테마여행 기회
상징적 인정	• 각종 기념품, 활동 조끼, 자원봉사자 수첩 제공 • 자원봉사자 배지(누적 봉사활동 시간에 따른 금, 은, 동 배지) • 이달의 모범 자원봉사자 선정 또는 봉사왕 선정 등
간접적· 경제적 인정	• 주차 할인권, 공공시설 및 복지관 프로그램 이용료 할인 • 놀이공원·공연관람료 할인 또는 무료티켓 등 제공 • 할인쿠폰 제공(할인가맹점 이용)
사회적 인정	• 추천이나 추천서 제공 • 우수 자원봉사자 표창, 정부 포상 추천 • 지역 또는 전국적 미디어 활용 홍보 • 상급학교 진학 시 경력 인정

출처: 행정안전부(2018b), p. 42.

2021년 현재 시·도별 인정제도로 대표적인 제도는 자원봉사 카드를 활용하거나 자원봉사 통장을 활용하는 경우가 있고, 자원봉사활동을 마일리지로 보상하여 가맹업체에서 사용할 수 있도록 하는 방법도 있다. 이 외에도 다양한 보상제도(각종 기념품 제공, 교육기회 제공, 할인쿠폰 제공, 공공시설 이용 할인 등)를 각 지방자치단체별로 시행하고 있다.

〈표 9-11〉 시도별 인정제도 시행 현황

센터명	센터수	자원봉사 카드 및 통장		자원봉사 마일리지		감사·축하카드(생일 등)	국내·외 교육 등 기회 제공	자원봉사자 뱃지 및 인증패 증정	우수봉사자 표창 및 명예의 전당운영	공공시설 이용료 할인(주차장 등)	문화티켓 및 할인제공
		카드	통장	시행센터	가맹업체수						
총계	**245**	**187**	**57**	**166**	**11,991**	**49**	**93**	**128**	**179**	**140**	**81**
서울	26	10	3	3	778	7	10	12	23	10	9
부산	17	11	–	17	507	4	4	16	12	17	3
대구	9	9	8	9	1,832	5	9	5	6	9	4
인천	11	11	1	11	564	4	5	9	9	6	8
광주	6	6	5	2	–	2	2	1	6	3	4
대전	6	–	–	6	522	2	1	2	6	3	5
울산	6	6	–	5	1,045	2	3	4	6	6	3
세종	1	1	–	1	76	1	–	1	1	–	1
경기	32	30	7	9	916	6	17	21	25	29	15
강원	19	15	3	19	688	5	12	17	15	14	6
충북	12	10	3	6	336	–	6	11	11	5	1
충남	16	16	3	16	747	2	4	8	12	6	8
전북	15	8	2	4	497	3	3	5	12	3	3
전남	23	10	1	17	1,086	–	2	2	7	9	3
경북	24	24	16	24	1,201	3	8	11	15	11	2
경남	19	17	5	14	893	3	4	1	11	6	3
제주	3	3	–	3	303	–	3	2	2	3	3

출처: 한국중앙자원봉사센터(2021). p. 40.

2) 갈등관리

(1) 갈등이란 무엇인가?

갈등(conflict)이란 용어는 사회과학의 제 분야에서 광범위하게 사용되고 있으나 통합적인 견해는 발견할 수 없다. 일반적으로 갈등이란 조직의 한 단위가 다른 단위와 관계를 가지면서 자신들의 이익을 증진시키려는 과정 속에서 일어나는 행동으로 보는 견해(Schmidt & Kochan, 1972: 363)도 있고, 조직의 한 단위가 다른 단위로부터 자신의 관심이 좌절되었거나 좌절될 것을 인식할 때 시작되는 과정으로 보는 견해(Thomas, 1976: 891)도 있다. 그리고 갈등을 한정된 자원이나 작업 활동을 배분하게 될 때나 서로 다른 처지, 목표, 가치, 인지 등이 존재할 때 조직 내에서 일어나는 불일치로 보는 견해(Stoner, 1978: 345)도 있고, 갈등을 대립되는 양자가 바라는 가치를 얻고 또한 그들의 경쟁자를 해치거나 제거하려는 의도에서 제한된 자원이나 힘, 또는 지위를 얻기 위해 투쟁하는 것이라고 보는 견해(Katz & Kahn, 1978: 613-615)도 있다. 이와는 다르게 어떤 것이 진정한 갈등의 정의인가 하는 선택이 큰 의미를 갖지 못한다는(Pondy, 1967: 296) 견해도 있다.

한편, 갈등에 대한 관점을 로빈스(Robbins, 1988)는 세 가지 관점으로 설명하고 있다. 갈등에 대해 과학적 접근이 시작되면서 갈등에 대한 관점도 변화되어 있고 그 변화단계를 다음과 같이 설명하고 있다(김범수 외, 2017: 200-201).

〈표 9-12〉 갈등에 대한 세 가지 관점

갈등에 대한 관점	갈등론	접근법
전통적 관점	갈등은 나쁜 것이고 피할 수 있는 것이다.	갈등 제거
인간관계적 관점	갈등은 자연스러운 것이고 불가피한 것이다.	갈등 수용
상호작용적 관점	갈등은 긍정적인 것이고 변혁의 본질이다.	갈등 조장

전통적 관점(traditional view)은 갈등은 사전에 예방하고 제거해야 한다는 입장으로 19세기 후반부터 20세기 초까지 지배적인 관점이었다. 인간관계적 관점(human relations view)은 갈등은 불가피한 것으로서 제거될 수 없고 존재할 수 밖에 없는 현상이며 조직의 업적에도 이익을 줄 수 있으므로 수용해야 한다는 긍정적 관점이다. 이는 1970년대 중반까지 지배적인 관점이었다. 상호작용적 관점

(interactive view)은 갈등은 긍정적인 힘이 되고 업적을 효과적으로 수행하기 위해서는 절대적으로 필요하다는 관점이다. 갈등을 효율적으로 활용하자는 관점으로 근래에 대두된 관점이다(김범수 외, 2017: 201–202).

(2) 갈등의 원인

갈등이란 갑자기 발생하는 것도 아니고 한 가지 이유로 인해서 발생하는 것도 아니다. 갈등의 원인은 여러 가지 복합적인 요인이 작용하여 발생하게 되는데, 갈등의 원인은 일곱 가지로 설명할 수가 있다(신복기 외, 2005: 283).

첫째, 상호의존성(interdependencies)이다. 상호의존성이란 두 개의 단위가 그들 각자의 과업성과를 위하여 협조, 정보교환 등의 기타 조정적 활동 때문에 상대방에 의존하게 되는 정도를 말한다. 이러한 상호의존성이 공동협력을 위한 유인을 제공하기도 하지만, 동시에 집단 간의 갈등의 기회도 제공한다.

둘째, 제한된 자원(limited resources)이다. 목표달성에 어떠한 자원 또는 수단을 동원할 것인가, 그리고 제한된 자원을 누가 차지할 것인가에 대하여 행동 주체 간에 의견이 일치하지 않고 경쟁이 생기면 갈등이 발생한다.

셋째, 목표의 차이(goal differences)이다. 둘 이상의 행동주체가 서로 양립할 수 없는 목표들을 동시에 추구할 때 승패의 상황이라는 갈등 상황이 조성될 수 있다.

넷째, 지각의 차이(perception)이다. 지각의 차이를 가져오는 요인으로는 사람의 가치관, 경험, 시간적 안목, 지위, 역할, 목표 등을 들 수 있다.

다섯째, 지위 신분상의 불일치(status incongruence)이다. 지위 신분상의 불일치가 있는 곳에, 그리고 지위 신분상의 계층에 변화가 일어났을 때 갈등이 촉진된다. 예를 들면, 근속연수, 나이, 교육 수준, 급여 수준 등이 여기에 포함된다.

여섯째, 조직의 분화(differentiation)이다. 플라스틱 회사, 컨테이너 회사 및 식료품 회사에 관한 연구에서 조직의 분화가 갈등의 원인이 됨을 발견한 바 있다.

일곱째, 의사소통의 왜곡(communication distortions)이다. 갈등의 원인으로서 자주 인용되는 것으로서, 정보가 계층을 따라 위아래로 통과하는 과정에서 그 정보는 모호해지거나 왜곡되기 쉽다.

(3) 자원봉사 조직 내의 갈등 유형

자원봉사조직 내에서 일어나는 갈등은 크게 자원봉사자와 직원 간의 갈등, 자원봉사자와 대상자와의 갈등, 동료 자원봉사자 간의 갈등, 자원봉사자와 가족 및 친척 간의 갈등 등 다양한 형태로 나타날 수 있다. 〈표 9-13〉은 각 관계 간에 발생할 수 있는 갈등의 예를 제시한 것이다.

〈표 9-13〉 자원봉사 조직 내의 갈등 유형

갈등 양상	갈등 예
자원봉사자와 직원 간의 갈등	• 자원봉사자가 느끼는 갈등의 예 – 직원들의 권위적 태도와 방관하는 모습들 – 자원봉사 수행기관 및 시설에서 종 부리는 듯한 식의 대우 – 기관의 일방적인 자원봉사활동 시간과 날짜 요구 – 타 자원봉사자와 능력 비교 – 담당자의 불친절과 무시하는 듯한 말투나 행동 등 • 직원이 느끼는 갈등의 예 – 약속 일자에 사정상 불참하는 문제 – 처음 시작과 달리 의욕 상실로 곧 그만둘 때 – 기대에 미흡한 봉사자세 – 시간 약속의 불이행 – 너무 과분한 요구 등
자원봉사자와 대상자 간의 갈등	• 자원봉사자가 일정 시간에 오지 않았을 때 • 대상자가 갖고 있는 문제에 대한 올바른 이해 없이 일방적으로 해석하고 행동할 때 • 즉흥적으로 자원봉사활동을 한 번 한 후 바로 그만둘 때 • 자원봉사자를 마치 종 부리는 듯할 때 • 자원봉사자의 활동을 대가성 있는 행위로 보고 대상자가 차갑게 대할 때 등

갈등 양상	갈등 예
동료 자원봉사자 간 갈등	• 자원봉사 프로그램 준비와 실시에 따른 의견 차이 • 너무 수다스러운 자원봉사자일 때 • 정당한 인정과 보상이 이루어지지 않았을 때 • 자원봉사자 간 관계가 껄끄러울 때 등
자원봉사자와 가족 및 친척 간의 갈등	• 충동적인 마음으로 사전 준비 없이 자원봉사활동을 신청한 후 활동과정에서 갈등이 발생하는 경우 • 가족 간 사전 이해와 동의 없이 자원봉사활동을 하는 경우 (예: 위탁가정-양육경험이 없는 가족 간의 불만 발생) • 자원봉사활동으로 가정의 일을 소홀히 할 경우 등

출처: 김영호 외(2009), p. 159의 〈표 7-2〉에서 수정발췌.

(4) 갈등관리 전략

조직 내에서의 일반적인 갈등해결 전략으로 토마스(Thomas)의 전략이 많이 소개되고 있다. 토마스(Thomas, 1976: 889-935)는 갈등해결 방안으로 다섯 가지 즉, 회피, 순응, 경쟁, 타협, 협력을 제시하였다.

- 회피(avoidance): 단지 갈등으로부터 물러서거나 참는 것을 말한다. 갈등이 대단치 않을 때, 감정이 고조됨에 따라 감정을 가라앉힐 시간이 필요할 때 또는 단호한 조치를 통한 해결이 더 큰 문제를 초래하게 될지도 모르는 상황에 적합하다.
- 순응(accommodation): 다른 사람의 필요나 관심을 자신의 것보다 중요시함으로써 조화로운 관계를 유지하는 것을 목표로 하는 방법이다. 이는 갈등 상황에 있는 문제가 개인에게 그다지 중요하지 않을 경우에, 또는 나중에 있을 문제를 위해서 신뢰를 쌓기를 원할 때 가장 바람직하다.
- 경쟁(competition): 개인이 다른 사람의 희생을 통해서 자신의 필요를 충족시키는 경우에 야기된다. 경쟁은 받아들일 수 없는 해결안이 제시되어야 하거나, 결정에 대한 상대방의 반응이 영향력을 미치지 못하지만 중요한 사안에 대한 신속한 해결안이 필요할 경우에 효과적이다.
- 타협(compromise): 당사자 모두에게 중요한 일부에 대한 포기를 요구한다. 타협은 갈등 당사자가 거의 동등한 힘을 지니고 있으며 복잡한 문제에 대한

일시적 해결안을 얻어내는 것이 바람직할 때 혹은 시간적인 압박이 있는 가운데 조속한 해결을 요구할 때 가장 이상적인 대안이다.

- 협력(collaboration): 궁극적으로 자신과 상대방 모두에게 이득이 되는 해결 방안이다. 협력은 시간적인 압박이 거의 없으며, 모든 당사자들이 진지하게 서로 이득이 되는 해결방안을 원할 때, 그리고 갈등이 나타나고 있는 문제의 중요성이 타협할 수 없을 만큼 큰 경우에 유용하다.

토마스(Thomas)는 갈등을 해결하기 위해서는 우선적으로 상대방의 의도를 알아야 한다고 했다. 즉, 상대방이 갈등을 야기시킨 의도가 무엇인지를 알아야만 그러한 행동에 대처할 수 있다는 것이다. 이를 위해서는 개인 자신의 대응은 협조성(cooperativeness) 혹은 독단성(assertiveness)에 달려 있다고 그는 결론을 내렸다. 협조성은 한 개인이 다른 사람의 관심사를 만족시킴으로써 분쟁을 해결하는 정도를 말한다. 독단성은 한 개인이 자신의 관심사를 만족시키기 위해서 갈등을 해결하는 정도를 말한다. 즉, 타인에 대한 관심 정도와 자신에 대한 관심 정도에 따라 다섯 가지의 갈등해결 유형이 나오게 된다는 말이다.

그리고 토마스(Thomas)는 다섯 가지 해결방안에는 장단점이 존재하고 있으며 어떠한 대안이 가장 효과적인가는 갈등의 상황에 따라 다르다고 보았다. 다음의 〈표 9-14〉는 각 유형에 따른 적절한 상황을 기술한 것이다.

〈표 9-14〉 갈등관리 유형과 적절한 상황

유 형	상 황
경쟁형	• 비상시와 같이 신속하고 결단력 있는 행동이 중요한 경우 • 비용절감이나 규칙준수와 같이 인기 없는 조치의 시행이 필요한 경우 • 의사결정자가 생각하기에 조직 전체의 생존을 위해 반드시 필요한 경우
협력형	• 양측의 관심사가 너무 중요해서 타협을 보기 어려운 상황에서 통합적 해결안을 발견해야 하는 경우 • 갈등해결의 목적이 상대방의 입장을 배우려고 하는 경우 • 양측의 관심사를 통합하여 몰입을 얻으려고 하는 경우 • 관계 형성의 걸림돌이 되는 감정상의 문제를 극복하려고 하는 경우

유 형	상 황
타협형	• 복잡한 사안에 대한 잠정적 해결을 얻으려고 하는 경우 • 목표달성은 중요하지만 더욱 강압적인 방법을 사용함으로써 나타날 부정적인 효과가 너무 큰 경우 • 동등한 협상력을 가진 상대방이 상호 배타적인 목표를 달성하기 위하여 노력하는 경우 • 임기응변적인 해결안이 필요한 경우
회피형	• 한 논제는 사소하고 다른 논제가 더 긴급한 경우 • 나의 관심사를 만족시킬 수 있는 가능성이 전혀 없는 경우 • 당사자들을 진정시키고 생각을 가다듬어야 하는 경우 • 즉시 결정을 내리기보다는 정보를 더 수집해야 하는 경우 • 제삼자가 갈등을 더욱 효과적으로 해결할 수 있는 경우
순응형	• 다음 단계의 문제해결을 위해 상대방의 신뢰성 획득이 필요한 경우 • 논제의 중요성이 상대방에게 훨씬 큰 경우 • 상대방과의 조화가 특히 필요한 경우 • 상대방이 시행착오를 통하여 올바른 방향을 스스로 찾도록 하려는 경우

(5) 자원봉사기관에서의 갈등관리전략

갈등을 해결하기 위한 전략을 자원봉사기관에 국한시켜 대상에 따른 갈등으로 구분하여 살펴보면 다음과 같다(김영호 외, 2007: 131; 현외성, 2011: 256-258).

① 자원봉사자와 직원 간의 갈등관리

- 자원봉사활용에 관한 결정에 직원들을 참여시킨다. 왜냐하면 모든 사람들은 갑작스러운 결정을 좋아하지 않기 때문이다.
- 자원봉사자들을 위한 업무와 지원계획 그리고 감독체계에 대해 미리 계획한다. 그들 스스로가 일을 알아서 할 것으로 기대하는 것은 바람직하지 않다.
- 지위 때문에 자원봉사를 하려는 사람은 누구든지 받아들여서는 안 되며, 그 자질을 반드시 고려해야 한다.
- 자원봉사를 하려는 사람은 누구나 필요한 기술 혹은 지식을 봉사하면서 배울 수 있다고 간주하지 말고 자원봉사자들에게 훈련이 필요하면 그들과 함께 일할 직원을 포함시킨다.
- 직원은 적절히 자원봉사자의 활용에 필요한 모든 것을 이미 안다고 간주하

지 말고, 직원이 더 좋고 더 많은 교육을 받아야 한다.

- 자원봉사자들이 기관에 기여하는 것에 대해서 감사를 표시하여야 한다.
- 자원봉사자들과 함께 업무를 잘 수행한 직원에게도 포상해야 한다. 비록 단지 자신의 일을 한 것뿐일지라도 자원봉사자들에 대한 감독활동은 함께 일하는 직원이 할 수 있도록 한다.
- 주의를 끄는 문제가 발견되면 덮어두지 말고 경청하여 불만이 쌓이지 않도록 한다.
- 분쟁 발생 시에 "직원은 항상 옳다."든지, 혹은 "나의 자원봉사자들이 옳다 또는 그르다."라는 흑백 논리를 적용하지 말고, 타협이 최선의 방책임을 알아야 한다.

② 자원봉사자들 간의 갈등관리

- 자원봉사 관리자는 집단역동을 잘 이해하면서 조직과 팀 내의 개인 자원봉사자들의 동기와 심리적 내용을 분석하여 갈등관리를 할 수 있어야 한다. 따라서 팀과 조직을 구성하는 과정에서 이러한 갈등관리 차원에서 역할과 과정 배분 시 체계적이고 전문기술적인 배려가 요구된다.
- 보상과 처벌, 체계적인 교육을 통한 자원봉사자 개인별 자아성장과 집단통합력, 결속력을 지속적으로 증대시켜 나간다.
- 지속적으로 조직의 변화를 통해 역할을 배분하고 새로운 과업을 제공하여 구성원들로 하여금 자원봉사활동에 대한 매력과 자부심을 제공해야 한다.

③ 자원봉사 대상자와의 갈등관리

- 자원봉사 대상자가 일으키는 갈등의 요소를 인내와 사랑을 가지고 자원봉사자와 기관에서 해결하고 처리할 수 있도록 자원봉사 조정자와 관리자는 지속적인 슈퍼비전을 제공하여야 한다.
- 자원봉사활동 이전의 오리엔테이션부터 활동현장의 지도, 사후평가와 사례

관리를 통한 학습 등을 사용하여 갈등관리를 하여 자원봉사자의 개인적 갈등 및 조직 간의 갈등을 완화시키고 해결할 수 있도록 한다.

- 경우에 따라서는 갈등관리를 위해 조정자 및 관리자들과 상담할 수 있는 제도적 장치를 마련해야 한다.

한편, 갈등을 해결하기 위한 전략을 갈등의 단계에 따라 살펴보면 다음과 같다.

〈표 9–15〉 갈등 단계에 따른 전략

단계	설명	개입방법(예시)
1. 불편한 느낌	• 정확히는 모르겠지만 뭔가 잘못되었다는 느낌	• 상황에 대한 충분한 정보 입수 • 자신의 걱정을 긍정적으로 표현
2. 오해	• 원인 모를 문제에 대한 가정과 일에 대한 회피	• 면담 시간 마련 • 방어적인 태도가 되지 않도록 이해와 관심 표명
3. 사건	• 상황의 악화에 따라 말이나 행동으로 상호 간에 상처를 주고 부정적인 이미지를 갖게 됨	• 일대일로 문제를 해결하는 과정 필요 • 시간을 정해 일대일 만남
4. 긴장의 고조	• 상호 간의 적대적인 감정을 가지고 각자 동조자를 규합하여 편 가름	• 갈등 중재자에게 원활한 문제해결을 위해 도움 요청
5. 위기	• 갈등이 심각해지는 단계에 맞서 싸우거나 멀리하며 감정 격앙	• 숙련된 중재자의 도움을 통한 시도 • 많은 시간과 노력이 필요

출처: 김현옥 외(2008), p. 109.

갈등 관리는 갈등의 유형, 갈등의 대상 그리고 갈등의 단계에 따라 어떠한 방법이 가장 적합한 방법인지 선택하는 능력 또한 자원봉사 관리자에게 필요하다.

3) 위험관리

(1) 위험관리의 정의

위험관리란 예기치 못한 사고 발생 시 나타날 수 있는 부정적인 영향을 최소화하기 위해 최적의 위험처리 방법을 선택, 수행하는 활동이다. 이에, 위험관리 정의는 다음 세 가지로 설명할 수 있다(김현옥 외, 2008: 124).

① 사고 발생의 가능성: 예견되는 것과 예견되지 않는 것으로 나누어 관리한다.

② 사고 그 자체: 자원봉사자의 골절, 상해 등의 사건 발생 후 대처방법의 과정이다.

③ 사고발생의 조건, 사정, 상황, 발생환경: 사고 발생 후 냉철한 사고 판단을 통해 사고를 해결하는 과정이다.

(2) 자원봉사와 관련된 법적 책임문제

자원봉사자는 물론 자원봉사 관리자는 자원봉사자가 소송을 야기할 수 있는 상황에 노출될 수 있다는 사실에 관심을 기울여야 한다. 자원봉사와 관련하여 야기될 수 있는 법적 책임문제는 크게 세 가지 영역으로 구분된다(김한구 외, 1997: 184).

첫째, 자원봉사자 개인의 법적 책임이다. 자원봉사자는 형사적 책임, 민사적 책임, 기관에 대한 의무 불이행 등의 법적 책임문제에 직면할 수 있다. 자원봉사자는 절도, 폭행, 사기 등으로 형사법을 위반할 수 있고 자원봉사활동 중에 부주의 또는 고의로 타인에게 물리적, 재정적, 심리적 피해를 끼칠 수 있다. 뿐만 아니라 자원봉사자가 조직과 합의한 직무수행 규약을 어길 수 있다. 예컨대 봉사대상자의 사생활 정보를 누설하는 경우이다.

둘째, 자원봉사자에 대한 기관의 법적 책임이다. 자원봉사 기관은 자원봉사자의 직무와 관련된 위험을 제거하거나 자원봉사자에게 그 위험을 경계하고 대비하도록 해야 할 의무를 지닌다. 또한 자원봉사자에게 고용·해고 및 다른 감독행위를 함에 있어서 공정하게 대우해야 할 의무를 가진다.

셋째, 자원봉사자의 행동으로 인한 기관의 법적 책임이다. 자원봉사자의 의무 범위 내의 행위로 타인에게 피해를 입힌 경우에는 기관이 법적 책임을 지게 된다. 또한 자원봉사자가 명백히 직무 범위 밖에서 잘못(절도나 아동학대 등)한 경우에도 그 잘못이 기관의 부주의한 관리 탓으로 추정되는 경우에도 기관은 고소당할 수 있다.

(3) 자원봉사자 위험관리 대책

자원봉사자 위험관리 대책은 다음과 같다(김한구 외, 1997: 186-187).

첫째, 위험에 대비하는 감독절차를 마련해야 한다. 문제상황에 대비하는 자원봉사 지침, 운영규칙, 절차 등의 목록을 작성하여 교육시키고 자원봉사자를 감독하는 직원에게 자원봉사자의 잠재적 문제행동을 주시하도록 당부하고 특정 직무를 담당하는 자원봉사자의 자격을 주기적으로 심사한다.

둘째, 자원봉사자 자신의 재점검이 요구된다. 평가제도에 위험관리 점검을 포함한다. 문제 상황의 목록을 유지하고 그것을 활용하여 새로운 교육훈련 자료와 감독절차를 개발함으로써 위험관리 능력을 향상시킨다.

셋째, 자원봉사활동 시 일어나는 사고에 대비하여 자원봉사 변호사를 선임하여 각종 사고 발생 시 신속히 대처한다. 이때 일정액의 변호수당을 자원봉사센터에서 지급한다.

넷째, 자원봉사센터 및 자원봉사 지원기관에서는 각종 봉사활동을 직접 주관할 때 각종 사고에 대비하기 위해 일정액의 예산을 편성하여 자원봉사자를 사고보상보험에 가입시킨다. 또한 자원봉사 활용기관에서는 자원봉사활동 시 일어나는 사고에 대비하기 위해 일정액의 예산을 자체별로 편성하여 사고의 배상 및 보상 금액으로 충당한다. 이때 세금감면을 받을 수 있도록 정부의 제도 개선도 동시에 수반한다.

가장 이상적인 방안은 센터와 활용기관 공동으로 봉사자 수에 비례한 공공모금제도를 도입하여 자원봉사 사고보상을 통합관리하는 공제조합 설립방안을 강구한다.

다음의 위험관리를 위한 점검질문을 통해 좀 더 구체적으로 관리할 수 있다.

〈위험관리를 위한 점검질문〉

(1) 위험관리 대상은 누구인가?
(2) 위험관리 체제는 갖추어졌는가?
(3) 위험관리 매니저는 지정되었는가?
(4) 위험관리에 관한 대표자의 역할은 구체적으로 명시되어 있는가?
(5) 위험관리에 대한 분석이 평가 및 갱신되고 있는가?
(6) 위험관리에 대한 정보를 관리, 공유하고 있는가?
(7) 위험예방 및 경감대책을 세우고 있는가?
(8) 지역 내 위기관리 대책 체계도가 설정되어 있는가?
(9) 위험관리에 대한 직원 및 자원봉사자 교육훈련에 대한 실시내용이 제시되어 있는가?
(10) 위험관리 시스템의 시정 보완을 통해 개선시키고 있는가?
(11) 긴급 시 연락망은 명확하게 제시되어 있는가?
(12) 자원봉사자에 대한 자격심사를 할 수 있는 기준이 마련되어 있는가?
(13) 자원봉사자를 위한 상해보험을 가입할 수 있는 기회가 있는가?

출처: 김현옥 외(2008), p. 125.

4) 슈퍼비전

(1) 슈퍼비전의 이해

자원봉사자의 관리에 있어서 자원봉사자들이 봉사 활동을 수행하는 동안 책임을 공유하고 활동을 지지해 줄 수 있는 사람과 접근할 수 있는 통로를 마련하는 것은 매우 중요하다. 슈퍼비전(supervision)이란 슈퍼바이저(자원봉사 관리자)가 교육, 행정, 지지의 영역에서 슈퍼바이지(자원봉사자)의 활동을 돕는 상호작용의 과정을 말한다. 즉, 자원봉사자가 각 기관에서 담당하고 있는 역할을 잘 수행하고 정보와 피드백 및 필요한 도움을 제공할 수 있도록 효과적인 활동 관리체계를 수립하여 활동하는 일이다(김범수 외, 2017: 142). 그러나 이러한 과정은 누가 누구에서 지시를 내리고 감시하는 일이 아니다. 슈퍼비전이 이루어지는 과정은 슈퍼바이저와 슈퍼바이지가 협동적, 민주적, 참여적, 상호존경과 믿음의 관계를 형성하면서 서로 상호작용하는 관계이다.

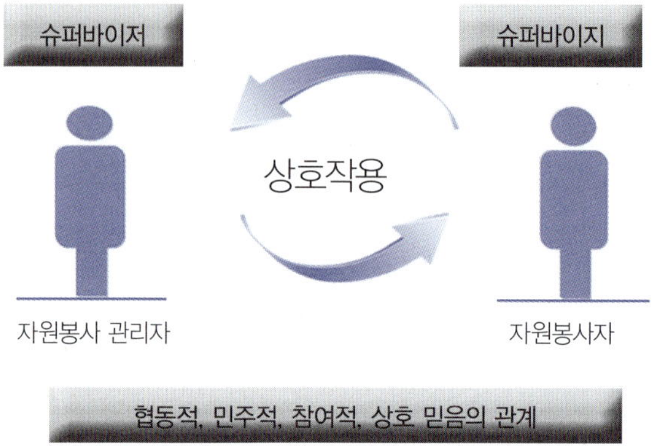

〈그림 9-1〉 슈퍼바이저와 슈퍼바이지의 관계

(2) 슈퍼비전의 원칙

슈퍼바이저는 슈퍼비전의 여덟 가지 특징에 대해 이해하고 자원봉사자에게 슈퍼비전의 특징에 부합하는 슈퍼비전을 제공해야 한다.

첫째, 공식화로 이는 슈퍼비전에서 가장 중요한 원칙이다. 공식화를 통해 슈퍼비전을 직접 주고받는 슈퍼바이저와 슈퍼바이지뿐만 아니라 기관 직원 모두 공식적 슈퍼비전의 제공에 대해 이해하고 있어야 한다. 슈퍼비전을 기관의 공식 업무로 지정함으로써 슈퍼비전이 일상의 업무지시와 같은 형태로 이루어지지 않도록 하며, 관심 있는 몇몇 사람의 개인적 활동으로 여겨져서도 안 된다는 것을 전 직원들이 인식하도록 한다. 즉, 자원봉사 관리자가 자원봉사자에게 슈퍼비전을 제공하는 것을 기관의 공식적인 업무로 지정하여 기관 직원 모두가 자원봉사자에 대한 관리자의 슈퍼비전이 공식적인 업무임을 이해하고 있어야 한다.

둘째, 구조화이다. 슈퍼비전을 제공할 때는 시간과 장소, 횟수, 슈퍼비전 제공 유형 등 그 구조를 갖추어서 제공해야 한다. 즉, 언제(시간적 요소), 어디서(장소적 요소), 무엇을(내용적 요소), 어떻게(상황적 요소)와 같이 네 가지 요소를 고려할 필요가 있다.

셋째, 정규화이다. 정규화는 슈퍼비전을 기관의 정책으로 삼고 정규적 정식 업무로 인정하는 것이다. 자원봉사자에 대한 자원봉사 관리자의 슈퍼비전을 기관이 지속적으로 진행할 업무로 정착시키는 것은 매우 중요하다.

넷째, 개별화이다. 슈퍼비전은 자원봉사자 각 개인의 욕구 및 성향, 그 상황에 따라 개별적인 슈퍼비전을 제공해야 한다.

다섯째, 맥락화이다. 슈퍼비전을 제공할 때 단편적인 하나의 상황 중심의 슈퍼비전보다는 자원봉사 활동의 전반적 맥락 안에서 슈퍼비전이 제공되어야 한다.

여섯째, 성장중심화이다. 슈퍼비전은 자원봉사자의 성장을 위한 목적으로 제공되어야 한다.

일곱째, 욕구중심화이다. 개별화와 같은 맥락의 특성으로 자원봉사자에 대한 자원봉사 관리자의 슈퍼비전은 자원봉사자의 욕구에 맞춰서 계획하고 제공되어야 한다. 마지막으로 상호교류 중심화이다. 슈퍼비전은 슈퍼비전을 제공받는 자원봉사자뿐만 아니라 슈퍼비전을 제공하는 자원봉사 관리자 또한 성장하게 한다. 이에 슈퍼바이저와 슈퍼바이지의 투명하고 명확한 양방향 의사소통은 둘 사이의 상호교류를 촉진시킬 수 있다. 이에, 서로 긍정적이고 적극적으로 주고받는 상호관계 중심의 슈퍼비전이 필요하다.

(3) 효과적인 슈퍼비전을 위한 지침

슈퍼바이저(자원봉사 관리자)가 자원봉사자를 위한 슈퍼비전을 제공할 때의 지침은 다음과 같다(류기형 외, 2016: 197에서 재인용).

① 과업과 역할이 무엇을 수반하는지 그리고 왜 그것이 중요한지에 관해 자원봉사자가 확실히 이해하도록 하라.

② 긍정적이고 정확한 피드백을 제공하라.

③ 직접적으로 과업과 관련하여 계획과 의사결정에 자원봉사자를 참여시켜라.

④ 직원, 자원봉사자 그리고 봉사대상자와 파트너십 환경을 만들어라.

⑤ 자원봉사자가 권위를 가지도록 하되, 궁극적으로 책임을 지는 것은 아니다.

⑥ 자원봉사자의 투입에 가치를 둬라.

⑦ 주저하거나 이중적이지 않게 접근하라. 만약 필요하다면, 슈퍼바이저와 연락할 수 있는 정보를 가진 자원봉사자를 제공하라.

⑧ 해결을 위한 문제와 계획을 기대하라.

⑨ 성취한 것에 인정하고 감사하라.

⑩ 자원봉사자의 시간을 결코 낭비하지 마라.

한편, 슈퍼비전의 세 가지 기능에 따른 자원봉사 관리자의 슈퍼비전 행동지침은 다음과 같다.

〈표 9-16〉 슈퍼비전의 기능에 따른 슈퍼바이저의 행동지침

구분	행동지침
행정적 기능	• 업무에 대해 언제든 만나서 상의하는 기회를 가지며, 구체적인 피드백을 제공할 것 • 목표설정 시 자원봉사자를 참여시킬 것
교육적 기능	• 자원봉사자의 활동에 필요한 교육을 지속적으로 제공할 것 • 필요시 외부전문가와의 연계를 강화할 것
지지적 기능	• 자원봉사자가 자율적으로 일할 수 있도록 격려할 것 • 신뢰와 존중, 관심, 지지적인 분위기를 유지할 것 • 자원봉사자의 감정, 태도, 행동을 이해하고 공감할 것 • 자원봉사자가 좌절하고 긴장하고 불안해할 때 이해하고, 성취 또한 인정해 줄 것

출처: 안정선 외(2016), p. 160을 토대로 필자 수정 작성.

5. 자원봉사 활동 평가 및 사후관리

1) 평가

최근 시민들의 자원봉사활동에 관한 관심과 참여는 다양한 방식으로 점차 증가하고 있으며, 자원봉사활동 분야와 영역 또한 다양해지고 있다. 이러한 상황은

지속적인 자원봉사활동을 위한 관리기능이 잘 수행되고 있는지, 즉 체계적인 평가의 필요성에 관심을 가지게 한다. 자원봉사자의 활동을 효과적으로 평가하기 위해서는 다음의 여섯 가지 원칙을 준수해야 한다(이만식 외, 2010: 256).

① 자원봉사자는 자신의 업무에 대한 명확한 이해가 있어야 한다(자원봉사 기관 역시 이러한 이해를 공유하고 있어야 한다).

② 평가는 공정하게 이루어져야 한다.

③ 평가는 사람이 아닌 업무에 초점을 맞추어야 한다.

④ 평가는 상호협조적인 분위기에서 이루어져야 한다.

⑤ 자원봉사자가 자신의 업무를 성공적으로 수행할 수 있도록 필요한 도구, 정보, 지원이 제공되어야 한다.

⑥ 명백한 실수가 있을 때 즉각적인 수정이 이루어져야 한다.

한편, 최유미(2012)는 '한국형 자원봉사관리 평가지표 개발연구'를 전국 자원봉사센터의 자원봉사관리자(N=133명)를 대상으로 진행한 결과 다섯 개 영역(기획지원, 모집훈련, 인정, 평가, 기록) 34개 문항을 개발하였다. 개발된 평가지표를 현장에서 활용(필요시 취사·선택)하여 전반적인 자원봉사 관리의 평가체계를 확립할 수 있을 것이다.

〈표 9-17〉 한국형 자원봉사관리 평가 지표(안)

평가지표	문항내용
기획 지원	1) 자원봉사활동 시 다른 기관과의 상호연계 체계가 준비되어 있다. 2) 자원봉사 업무의 질과 가치에 대한 안내 자료가 준비되어 있다. 3) 지원자에 대한 후속조치 등 관리지침이 준비되어 있다. 4) 자원봉사자 선발기준이 준비되어 있다. 5) 자원봉사 업무 담당직원을 정기적으로 훈련시킨다. 6) 자원봉사자의 활동보고 지침이 준비되어 있다. 7) 외부 제공 자원봉사자 개인 정보의 수준에 대한 지침이 준비되어 있다.
모집 훈련	8) 표준화된 오리엔테이션을 제공하고 있다. 9) 오리엔테이션 대상별로 수준에 맞게 적용하고 있다. 10) 자원봉사자 훈련은 자원봉사자 각각의 지위(역할)에 맞도록 설계한다. 11) 자원봉사자 관리규정에 교육훈련의 내용이 포함되어 있다. 12) 교육훈련 설계과정에 자원봉사자를 참여시키고 있다. 13) 관리자에게 자원봉사 프로그램 개발 및 실행 과정 보고서를 요구한다. 14) 자원봉사자 모집계획을 설계하고 실행한다. 15) 자원봉사자의 참여를 늘리기 위하여 외부의 여러 자원을 동원시킨다. 16) 인종, 연령 등 다양성을 수용한다. 17) 자원봉사자 모집을 위한 다양한 방법들이 개발되어 있다. 18) 자원봉사자 모집을 위하여 타 집단관의 협력활동을 한다. 19) 다양한 자원봉사자의 욕구에 맞는 직무설계서가 마련되어 있다.
인정	20) 기관 내에 공식적인 자원봉사 인정과정이 있다. 21) 기관의 공식적 교육자로서 자원봉사자를 활용한다. 22) 자원봉사 프로그램을 위한 지원내용을 자원봉사자에게 공개한다. 23) 모든 연령대에 맞는 인정의 다양한 방법을 찾는다. 24) 활동 중단자의 원인을 파악하고 재접촉을 한다. 25) 다양한 인정방법 개발을 위해 다양한 의견을 수렴한다.
평가	26) 자원봉사 프로그램들은 계획 당초의 목적과 목표를 달성한다. 27) 정기적으로 자원봉사 프로그램을 평가, 조정한다. 28) 자원봉사 지원자의 대기, 거절 등의 사례를 분석한다. 29) 정기적으로 자원봉사자의 개인 성과에 대해 평가한다. 30) 프로그램별 자원봉사 관리 전담 직원을 배치한다.
기록	31) 프로그램 요구 예산을 기록 및 반영한다. 32) 자원봉사자의 구체적인 활동 실적에 대해 기록 보관한다. 33) 자원봉사 프로그램 보고서를 활용한다. 34) 자원봉사자와 활동기록을 모두 보존한다.

출처: 최유미(2012), pp. 131-132.

한편, 평가 유형은 다양하여 여러 유형으로 구분되며 그에 따른 평가방법도 달라지지만(오세영, 2018: 444-447), 일반적으로 평가시점과 접근방법에 따라 총괄평가(결과평가)와 형성평가(과정평가)로 구분할 수 있다. 총괄평가는 자원봉사활동이 종결된 이후 그 결과를 평가하여 궁극적으로 자원봉사활동이 미친 영향을 파악하기 위한 것이다. 형성평가는 자원봉사 수행 중간에 자원봉사활동을 분석함으로써 자원봉사의 긍정적인 효과나 부작용의 발생과정을 밝히고, 향후 자원봉사의 개선에 필요한 정보를 얻기 위한 것이다.

2) 사후관리

자원봉사자에 대한 사후관리는 매우 중요한 부분이다. 자원봉사 서비스를 받고 있는 수혜자에게 더 나은 서비스를 제공하게 할 뿐만 아니라 자원봉사자로서 자긍심과 소속감을 갖게 하여 계속적인 활동을 권장하게 되기 때문이다. 사후관리를 하는 방법으로 회원들에게 간헐적이지만 정기적으로 직원과의 전화나 면담으로 안부를 묻고, 활동의 어려운 점을 확인하는 개별적인 방법과 재교육, 월례회 등 집단적인 방법으로 관리하는 방법이 있다. 회원 수가 많은 경우에는 집단적인 방법이 효율적이나 개인적인 방법도 적당한 수준에서 개입되어야 한다. 그리고 자원봉사자의 연령이나 서비스의 내용에 따라 소집단을 조직하여 집단의 장을 중심으로 다시 연락망을 재조직하는 것이 바람직하다(구혜영, 2008: 113).

6. 기록과 보존

기록을 적절히 보관함으로써 자원봉사자에 관련된 여러 가지 결정을 하는 데 도움을 줄 수 있다. 기관 프로그램의 안정성과 성장은 봉사자의 사기에 영향을 줄 수 있기 때문에 기록을 잘 보관하면 프로그램에서 봉사자의 수와 봉사자의 공헌도를 직원과 관리자에게 제공할 수 있다. 관리자는 자원봉사자의 능력과 초기 인터뷰, 배치 기록, 배치 날짜, 수행 평가 결과 복사물, 훈련 기록, 그리고 봉사자를 인식하는 데 필요한 적절한 정보를 파일에 기록해 두어야 한다. 또한 자원봉사자가 봉사한 프로그램, 매달 봉사 시간, 지금까지의 봉사 누적 시간 등을 파일에 보관해야 한다. 이러한 정보는 관리자나 시장, 나아가 국제적 자리 등 어떤 공식적 목적에서의 보고서 제출에도 유용하게 사용될 수 있다. 기록을 보관하면 프로그램이 성공적으로 수행되고 있다는 분위기를 형성함으로써 자원봉사자 유지를 촉진시킬 수 있다(김성이·박영희, 2003: 176).

10장

자원봉사활동의 추진체계

자원봉사활동의 추진체계란 자원봉사활동을 육성, 추진해 가는 것을 주목적으로 하는 기관이나 단체를 말한다. 언제 어디서나, 그리고 누구나가 다 자원봉사의 동기를 실천에 옮길 수 있도록 원조하는 역할을 수행한다. 자원봉사의 공급 측면과 수요의 측면을 연결하고 조정하며 조직화함으로써 자원봉사활동을 조직적이고 체계적으로 주도해 나가는 역할을 수행한다.

그런데 자원봉사의 추진체계가 자원봉사를 직접 실천하는 실천주체로서의 기능을 수행하는 경우도 있기 때문에 자원봉사활동을 실천하는 데 직접 관여하는 기관이나 단체들도 포함된다. 많은 여러 기관들 중 자원봉사센터는 추진체계의 중심이라 할 수 있다.

1. 자원봉사센터

1) 자원봉사센터의 정의와 기능 및 역할

지역사회 주민들에 의한 자원봉사활동의 수요와 공급을 상호 조정하고 체계적으로 통합함으로써 지역사회 문제를 보다 효율적이고 효과적으로 해결하기 위해 설치·운영되고 있는 것이 자원봉사센터이다. 「자원봉사활동기본법」 제3조 제4항에 의하면, 자원봉사센터는 「자원봉사활동 개발, 장려, 연계, 협력 등의 사업을 수행하기 위하여 법령과 조례 등에 의하여 설치된 기관, 법인, 단체 등」을 말한다.

자원봉사센터는 일반적으로 자원봉사 프로그램의 개발, 자원봉사자의 모집 및 선발, 수급조정, 교육·훈련, 배치, 인정과 보상, 홍보 및 정보제공, 조사·연구 등의 기능을 수행한다.

2) 자원봉사센터의 설치 및 운영

국가와 지방자치단체는 자원봉사센터를 설치할 수 있는데, 이 경우 자원봉사센터를 법인으로 하여 운영하거나 비영리 법인에게 위탁하여 운영하도록 되어 있다(자원봉사활동기본법 제19조 제1항).

국가는 자원봉사센터의 설치·운영이 활성화될 수 있도록 적극 노력하여야 하며, 지방자치단체는 자원봉사센터의 운영에 필요한 경비를 지원할 수 있다(「자원봉사활동기본법」 제19조 제3항). 자원봉사센터 장의 자격요건은 다음과 같다(「자원봉사활동기본법 시행령」 제14조).

1. 대학교의 자원봉사 관련 학과에서 조교수 이상의 직에 3년 이상 재직한 자
2. 자원봉사단체·자원봉사센터 또는 사회복지기관, 시설, 학교, 기업에서 자원봉사 관리업무에 5년 이상 종사한 자
3. 5급 이상 퇴직공무원으로서 자원봉사업무 또는 사회복지업무에 3년 이상 종사한 자
4. 국가 및 지방자치단체에 등록된 자원봉사 관련 시민사회단체에서 임원으로 10년 이상 활동한 자

3) 자원봉사센터의 유형

자원봉사센터는 크게 세 가지 즉, 수요자 중심의 자원봉사센터, 공급자 중심의 자원봉사센터, 조정자 중심의 자원봉사센터로 구분된다(박태영, 2005: 374-375).

수요자 중심의 자원봉사센터는 자원봉사자를 직접 활용하고 있는 사회복지서비스기관으로 종합사회복지관 자원봉사센터, 사회복지관련시설 자원봉사센터, 병원 의료사회사업실, 상담기관 자원봉사센터, 시민사회단체(NGO, NPO, 환경단체) 자원봉사센터 등을 들 수 있다.

공급자 중심의 자원봉사센터는 민간형태의 비사회사업적 영역에서 기관 본연의 목적을 수행하기 위하여 자원봉사를 활용하고 있는 기관으로 교육기관(대학, 중·고교 사회봉사단) 자원봉사센터, 기업 자원봉사센터(사회봉사단), 종교기관 자원봉사센터(종교사회봉사) 등을 들 수 있다.

조정자 중심의 자원봉사센터는 자원봉사의 수요와 공급을 적절히 조정하고 자원봉사센터 간의 효율적인 연계 역할을 수행하는 기관으로 공공형태의 자원봉사센터가 해당된다.

4) 자원봉사센터의 현황

(1) 지역자원봉사센터

지역자원봉사센터는 '○○구 자원봉사센터'란 명칭으로 행정안전부가 설치·운영하고 있다. 이 센터는 자원봉사자들의 수요와 공급을 조정하기 위해 2021년 현재 전국 245개 시·군·구에 만들어졌다. 1996년부터 전국 자치단체당 1개소 설치를 목표로 추진되어 7년에 걸쳐 전국 시·군·구에 설치가 완료되었다.

2021년 우리나라 자원봉사센터의 운영 형태를 살펴보면, 총 245개소 중 지방자치단체가 직접 운영하는 센터가 117개소(47.8%), 비영리법인에 위탁하여 운영하는 센터가 37개소(15.1%), 별도 법인을 설립하여 운영하는 센터가 91개소(37.1%)이다. 2006년에는 위탁운영 형태(33.5%)가 별도 법인설립 운영형태(5.6%)보다 월등히 많았으나 2014년을 기점으로 법인설립 형태보다 적은 비율을 차지하게 되었다.

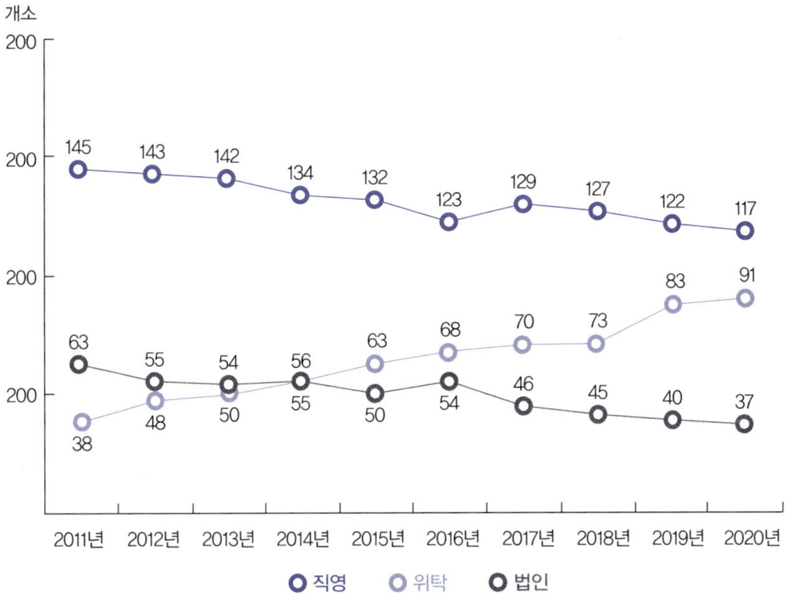

〈그림 10-1〉 연도별 자원봉사센터 운영형태

출처: 한국중앙자원봉사센터(2021), p. 13.

이곳에 근무하고 있는 전체 근무인력 수는 2020년 기준 1,650명으로 이 가운데 민간인이 1,510명(91.5%), 공무원이 140명(8.5%)으로 나타났다. 근무인력의 공무원과 민간인의 비율은 지속적으로 민간인의 비율이 공무원에 비해 상대적으로 높아지고 있다. 그리고 운영예산은 매년 소폭 증가하고 있는 추세로 2020년 전체 예산은 139,265백만 원으로 2019년 137,009백만 원 대비 2,256백만 원 증가하였다(한국중앙자원봉사센터, 2021: 24).

〈표 10-1〉 연도별 자원봉사센터 근무인력 현황

구분	근무인력		
	총계	공무원	민간인(코디 포함)
2011년	1,321	150(11.4%)	1,171(88.6%)
2012년	1,351	129(9.5%)	1,222(90.5%)
2013년	1,427	158(11.1%)	1,269(88.9%)
2014년	1,400	129(9.2%)	1,271(90.8%)
2015년	1,451	135(9.3%)	1,316(90.6%)
2016년	1,532	153(10%)	1,379(90%)
2017년	1,565	124(7.9%)	1,441(92.1%)
2018년	1,570	154(9.8%)	1,416(90.2%)
2019년	1,653	147(8.9%)	1,506(91.1%)
2020년	1,650	140(8.5%)	1,510(91.5%)

출처: 한국중앙자원봉사센터(2021), p. 15.

(2) 청소년활동진흥센터

청소년활동진흥센터는 청소년기부터 자원봉사활동에 참여하는 것이 바람직하다는 사회적 여론과 함께 1996년 정부의 교육개혁방안에 기초하여 청소년자원봉사활동이 인성교육의 과제로 포함됨에 따라 이를 지원하기 위하여 한국청소년개발원 내에 '청소년자원봉사센터'로 설치되었다.

이후 청소년자원봉사센터는 청소년 자원봉사활동을 활성화시키려는 노력의 일환으로 2005년 1월 '청소년활동진흥센터'로 확대·개편되었다. 그러다 2010년 8월에 '한국청소년수련원'과 통합되면서 여성가족부 산하소속으로 편입되었고, 그 명칭이 '한국청소년활동진흥원'으로 바뀌게 되었다.

한국청소년활동진흥원은 「청소년활동진흥법」 제7조 근거하여 "특별시·광역시·도·특별자치도(이하 시·도라 한다) 및 시·군·구(자치구를 말한다)는 해당 지역의 청소년활동을 진흥하기 위하여 지방청소년활동진흥센터를 설치·운영할 수 있다."로 명시하고 있다. 이에 따라 현재 16개 시·도를 중심으로 '지방청소년활동진흥센터'가 운영되고 있다.

'지방청소년활동진흥센터'의 사업은 다음과 같다(동법 제7조 제2항).

1. 지역 청소년활동의 욕구에 관한 조사
2. 지역 청소년 자원봉사활동의 활성화
3. 청소년 수련활동 인증제도의 지원
4. 인증받은 청소년 수련활동의 홍보와 지원
5. 청소년활동 프로그램의 개발과 보급
6. 청소년활동에 대한 교육과 홍보
7. 제9조의2에 따른 숙박형 등 청소년수련활동 계획의 신고에 대한 지원
8. 제9조의4에 따른 정보공개에 대한 지원
9. 그 밖에 청소년활동을 위하여 필요한 사업

2. 한국자원봉사협의회

1) 설립취지와 목적

한국자원봉사협의회(Volunteering Korea)는 대한민국을 대표하는 자원봉사 민간대표기구이자 법정단체이다. 협의회는 1992년 자원봉사활성화를 위한 워크숍을 시작으로 1994년 한국자원봉사단체협의회 창립총회를 실시하였다. 이후 2003년 6월 3일 전국의 자원봉사 NGO 대표와 간부 수백 명이 모인 가운데 지금의 (사) 한국자원봉사협의회로 명칭을 개칭하였다. 2005년 자원봉사활동 진흥을 위한 제1차 국가기본계획을 수립하였고, 2011년 제2차 국가기본계획 수립, 2017년 제3차 국가기본계획을 수립하였다.

한국자원봉사협의회는 건강한 시민사회의 상징으로서 자원봉사의 중요성과 회원단체들을 기반으로 한 자원봉사 상설 민간협의체의 필요성을 공감했던 시민사회, 정부, 기업들의 초이념적이고 초당파적인 협력 속에서 설립되었다. 2018년 말 현재 125개 회원단체와 250여 개 협력단체로 구성되어 있다. 또한 한국자원봉사협의회는 한국의 자원봉사 발전을 위해 공동관심사를 중심으로 협력, 조정, 집행하는 상설 협의체로서 우리 사회의 심각한 사회문제해결을 돕고 사회 구성원들의 공동체 정신과 삶의 질을 높이며 성숙한 시민사회 건설을 목적으로 한다(한국자원봉사협의회 정관 제2조).

2) 법적 설립근거 및 구성

한국자원봉사협의회는 「자원봉사활동기본법」 제17조에 근거를 두고 있다. 동법 제17조에 의하면 자원봉사단체는 전국단위의 자원봉사활동을 진흥·촉진하기 위한 활동을 하기 위하여 한국자원봉사협의회를 설립할 수 있다.

한국자원봉사협의회는 행정안전부장관의 인가를 받아 등기함으로써 법인으로 설립되며, 회원은 다음 각 호의 어느 하나에 해당하는 자로 되어 있다(동법 시행령 제13조 제1항).

1. 자원봉사를 주된 사업으로 하는 비영리법인 또는 단체의 대표자
2. 그 밖에 자원봉사활동의 진흥을 위하여 필요하다고 인정되어 협의회 이사회의 의결을 거친 자

3) 사업 내용

한국자원봉사협의회는 「자원봉사활동기본법」 제17조에 의거하여 다음과 같은 사업을 수행한다.

1. 회원단체 간의 협력 및 사업 지원
2. 자원봉사활동의 진흥을 위한 대국민 홍보 및 국제교류
3. 자원봉사활동과 관련된 정책의 개발 및 조사·연구
4. 자원봉사활동과 관련된 정책의 건의
5. 자원봉사활동과 관련된 정보의 연계 및 지원
6. 그 밖에 자원봉사활동의 진흥과 관련하여 국가 및 지방자치단체로부터 위탁 받은 사업

한편, 한국자원봉사협의회 홈페이지(www.vkorea.or.kr)에서 소개되고 있는 주요 사업의 내용은 다음과 같다.

1. 자원봉사 참여율 증진과 자원봉사 인식 개선을 위한 캠페인 개최
   - 건강 플러스 캠페인, 은둔 환자 의료비 지원 캠페인, 코레일 러브포인트, 재능을 나눕시다, 사회지도층 나눔과 봉사
2. 정부, 지방자치단체, 자원봉사 유관기관과 함께 자원봉사 진흥을 위한 전국 규모의 행사 진행
   - 전국자원봉사자대회, 전국자원봉사 콘퍼런스, 전국자원봉사대축제
3. 자원봉사의 지속적인 성장과 인프라 구축을 위해 교육·연구 사업 진행
   - 볼런티어 리더십 아카데미, 자원봉사 R&D
4. 세계 자원봉사 네트워크 구축 사업인 글로벌 협력 사업
   - 국제개발 협력, 국제교류, IAVE[1] 한국(2013년부터 활동)

1) IAVE(International Association for Volunteer Effort)는 1970년에 설립된 세계자원봉사협의회로 세계 유일의 자원봉사진흥을 목적으로 하는 세계민간국제기구이다.

한국자원봉사협의회는 자원봉사 진흥을 위한 전문 사업을 수행하고 다양한 분야의 실천가, 전문가 등이 구체적인 활동을 하게 된다. 따라서 한국자원봉사협의회가 자원봉사 사업 추진을 위한 적극적인 활동을 하기 위해서는 많은 지원과 영향력의 확대 등이 필요하다(김동배 외, 2009: 58).

3. 사회복지기관 및 시설

1) 사회복지기관

우리나라의 사회복지 사업 중 지역복지 분야에서 가장 중추적인 사업을 전개하고 있는 사회복지관은 1983년 「사회복지사업법」 개정에 따라 정식으로 정부의 보조금을 지원받게 되면서 급속도로 전국에 확산되었다. 사회복지관을 설치·운영하게 된 배경은 저소득층 밀집지역이나 사회문제 다발성 지역에 사회복지관을 설치하고, 본 기관의 사회복지사 및 자원봉사자의 다양한 사회복지서비스를 통하여 저소득 취약계층의 사회·가정문제 등의 발생을 사전에 예방하기 위한 것이었다(류기형 외, 2009: 409).

사회복지관은 지방자치단체, 사회복지법인, 비영리법인이 설치·운영할 수 있다. 지방자치단체는 지방자치단체가 설치하였거나 기부받은 사회복지관의 경우 운영의 전문성 등을 고려하여 필요하다고 인정될 때에는 사회복지법인 또는 비영리법인에게 위탁할 수 있다. 지방자치단체가 사회복지관의 운영을 위탁하고자 할 경우에는 원칙적으로 사회복지법인, 재단법인, 비영리 사단법인의 순서에 의해 운영자를 신청하도록 해야 하며 사회복지관 운영에 필요한 인력 및 재원의 확보 등 사업수행 능력을 충분히 검토한 후 운영자를 결정해야 한다. 기본적으로 위탁기간은 5년을 원칙으로 하며 사업운영 평가를 거쳐 기간을 연장할 수도 있다.

사회복지관을 설치·운영하고자 할 경우 소재지를 관할하는 시장·군수·구청장에게 사회복지관 설치허가를 받아야 하며, 시장·군수·구청장은 관계공무원이 현지를 확인하도록 하고 사업계획서의 타당성, 지역적 필요성, 기준의 적합 여부 등을 충분히 검토하여 허가 여부를 결정해야 한다. 그리고 시장·군수·구청장이 사회복지관을 설치·운영하려는 경우는 「사회복지사업법」 규정에 의거하여 시·도지사의 승인을 받아야 한다(류기형 외, 2009: 410-411).

사회복지관에서 이루어지는 자원봉사는 각각의 사회복지관에서 운영되는 모든 프로그램, 즉 사업분야별 서비스 모두에서 가능하다. 다음의 〈표 10-2〉는 사회복지관에서 일반적으로 제공되는 서비스의 종류와 그에 따른 내용이다.

〈표 10-2〉 사회복지관의 사업분야별 서비스 내용

사업구분 (기능별)	구분	내용
사례관리 기능	사례발굴	• 지역 내 보호가 필요한 대상자 및 위기 개입대상자를 발굴하여 개입계획 수립
	사례개입	• 지역 내 보호가 필요한 대상자 및 위기 개입대상자의 문제와 욕구에 대한 맞춤형 서비스가 제공될 수 있도록 사례개입
	서비스연계	• 사례개입에 필요한 지역 내 민간 및 공공의 가용자원과 서비스에 대한 정보 제공 및 연계, 의뢰
서비스제공 기능	가족기능 강화	• 가족관계 증진사업: 가족원 간의 의사소통을 원활히 하고 각자의 역할을 수행함으로써 이상적인 가족관계를 유지함과 동시에 가족의 능력을 개발 · 강화하는 사업 • 가족기능 보완사업: 사회구조 변화로 부족한 가족기능, 특히 부모의 역할을 보완하기 위하여 주로 아동 · 청소년을 대상으로 실시되는 사업 • 가정문제해결 · 치료사업: 문제가 발생한 가족에 대한 진단, 치료, 사회복귀 지원 사업 • 부양가족지원 사업: 보호대상 가족을 돌보는 가족원의 부양부담을 줄여주고 관련 정보를 공유하는 등 부양가족 대상 지원 사업 • 다문화가정, 북한이탈주민 등 지역 내 이용자 특성을 반영한 사업

사업구분 (기능별)	구분	내용
서비스 제공 기능	지역 사회 보호	• 급식서비스: 지역사회에 거주하는 요보호 노인이나 결식아동 등을 위한 식사제공 서비스 • 보건의료서비스: 노인, 장애인, 저소득층 등 재가복지사업대상자들을 위한 보건 · 의료관련 서비스 • 경제적 지원: 경제적으로 어려운 지역사회 주민들을 대상으로 생활에 필요한 현금 및 물품 등을 지원하는 사업 • 일상생활 지원: 독립적인 생활능력이 떨어지는 요보호 대상자들이 시설이 아닌 지역사회에 거주하기 위해서 필요한 기초적인 일상생활 지원서비스 • 정서서비스: 지역사회에 거주하는 독거노인이나 소년소녀가장 등 부양가족이 없는 요보호 대상자들을 위한 비물질적인 지원 서비스 • 일시보호 서비스: 독립적인 생활이 불가능한 노인이나 장애인 또는 일시적인 보호가 필요한 실직자 · 노숙자 등을 위한 보호서비스 • 재가복지봉사 서비스: 가정에서 보호를 요하는 장애인, 노인, 소년 · 소녀가정, 한부모 가족 등 가족기능이 취약한 저소득 소외계층과 국가유공자, 지역사회 내에서 재가복지봉사서비스를 원하는 사람에게 다양한 서비스 제공
	교육 문화	• 아동 · 청소년 사회교육: 주거환경이 열악하여 가정에서 학습하기 곤란하거나 경제적 이유 등으로 학원 등 다른 기관의 활용이 어려운 아동 · 청소년에게 필요한 경우 학습 내용 등에 대하여 지도하거나 각종 기능 교육 • 성인기능교실: 기능습득을 목적으로 하는 성인사회교육사업 • 노인 여가 · 문화: 노인은 대상으로 제공되는 각종 사회교육 및 취미교실 운영사업 • 문화복지사업: 일반주민을 위한 여가 · 오락프로그램, 문화 소외집단을 위한 문화프로그램, 그 밖에 각종 지역문화행사사업
	자활 지원 등 기타	• 직업기능훈련: 저소득층의 자립능력배양과 가계소득에 기여할 수 있는 기능훈련을 실시하여 창업 또는 취업을 지원하는 사업 • 취업알선: 직업훈련 이수자 기타 취업희망자들을 대상으로 취업에 관한 정보제공 및 알선사업 • 직업능력개발: 근로의욕 및 동기가 낮은 주민의 취업욕구 증대와 재취업을 위한 심리 · 사회적인 지원프로그램 실시사업 • 그 밖의 특화사업
지역사회 조직화 기능	복지 네트워크 구축	• 지역 내 복지기관 · 시설들과 네트워크를 구축함으로써 복지서비스 공급의 효율성을 제고하고, 사회복지관이 지역복지의 중심으로서의 역할을 강화하는 사업(지역사회연계사업, 지역욕구조사, 실습지도 등)
	주민 조직화	• 주민이 지역사회 문제에 스스로 참여하고 공동체 의식을 갖도록 주민 조직의 육성을 지원하고, 이러한 주민협력 강화에 필요한 주민의식을 높이기 위한 교육을 실시하는 사업(주민복지증진사업, 주민조직화 사업, 주민교육 등)
	자원 개발 및 관리	• 지역주민의 다양한 욕구 충족 및 문제해결을 위해 필요한 인력, 재원 등을 발굴하여 연계 및 지원하는 사업(자원봉사자 개발 · 관리, 후원자 개발 · 관리 등)

출처: 한국사회복지관 협회 홈페이지(http://kaswc.or.kr).

2) 사회복지시설

「사회복지사업법」에 의하면, "사회복지시설은 사회복지사업을 수행할 목적으로 설치된 시설이다"라고 규정되어 있다. 사회복지시설은 이용형태에 따라 대상자를 입소시켜 수용·보호하는 보육원, 양로원, 재활원 등의 생활시설과 도움이 필요한 대상자들이 통원·이용할 수 있는 사회복지관 등의 이용시설에서 독립하여 사회에 적응하기까지 일정 기간 머무르는 중간시설 등이 있다. 그러나 일반적으로 사회복지시설이라고 할 때에는 협의의 개념으로 생활시설을 의미한다.

사회복지시설은 다음 〈표 10-3〉과 같이 분류기준에 따라 다양한 종류로 구분할 수 있다.

〈표 10-3〉 사회복지시설의 분류기준에 의한 종류

분류기준	구 분
시설의 설립 운영주체	• 공립공영시설: 국가 또는 지방자치단체 설립 및 직접 운영 • 공립민영시설: 국가 또는 지방자치단체 설립 및 민간법인위탁운영 • 사립공영시설: 민간 설립 및 국가 또는 지방자치단체 위탁 또는 기부체납
시설이용 방법	• 수용시설: 요보호대상자 24시간 수용보호 • 이용시설: 재가 또는 수용시설의 보호대상자를 통원케 하여 서비스 제공
이용자에 대한 요금의 수납 여부	• 유료시설: 이용자 또는 그 부양의무자로부터 전적으로 요금을 수납하여 운영 • 무료시설: 이용자로부터 요금을 수납하지 않고 전액 무료로 서비스를 제공하거나 실비의 요금을 수납
사회복지 시설의 종류를 규정하는 법률	• 국민기초생활보장법: 보장시설 • 아동복지법: 아동양육시설, 아동일시보호시설, 아동보호치료시설, 아동직업훈련시설, 자립지원시설, 아동단기보호시설, 아동상담소, 아동전용시설, 아동복지관, 공동생활가정, 지역아동센터 • 노인복지법: 노인주거복지시설(양로시설, 노인공동생활가정, 노인복지주택), 노인의료복지시설(노인요양시설, 노인요양 공동생활가정, 노인전문병원), 노인여가복지시설(노인복지관, 경로당, 노인교실, 노인휴양소), 재가노인복지시설(방문요양 서비스, 주·야간보호 서비스, 단기보호 서비스, 방문목욕서비스, 그 밖의 서비스), 노인보호전문기관

분류기준	구 분
사회복지 시설의 종류를 규정하는 법률	• 장애인복지법: 장애인생활시설, 장애인 지역사회 재활시설, 장애인 직업재활시설, 장애인 유료복지시설, 그 밖에 대통령령으로 정하는 시설 • 한부모가족지원법: 모자보호시설, 모자자립시설, 부자보호시설, 부자자립시설, 미혼모자시설, 미혼모자 공동생활가정, 모자 공동생활가정, 부자 공동생활가정, 미혼모 공동생활가정, 일시보호시설, 여성복지관, 한부모가족복지상담소 • 성매매 방지 및 피해자보호 등에 관한 법률: 일반 지원시설, 청소년 지원시설, 외국인 여성 지원시설, 자활지원센터
시설서비스 기능	• 의식주의 해결과 일상생활을 위한 생활시설: 육아시설, 양로원 등 • 재활기능을 중심으로 한 재활시설: 장애인, 부랑인 복지시설 등 • 도구의 사용을 통한 작업이나 일을 통해 이용자의 능력을 개발하는 작업시설: 자립장 • 지역사회 내에서 지역주민을 중심으로 이용되는 이용시설: 종합사회복지관, 노인종합복지관, 장애인종합복지관 등

출처: 임은희 외(2010), p. 318의 〈표 12-7〉에서 발췌.

사회복지시설에서의 자원봉사활동은 시설의 종류와 시설에서 운영되는 서비스의 내용에 따라 〈표 10-4〉와 같이 구분할 수 있다.

〈표 10-4〉 사회복지시설의 서비스 내용

시설구분	서비스 내용		
노인 시설	• 말벗, 카운슬링 • 신문 읽어주기 • 정원 가꾸기 및 시설수리 • 도서정리 • 조화, 원예, 수예지도	• 손자, 아들 역할(집에 초대) • 행사참여, 협조 • 식사 배달, 청소 • 공연 및 연예활동 • 방문(휠체어 노인돕기, 연극공연)	• 취미교육 • 전기용품 수리 • 결연 • 이발, 미용
장애인 시설	• 방문(담소, 말벗), 결연 • 물리치료 • 이발, 미용활동 • 외출보조 및 심부름대행	• 의류수선 제조 • 워크숍기술 제조 • 급식 서비스 • 식사, 청소지원 • 행사참여(비디오 제작 및 돕기) • 만화 보여주기	• 삽화만화책 • 장난감 수리 • 공연 및 연예활동

시설구분	서비스 내용		
아동 및 청소년 시설	• 방문(말벗 놀이, 학습지도) • 가정문고 • 워크캠프 • 바자 돕기 • 행사참여 ·돕기 • 취미교육(캠프, 수영, 외식)	• 입양 및 결연 • 운동과 레크리에이션 지도 • 이발, 미용 • 상담 • 일일 위탁부모 • 아동을 위한 지역사회 기관과 협동	• 외출교통 제공 • 청소년 상담 • 놀이터 만들기
여성 시설	• 도덕 윤리교육(강연회) • 상담(부부갈등, 남편폭력, 이혼 문제, 법률문제)	• 기술교육	• 말벗 • 취업알선
기타 시설	• 도시 노숙자 무료급식 • 노숙자 및 실직자 상담	• 실직자 쉼터(재충전의 집)	• 실직자 취업 알선

출처: 류기형 외(2016), p. 423의 〈표 23-4〉에서 발췌.

4. 기타 추진체계

1) 한국자원봉사연합회

한국자원봉사연합회(www.volunteer.or.kr, 이하 연합회)는 1991년 부산에서 설립된 자원봉사 육성단체이다. 연합회는 다양하게 전개되고 있는 자원봉사활동을 보다 체계적이고 과학적으로 조정하고 지원함으로써, 자원봉사 활동의 효율성 및 극대화를 꾀하여 그 영역과 능력의 활성화는 물론 나아가 지역사회의 시민복리증진을 목적으로 한다.

자원봉사 증진을 위해 계간지를 발간하고 있고, 정부 및 사회단체에 자원봉사 프로그램 자문을 제공해 왔으며, 자원봉사자 교육과 훈련에 지도력을 발휘해 왔다. 특히 청소년 자원봉사프로그램, 청소년 대상 프로그램, 자원봉사 박람회 등 활발한 자원봉사 운동을 전개해 왔다. 1994년 한국자원봉사단체협의회 설립에 산파 역할을 한 단체이기도 하다(김영호 외, 2007: 329).

2) 한국대학사회봉사협의회

한국대학사회봉사협의회(www.kucss.or.kr, 이하 협의회)는 한국사회복지협의회나 한국해외봉사단과는 달리 민간 주도로 결성되었고 민간 주도로 운영되며, 대학생 자원봉사지원에 집중한다는 특성을 가지고 있는 단체이다.

협의회는 1996년 9월, 대학사회의 자원봉사 활성화를 위해 140여 개의 대학교 총장들이 모여서 결성한 이후, 2018년 현재 268개 대학이 회원으로 가입하여 활동하고 있다

한국대학사회봉사협의회는 대학 및 전문대학이 사회봉사 교육과 활동에 대한 상호 협조를 통해 대학생이 재학 중 사회적·윤리적 문제에 대한 경험과 사려를 향상시키는 방안을 협의·개발 및 보급함으로써 사회발전에 기여함을 목적으로 한다. 한국대학사회봉사협의회는 다음과 같은 기능을 수행한다.

① 대학생 사회봉사활동의 육성 발전

② 대학 교육과정과 사회봉사 연계에 관한 연구 개발

③ 대학의 사회봉사 활동에 관한 연수 지원

④ 국내·외 사회봉사 관련 기관과의 교류 및 제휴

⑤ 대학 사회봉사 프로그램 개발 보급

⑥ 기타 회원대학 상호 간에 협의 조정이 필요한 사항

3) 한국자원봉사문화(전 볼런티어 21)

한국자원봉사문화(volunteeringculture.or.kr)는 평범한 시민이 크고 작은 사회문제를 해결하기 위해 일상적으로 자원봉사에 참여함으로써 보다 건강하고 살기 좋은 지역사회를 만들어 나가도록 도우며, 우리 사회에 자원봉사 문화가 튼튼히 뿌리내릴 수 있도록 지원하는 비영리민간단체이다. 각종 자원봉사확산을 위한 인프라 구축 및 정책연구, 자원봉사지도자 및 관리자의 역량강화를 위한 교육·훈련,

지역사회문제해결과 공동체성 강화를 위한 프로그램 개발 및 보급을 위해 노력해왔다(양점도 외, 2010: 124).

한국자원봉사문화는 1997년 창설된 민간자원봉사 전문단체로 교육사업, 자원봉사 액션사업, 기업자원봉사사업, 해외자원봉사 교류사업, 연구개발사업 등을 하고 있다.

1. 교육사업: 자원봉사 리더십센터를 통해 비전과 열정, 그리고 역량을 갖춘 자원봉사 지도자 및 시민지도자를 양성하고 전문 자원봉사자 및 관리자 교육 프로그램을 개발·운영한다.
2. 자원봉사 액션사업: 자원봉사 캠페인, 프로그램 개발 및 실천을 통해 자원봉사의 영역을 넓히고, 자원봉사활동이 시민생활문화의 일부분으로 정착될 수 있도록 한다.
3. 기업자원봉사사업: 기업자원봉사 컨설팅, 교육, 프로그램 개발 및 실천을 통해 기업과 NGO의 성공적 파트너십을 만들고 기업과 지역사회가 상생할 수 있도록 지원한다.
4. 해외자원봉사 교류사업: 각종 해외 네트워크를 통해 해외 자원봉사 정보교류 및 연구를 진행한다.
5. 연구개발사업: 정부, 시민사회, 기업 간의 적극적 협력과 신뢰관계 형성을 통해 올바른 자원봉사문화가 정착될 수 있도록 정책을 연구하고 대안을 제시한다.

4) 자원봉사이음

'자원봉사이음'(www.volunteereum.org)은 행정자치부에 등록된 비영리단체로서, 2004년 3월 '한국자원봉사관리협회(Korea Association for Volunteer Management: KAVM)'라는 명칭으로 창립하였다. 그 후 자원봉사관리의 전문화와 활성화를 위해 비전과 미션, 가치들을 정립한 후 2016년 9월 단체명을 변경하였다. 본 단체는 2008년 12월 자원봉사활동 관리 표준매뉴얼을 개발하였고, 2015년에는 자원봉사 관리자 윤리강령을 선포하였으며, 2018년 10월에는 1차 선포된 자원봉사 관리자 윤리강령 개정(안)을 마련하였다.

자원봉사 이음의 핵심 목적과 중점사업은 아래와 같다.

● 핵심목적

- 활동가들의 전문성 증진과 역량강화
- 자원봉사 가치의 보존과 고취
- 올바른 자원봉사 정책 활동
- 새로운 조직모델 운영

● 중점사업 방향

- 자원봉사 활동가들 스스로 만들고 운영하며 함께 성장하는 찬란한 자치모임의 조직화와 연대
- 경험 및 실천적 지식을 기반으로 한 자원봉사 활동가 성장 콘텐츠 개발과 공유
- 자원봉사 관리자에서 자원봉사활동가로 고쳐 부르기와 자원봉사활동가 윤리강령의 확산

11장

자원봉사활동의 지원체계

자원봉사활동의 지원체계란 자원봉사활동을 활성화하기 위해 자원봉사활동을 둘러싼 환경을 의미하는 것으로, 자원봉사활동의 효과적인 수행을 위해 추진체계나 관리체계를 직·간접적으로 지원하는 지원법과 지원조직(시설, 단체 등)을 말한다. 자원봉사활동의 지원체계는 크게 지원법과 지원조직으로 구분되며, 지원조직은 다시 정부부문과 민간부문으로 나누어 볼 수 있다.

1. 자원봉사활동 기본법과 관련법

1) 자원봉사활동 기본법

(1) 성립배경 및 의의

「자원봉사활동관련법」 제정의 필요성은 1994년부터 한국자원봉사단체협의회(현 한국자원봉사협의회) 및 자원봉사현장 전문가 집단을 중심으로 제기되었고 다양한 접근이 시도되었고(박태영 외, 2016: 134), 정부 차원에서 처음 거론되고 본격적으로 검토된 것은 보건복지부(당시 보사부)에 의해서였다. 여러 차례의 입법 시도에도 불구하고 성공하지 못했던 이유는 자원봉사가 자칫 선거 및 당원 확보 등의 정치적 목적으로 악용될 가능성이 있다는 의구심이 제기되었고, 자원봉사에 대한 법적 지원은 정부의 재정부담을 증가시키게 된다는 비판이 있었기 때문이다(김상균 외, 2009: 516-517).

그러나 민간주도로 시작한 자원봉사활동이 점차 보편화 및 활성화되었고, 시민사회의 성숙에 따라 자원봉사활동이 사회 각 분야에 널리 확대되고 있었으나 이에 대한 국가적 차원의 체계적인 지원이 미흡한 부분이 공론화되었다. 이에, 자원봉사에 관한 기본적인 사항을 정하여 국민의 자원봉사활동에 대한 참여를 높이고 행복한 공동체를 건설하는 데에 기여하고자 동 법이 제정되었다. 자원봉사활동 기본법은 2005년 8월 4일 「자원봉사활동기본법」이 정부입법으로 제정되었고

2006년 2월 5일부터 시행되었다. 이후 2014년 1월 7일 1차 개정, 2016년 12월 27일 2차 개정을 한 상태이다.

「자원봉사활동기본법」 제정 및 시행에 있어서 중요한 의의는 법 제정과정에서부터 민간이 대폭 참여하여 민·관 파트너십을 형성하였다는 점에서 찾을 수 있고, 무엇보다 우리나라에서 처음으로 자원봉사활동이 국가로부터 인정받았다는 점에서 의의가 있다 할 수 있다.

(2) 목적과 기본방향

「자원봉사활동기본법」은 자원봉사활동에 관한 기본적인 사항을 규정함으로써 자원봉사활동을 진흥하고 행복한 공동체 건설에 기여함을 목적으로 하고 있다(동법 제1조). 자원봉사활동의 진흥을 위한 정책은 다음 사항을 기본방향으로 하도록 되어 있다(동법 제2조).

1. 자원봉사활동은 국민의 협동적인 참여능력을 높일 수 있는 방향으로 추진하여야 한다.
2. 자원봉사활동은 무보수성, 자발성, 공익성, 비영리성, 비정파성, 비종파성의 원칙 아래 수행될 수 있도록 하여야 한다.
3. 모든 국민은 연령, 성별, 장애, 지역, 학력 등 사회적 배경에 관계없이 누구든지 자원봉사활동에 참여할 수 있도록 하여야 한다.
4. 자원봉사활동의 진흥을 위한 정책은 민·관 협력의 기본정신을 바탕으로 하여 추진하여야 한다.

(3) 주요 내용

① 자원봉사활동의 진흥을 위한 국가 등의 책무(동법 제4조)

국가와 지방자치단체는 자원봉사활동의 진흥에 관한 시책을 강구하여 국민의 자원봉사활동을 권장·지원하도록 함으로써 자원봉사활동이 건전한 시민운동으로 정착될 수 있는 기반을 조성하도록 하였다.

성숙해진 시민의식과 다채로운 시민참여를 기반으로 자원봉사의 양적 성장과 질적 발전 지향, 공동체적 통합 모색

비전: 성장하는 자원봉사, 함께 가는 대한민국

목표:
- [패러다임] 시민성과 공공성 기반의 자원봉사 가치 확장
- [구조] 협력과 책임의 자원봉사 거버넌스 구현
- [실천] 연결과 순환의 자원봉사 생태계 조성

5대 정책영역 17개 정책과제 36개 세부과제

정책영역 및 정책과제

정책영역	정책과제
제1영역 자원봉사 문화와 참여	1-1. 자원봉사의 시민적 가치 확장 1-2. 일상적 자원봉사의 참여 접근성 향상 1-3. 사회 저변의 자원봉사 참여영역 확장 1-4. 자원봉사 홍보와 캠페인의 영향력 향상
제2영역 자원봉사 인프라	2-1. 자원봉사 공적 지원기구 정비 2-2. 자원봉사센터의 민간중심성 및 전문역량 강화 2-3. 자원봉사포털의 기능 혁신
제3영역 자원봉사 관리와 사업	3-1. 자원봉사관리자 전문역량 및 사회적 위상 강화 3-2. 자원봉사자 지원 및 관리전략 혁신 3-3. 자원봉사 전략사업 및 프로젝트 지원
제4영역 자원봉사 연구와 평가	4-1. 자원봉사 연구 및 학술활동 지원 4-2. 자원봉사 실태조사 내실화 4-3. 자원봉사 기록물 발간 및 보존 4-4. 자원봉사 평가체계 개발 및 시행
제5영역 자원봉사 국제교류 협력	5-1. 자원봉사 국제개발협력 확대 및 내실화 5-2. 자원봉사 국제교류 강화 5-3. 국내외 자원봉사 섹터 간 연계협력 활성화

〈그림 11-1〉 자원봉사활동 진흥을 위한 제3차 국가기본계획(2018~2022)

② 자원봉사활동의 범위(동법 제7조)

자원봉사활동 기본법의 적용을 받는 자원봉사활동의 범위는 다음과 같다.

1. 사회복지 및 보건증진에 관한 활동
2. 지역사회개발·발전에 관한 활동
3. 환경보전 및 자연보호에 관한 활동
4. 사회적 취약계층의 권익증진 및 청소년의 육성보호에 관한 활동
5. 교육 및 상담에 관한 활동
6. 인권옹호 및 평화구현에 관한 활동
7. 범죄예방 및 선도에 관한 활동
8. 교통질서 및 기초질서 계도에 관한 활동
9. 재난 관리 및 재해 구호에 관한 활동
10. 문화, 관광, 예술 및 체육진흥에 관한 활동
11. 부패방지 및 소비자 보호에 관한 활동
12. 공명선거에 관한 활동
13. 국제협력 및 국외봉사활동
14. 공공행정 분야 사무 지원에 관한 활동
15. 그 밖에 공익사업의 수행 또는 주민복리의 증진에 필요한 활동

③ 자원봉사진흥위원회의 설치(동법 제8조)

자원봉사활동의 진흥을 위한 국가기본계획 및 연도별 시행계획 등을 심의하기 위하여 자원봉사진흥위원회(관계부처 공무원 및 민간전문가로 구성)를 두었고, 자원봉사활동이 사회 전반에 걸쳐 진행되고 있고 이에 관한 업무도 여러 중앙행정기관과 관련되는 점을 감안하여 국무총리 소속으로 설치하게 하였다.

④ 자원봉사자의 보호(동법 제14조)

국가와 지방자치단체는 자원봉사활동이 안전한 환경 속에서 이루어질 수 있도

록 노력하여야 한다. 이에 의거해서 자원봉사단체 및 자원봉사센터로 하여금 위험이 수반되는 자원봉사활동에 대한 안전교육 등 사전에 필요한 조치를 취하도록 하였다(동법 시행령 제10조 제1항). 자원봉사자에 대한 보호의 종류는 다음과 같다(동법 시행령 제10조 제2항).

1. 자원봉사활동 중인 자원봉사자의 신체적 보호
2. 자원봉사활동 중에 발생한 자원봉사자의 경제적 손실 보호
3. 자원봉사활동 중에 발생한 타인의 신체 또는 재물손괴에 대한 보호

또한 국가 및 지방자치단체는 자원봉사센터 또는 「비영리민간단체 지원법」에 의하여 등록된 단체에 소속한 자원봉사자의 보호를 위하여 다음 각호의 일정 요건을 모두 갖춘 보험 또는 공제에 가입할 수 있다(동법 시행령 제10조 제3항). 그리고 이러한 자원봉사자에 대한 보험의 가입절차 및 방법 등에 관하여는 지방자치단체의 조례를 통하여 이루어지도록 하고 있다(동법 시행령 제10조 제4항).

⑤ 한국자원봉사협의회의 설립(동법 제17조)

자원봉사단체는 전국단위의 자원봉사활동을 진흥·촉진하기 위한 활동을 하기 위하여 행정자치부장관의 인가를 받아 한국자원봉사협의회(이하, 협의회)를 설립할 수 있도록 하였다.

⑥ 자원봉사센터의 설치 및 운영(동법 제19조)

국가기관 및 지방자치단체는 자원봉사센터를 설치·운영할 수 있고, 필요한 경우 자원봉사센터를 법인으로 하거나 비영리법인에게 위탁하여 운영할 수 있도록 하였다.

2) 자원봉사활동 관련법

① 사회복지사업법

「사회복지사업법」 제9조에 자원봉사에 대한 국가의 지원과 육성에 대한 내용이 규정되어 있다. 동법 동조에 의하면 국가와 지방자치단체는 사회복지 자원봉사활동을 지원·육성하기 위하여 다음 각호의 사항을 실시하여야 한다.

1. 자원봉사활동의 홍보 및 교육
2. 자원봉사활동 프로그램의 개발·보급
3. 자원봉사활동 중의 재해에 대비한 시책의 개발
4. 기타 자원봉사활동의 지원에 필요한 사항 등

이와 같은 사항을 효율적으로 수행하기 위해 국가 및 지방자치단체는 사회복지법인 기타 비영리법인·단체에 이를 위탁할 수 있도록 규정하고 있다.

이 규정에 의거하여 보건복지부는 한국사회복지협의회와 그 산하의 시·도협의회 및 시·군·구협의회를 중심으로 자원봉사활동을 교육, 육성, 지원하고 있으며, 특히 이를 인증제로 하여 자원봉사활동을 체계적으로 관리하고 있다. 사회복지와 관련하여 이루어지는 자원봉사활동은 다른 법률이나 정부부서보다는 사실상 보건복지부 소관인 사회복지협의회에서 인증제로 취급하는 것이 대부분을 차지하고 있다(현외성, 2011: 218).

② 청소년활동 진흥법(약칭: 청소년활동법)

「청소년활동진흥법」의 소관 부서는 여성가족부로, 이 법은 「청소년기본법」 제47조(청소년활동의 지원) 제1항과 제2항에 의거 다양한 청소년 활동을 적극적으로 진흥하기 위해 2005년 2월에 제정되었다.

「청소년활동 진흥법」에서는 청소년 육성을 위한 다음 각 호의 사업을 하기 위하여 한국청소년활동진흥원을 설치하도록 규정되어 있고(동법 제6조), 그 주요 내용은 다음과 같다.

1. 청소년활동·청소년복지·청소년보호에 관한 종합적 안내 및 서비스 제공
2. 청소년 육성에 필요한 정보 등의 종합적 관리 및 제공
3. 청소년 수련활동 인증위원회 등 청소년 수련활동 인증제도의 운영
4. 청소년 자원봉사활동의 활성화
5. 청소년활동 프로그램의 개발과 보급
6. 국가가 설치하는 수련시설에 대한 유지·관리 및 운영업무의 수탁
7. 국가 및 지방자치단체가 개발한 주요 수련거리의 시범운영
8. 청소년활동시설이 행하는 국제교류 및 협력사업에 대한 지원
9. 청소년 지도자의 연수
10. 수련시설 종합 안전·위생점검에 대한 지원
11. 수련시설의 안전에 관한 컨설팅 및 홍보
12. 그 밖에 여성가족부장관이 지정하거나 활동진흥원의 목적을 수행하기 위하여 필요한 사업

청소년 자원봉사활동은 전국에 16개의 지방청소년활동진흥센터(기존의 청소년 자원봉사센터) 내에서 지원되고 있으며, 지방청소년활동진흥센터의 설치에 관한 법의 내용은 다음과 같다(동법 제7조).

① 특별시·광역시·도·특별자치도(이하 “시·도”라 한다) 및 시·군·구(자치구를 말한다)는 해당 지역의 청소년활동을 진흥하기 위하여 지방청소년활동진흥센터를 설치·운영할 수 있다.

② 제1항에 따른 지방청소년활동진흥센터(이하 “지방청소년활동진흥센터”라 한다)는 다음 각 호의 사업을 수행한다.

1. 지역 청소년활동의 요구에 관한 조사
2. 지역 청소년자원봉사활동의 활성화
3. 청소년 수련활동 인증제도의 지원

4. 인증받은 청소년 수련활동의 홍보와 지원
5. 청소년활동 프로그램의 개발과 보급
6. 청소년활동에 대한 교육과 홍보
7. 숙박형 등 청소년수련활동 계획의 신고에 대한 지원
8. 정보공개에 대한 지원
9. 그 밖에 청소년활동을 위하여 필요한 사업

③ 시방청소년활동진흥센터는 제2항에 따른 사업을 수행할 경우 활동진흥원과 연계·협력한다.

④ 국가 및 지방자치단체는 예산의 범위에서 지방청소년활동진흥센터의 운영에 필요한 경비의 전부 또는 일부를 지원할 수 있다.

③ 건강가정기본법

「건강가정기본법」과 그 시행령에는 가정봉사원 혹은 자원봉사활동의 지원에 대한 조항을 통해 건강가정지원센터에서 자원봉사자 활용의 근거를 명시하였다. 「건강가정기본법」 제33조에 의하면 「국가 및 지방자치단체는 건강가정과 관련되는 자원봉사활동사업을 육성하고 장려하여야 한다」는 규정을 통해 자원봉사활동의 지원 근거를 명시하고 있다.

2. 자원봉사활동의 지원조직

1) 정부부문의 지원조직

정부부문의 지원조직은 국무총리, 행정안전부, 보건복지부, 교육부를 중심으로 살펴보면 다음과 같다.

(1) 국무총리

국무총리 산하의 자원봉사진흥위원회는 「자원봉사활동기본법」과 시행령에 근거해 자원봉사 국가기본계획을 심의한다. 동법 제8조에 의하면, 자원봉사활동에 관한 주요 정책을 심의하기 위하여 국무총리 소속하에 관계부처 및 민간전문가로 구성된 자원봉사진흥위원회를 두도록 규정되어 있다. 자원봉사진흥위원회는 다음 사항을 심의한다.

1. 자원봉사활동의 진흥을 위한 정책 방향의 설정 및 협력·조정
2. 자원봉사활동의 진흥을 위한 국가기본계획과 연도별 시행계획에 관한 사항
3. 자원봉사활동의 진흥을 위한 제도개선에 관한 사항
4. 그 밖에 자원봉사활동의 진흥에 관하여 필요한 사항

자원봉사진흥위원회(이하, 위원회)의 구성은 위원장 1인과 부위원장 2인을 포함하여 30인 이내의 위원으로 구성하되, 위원은 다음 각 호의 자로 되어 있다(동법 시행령 제2조 제1항).

1. 당연직 위원: 기획재정부장관, 교육부장관, 법무부장관, 보건복지부장관, 여성가족부장관 및 국무조정실장
2. 민간위원: 자원봉사분야에 관한 학식과 경험이 풍부한 자 중에서 한국자원봉사협의회와 교육부장관, 보건복지부장관 또는 여성가족부장관의 추천을 받아 국무총리가 위촉하는 자

이때 위의 규정에 의한 위원 중 민간위원이 과반수가 되도록 하여야 하고(동법 시행령 제2조 제3항), 민간위원의 임기는 2년으로 한다(동법 시행령 제2조 제4항). 위원회의 위원장은 국무총리가 되고, 부위원장은 행정안전부장관과 민간위원 중에서 호선한 자 1인이 된다(동법 시행령 제2조 제2항).

또한 자원봉사진흥위원회에서 심의사항을 미리 검토하고 관계 기관 간의 협의 사항을 정리하기 위하여 위원회 내에 자원봉사진흥 실무위원회(이하, 실무위원회)를 둘 수 있도록 규정되어 있다(동법 시행령 제4조). 실무위원회는 위원장 1인과 부위원장 2인을 포함하여 25인 이내의 실무위원으로 구성하되, 실무위원은 다음 각 호의 자로 한다(동법 시행령 제4조 제1항).

1. 당연직 실무위원: 기획재정부, 교육부, 법무부, 보건복지부, ·여성가족부, 경찰청 및 소방청의 자원봉사에 관한 업무를 담당하는 국장
2. 민간실무위원: 자원봉사분야에 관한 학식과 경험이 풍부한 자 중에서 제13조의 규정에 의한 한국자원봉사협의회와 교육부장관, 보건복지부장관 또는 여성가족부장관의 추천을 받아 행정안전부장관이 위촉하는 자

실무위원회의 위원장은 행정안전부차관이 되고, 부위원장은 자원봉사활동 업무를 담당하는 행정안전부 소속 공무원과 민간실무위원 중에서 호선한 자 1인이 된다(동법 시행령 제4조 제2항). 실무위원 중 민간실무위원이 과반수가 되도록 하여야 하며(동법 시행령 제4조 제3항), 민간실무위원의 임기는 2년이다(동법 시행령 제4조 제4항).

자원봉사진흥위원회는 지나치게 관 주도적 사업추진 및 활동을 고착시켜 왔다는 측면에서 폐지 여부를 놓고 많은 논란이 되고 있다.

(2) 행정안전부

행정안전부는 현재 자원봉사활동의 주무부로서 지방행정국의 민간협력과에서 담당하며, 자원봉사 국가기본계획을 수립하고 자원봉사제도의 개선·운영 및 자원봉사센터의 활성화를 지원하고 있다.

「자원봉사활동기본법」 제9조에 의하면 행정안전부장관은 관계 중앙행정기관의 장과 협의하여 자원봉사활동의 진흥을 위한 국가기본계획(이하, 기본계획이라 한

다)을 5년마다 수립하도록 되어 있다. 이때 기본 계획에는 다음과 같은 사항이 포함되어야 한다(동법 시행령 제9조 제2항).

1. 자원봉사활동의 진흥에 관한 기본 방향
2. 자원봉사활동의 진흥에 관한 추진 일정
3. 관계 중앙행정기관의 자원봉사활동에 관한 추진 시책
4. 자원봉사활동의 진흥을 위하여 필요한 재원(財源)의 조달방법
5. 그 밖에 자원봉사활동의 진흥을 위하여 특히 필요하다고 인정되는 사항

(3) 보건복지부

보건복지부는 보건복지부 직제에 근거해 사회서비스자원과에서 사회복지 분야 자원봉사활동을 지원하고 육성한다. 앞서 언급한 바와 같이 사회복지 영역의 자원봉사는 「사회복지사업법」 제9조의 사회복지 자원봉사활동의 지원·육성에 관한 규정에 근거하고 있다. 동법 제9조에서는 사회복지 자원봉사활동의 지원, 육성에 대한 것으로 사회복지법인이나 비영리법인·단체에 위탁할 수 있도록 규정하고 있다. 「사회복지사업시행령」 제52조 2항에는 사회복지 자원봉사활동의 지원·육성을 한국사회복지협의회에 위탁하도록 규정하고 있다. 이에 근거하여 보건복지부는 사회복지협의회의 자원봉사활동을 지원 및 육성하고 있으며, 그 사실상 소관인 한국사회복지협의회는 사회복지정보센터의 위탁 운영을 통해 사회복지활동 인증관리 DB 시스템(www.vms.or.kr)을 구축하여 시설·기관과 연계하여 자원봉사활동 및 실적 인증을 관리하고 있다.

(4) 교육부

교육부는 「자원봉사활동 기본법」 제11조 제1항에 의거, 학교의 자원봉사활동을 장려하고 있다. 초·중·고등학교는 교육과정에 따라 봉사활동을 창의적 체험활동 영역의 하나로 구성하고 있고, 봉사활동 영역의 구체적인 활동 내용은 지역의 특성과 학교의 실정, 학습자의 특성 등을 고려하여 선정·운영할 수 있다(초·중등학교 교육과정–교육부 고시 제2017–131호, 2017. 9. 23. 발령, 2017. 3. 1. 시행).

초·중·고등학교의 봉사활동 영역별 활동은 다음과 같다.

〈표 11–1〉 초·중·고등학교의 봉사활동 영역별 활동

영역	활동내용
이웃돕기 활동	• 친구돕기활동: 학습이 느린 친구 돕기 및 장애친구 돕기 등 • 지역사회활동: 불우이웃 돕기, 난민구호활동, 복지시설 위문 및 재능 기부 등
환경보호 활동	• 환경정화활동: 깨끗한 환경 만들기, 공공시설물 보호, 문화재 보호 및 지역 사회 가꾸기 등 • 자연보호활동: 식목활동, 자원재활용 및 저탄소 생활습관화 등
캠페인 활동	• 공공질서, 환경보전, 헌혈 및 각종 편견 극복 캠페인 활동 등 • 학교폭력 예방, 안전사고 예방 및 성폭력 예방 캠페인 활동 등

출처: 초·중등학교 교육과정, 별책 2, 별책 3, 별책 4 참조.

또한 학생봉사활동 정보안내센터와 한국대학사회봉사협의회 등을 통해 학생봉사활동에 대한 정보 제공 및 담당교사 연수 및 지도, 프로그램 개발 및 보급 등의 사업을 주관하고 있다. 교육부는 국고보조사업으로 각 기관의 사업비 보조형태로 자원봉사활동 사업을 지원한다.

2) 민간부문의 지원조직

(1) 한국사회복지협의회

한국사회복지협의회(이하 협의회)는 「사회복지사업법」 제33조에 의한 법정 단체이다. 협의회는 보건복지부 산하 공공기관으로 1952년 2월 15일 사단법인 한국사회산업연합회로 설립되었으며, 1961년 6월 25일 사단법인 한국사회복지사업연합회로 명칭을 변경하였고, 1970년 1월 1일 「사회복지사업법」의 시행으로 사회복지법인이라는 법인형태가 생김에 따라 사회복지법인으로 바뀌었다. 이후 1983년 5월 21일 법정단체가 되었으며, 2009년에 공공기관으로 지정되었다.

주요 기능은 사회복지에 관한 조사연구 및 정책건의, 사회복지관련 기관·단체 간의 연계, 협력, 조정, 사회복지 소외계층 발굴 및 민간사회복지자원과의 연계·협력, 대통령령으로 정하는 사회복지사업의 조성 등이 있다.

협의회는 「사회복지사업법 시행령」 제13조에 의거 회원으로서의 자격을 마련하고 개인회원과 단체회원으로 구성되어 있다. 협의회는 대표적인 사업으로 사회복지포털 복지넷(www.bokji.net)을 운영하고 있으며, 푸드뱅크, 자원봉사인증(사회복지자원봉사 인증관리시스템)사업, 좋은 이웃들(18년 전국 100개 시군구에서 운영 중) 등 총 16개의 사업을 운영하고 있다.

① 사회복지봉사활동 인증관리사업 개요

사회복지봉사활동 인증관리사업은 사회복지 자원봉사활동을 활성화하기 위해 보건복지부 위탁으로 한국사회복지협의회 및 16개 시·도 사회복지협의회가 시행하는 정부의 정책사업이다. 동 사업은 개인별 자원봉사활동 실적을 인증관리하고 누적된 실적에 대한 인센티브를 제공하여 지속적인 자원봉사활동에 참여를 유도함으로써 자원봉사활동의 활성화를 도모하려는 취지에서 시작되었다.

자원봉사활동 인증관리사업의 사업추진체계는 〈그림 11-2〉와 같다.

중앙 사회복지자원봉사 관리본부 〈한국사회복지협의회〉 · 사회복지자원봉사 육성·지원총괄 · 지역사회봉사단 사업 총괄 · 사회복지자원봉사 육성·지원사업 DB 구축 운영 · 사회복지자원봉사 상담안내 및 정보제공	**보건복지부** 계획수립 및 예산지원, 평가 및 지도감독
시 · 도 사회복지자원봉사 관리본부 〈시도 사회복지협의회〉 · 사회복지자원봉사 육성·지원사업 지역총괄 · 당해 지역별 봉사활동 정보등록관리 총괄 · 사업지역 내 자원봉사활동 상담안내, 정보제공 · 사업내역 내 관리센터 지정, 인증요원 위·해촉 · 사업지역 내 관리센터 및 인증요원 지도점검	**광역자치단체** 예산지원 및 관리감독
시 · 군·구 사회복지자원봉사 관리본부 〈시군구 사회복지협의회 등〉 · 사업지역 내 자원봉사활동 상담안내 · 사업지역 내 DB 시스템 현황 정보제공 · 인증요원 양성 및 보수교육 · 소관지역 내 봉사일감 및 정보제공	**기초자치단체** 상호협력
사회복지자원봉사 관리센터 〈법인, 단체, 시설, 보건, 의료, 기업 분야 등〉 · 자원봉사 상담 및 정보제공 · 자원봉사 일감 및 정보제공 · 자원봉사 일감 사전 교육 및 현장관리 · 사회복지자원봉사 실적 등록관리 및 실적 인증서 발급	**사회복지 자원봉사자** 생활·이용시설 봉사자, 기타 사회복지분야 봉사자

〈그림 11-2〉 사회복지봉사활동 인증관리사업 운영체계

〈그림 11–2〉와 같이 한국사회복지협의회가 중앙본부로서 전국 인증관리사업 및 사회복지봉사활동 인증관리 DB(이하, 인증관리 DB)를 총괄·운영하고, 사회복지봉사활동 인증센터(이하, 인증센터) 지정 및 사회복지봉사활동 인증요원(이하, 인증요원) 위촉 권한을 행사한다.

인증센터는 사회복지분야 자원봉사자를 양성·관리하는 법인, 단체, 시설 중 한국사회복지협회장이 인증관리사업 수행에 적합하다고 인정하여 지정한 자를 말한다. 인증요원은 인증센터 종사자 중 인증요원 교육이수 후 한국사회복지협의회장이 위촉한 자로서 자원봉사 관리 등을 포함한 인증관리업무를 직접 수행한다. 16개 시·도 사회복지협의회는 시·도 본부로서 해당 지역 내 인증센터를 총괄 관리하며, 인증요원 양성 및 보수교육 계획을 수립, 시행한다. 전국 인증센터는 일선에서 사회복지 자원봉사활동 실적을 실질적으로 등록, 인증관리하고 있다.

이 사업은 자원봉사자가 인증센터를 통해 자원봉사자의 봉사활동 실적정보를 인증관리 DB에 등록하면 자원봉사자가 요구하는 경우 사회복지 봉사활동실적 인증서를 발급한다. 전국 인증센터에서는 등록된 정보를 중앙관리 DB 서버로 전달, 취합하며 인증관리 DB 본부는 전국에서 전달된 사회복지 봉사활동정보를 총괄·관리하고, 이를 바탕으로 자원봉사자에게 각종 인센티브를 부여하거나 자원봉사활동 활성화를 위한 연구분석 및 정책건의와 함께 정책개발에 필요한 정보 등을 제공하는 기능을 수행한다.

② 사회복지봉사활동 인증관리사업 운영현황

사회복지활동 인증관리사업 운영 현황을 보면, 2020년 12월 현재 시도별 인증관리센터는 총 14,254개소이며 경기도가 2,024개소로 가장 많은 센터를 운영하고 있고, 서울 2,007개소, 전라남도 1,049개소 등의 순으로 운영되고 있다(그림 11–3 참조).

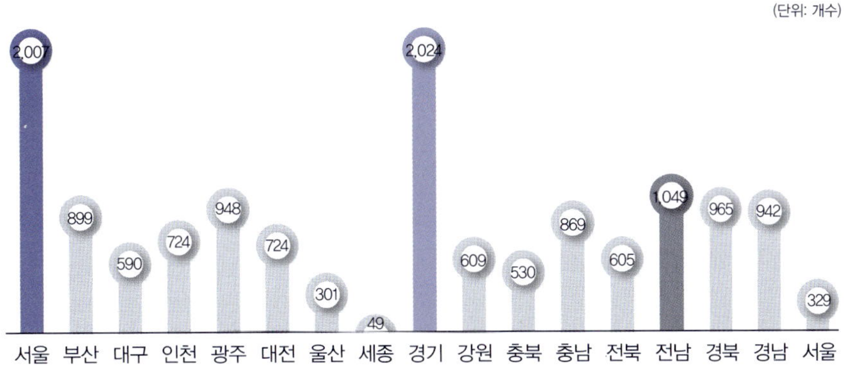

〈그림 11-3〉 사회복지자원봉사 인증관리센터 현황

출처: 한국사회복지협의회(2021), p. 1.

한편 2020년 12월 현재, 시·도별 인증요원은 총 27,797명으로, 전년24,479명보다 3,318명(13.6%)이 증가하였고, 관리센터 별로 보면 평균 2명의 인증요원이 활동하고 있는 것을 알 수 있다(그림 11-4 참조).

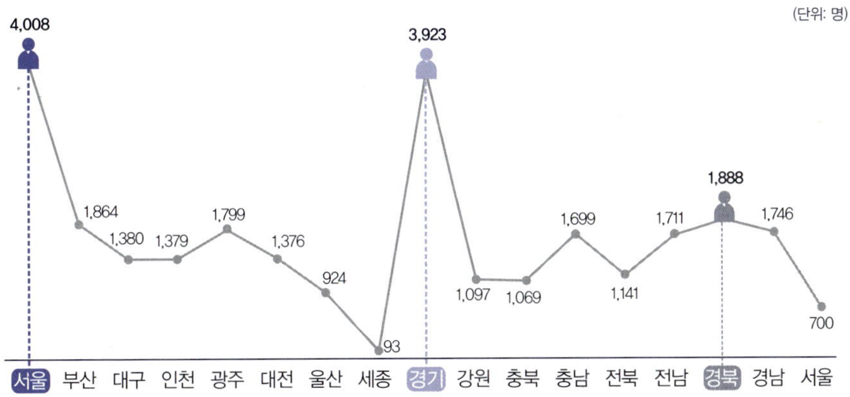

〈그림 11-4〉 사회복지자원봉사 인증관리요원 현황

출처: 한국사회복지협의회(2021), p. 1.

참고문헌

강철희·정무성(2006). 지역사회복지론. 경기: 나남출판.

구혜영(2008). 자원봉사실천론. 서울: 도서출판 신정.

권중돈·조학래·김기수(2008). 자원봉사의 이해와 실천. 서울: 학지사.

김교성·김종건·안현미·김성욱·이근정·신민정(2006). 사회복지자원총량조사연구. 사회복지공동모금회.

김동배(2006). 시민사회와 자원봉사. 서울: 학지사.

김동배·김선아·이서원·장신재·조학래·홍영수(2009). 자원봉사의 이해. 서울 학지사.

김범수·권선진·신승연·이종복·손영희·정옥희·정용충·최은숙(2007). 자원봉사론. 서울: 학지사.

김범수 외 공저(2017). 자원봉사론. 서울: 학지사.

김범수·신원우(2006). 지역사회복지론. 경기: 공동체.

김상균·최일섭·최성재·조흥식·김혜란·이봉주·구인회·강상경·안상훈(2009). 사회복지개론. 서울: 나남출판.

김상해(2006). 사례중심의 자원봉사의 관리전략과 실제. 대전: 대경.

김성이·박영희(2003). 자원봉사총론. 경기: 양서원.

김소희·정진경(2018). 사회복지조직 자원봉사관리자의 자원봉사자 지원노력에 영향을 미치는 요인: 교육경험, 자원봉사자 기여 인식 및 조직적 수용성. 한국사회복지행정학, 20(4): 87-109.

김영호·오정옥·김상조·문혜숙·이은경(2007). 자원봉사의 이론과 실제. 서울: 창지사.

김영호·최종혁·이준우·이연·안태숙·이은희(2009). 자원복지론. 서울: 신정.

김한구·안성호·정하상·황택주·권중돈·이창수·박진호·송두범(1997). 자원봉사 이론과 실제. 서울: 백산출판사.

김해성·안영철·송진영(2018). 청소년의 자원봉사활동이 삶의 만족도에 미치는 영향: 공동체 의식의 매개효과를 중심으로. 교육문화연구, 24(1): 305-325.

김현옥·안승화·천 희·김형용·오영수·박연수(2008). 자원봉사활동 관리 표준매뉴얼 개발 연구. 한국자원봉사관리협회.

김혜영·유진희·신원정(2018). 자원봉사론. 경기도: 어가.

남기철(2007). 자원봉사론. 서울: 나남출판.

류기형·남미애·박경일·홍봉선·강대선(2009). 자원봉사론. 경기: 양서원.

류기형(2016). 자원봉사 관리론. 경기: 공동체.

문화체육관광부(2014a). 문화자원봉사활동 매뉴얼: 관리자용.

문화체육관광부(2014b). 문화자원봉사활동 매뉴얼: 활동가용.

문화체육관광부·한국문화예술위원회(2014). 문화자원봉사 가이드: 스스로 즐기고 함께 나누는 힘.

박광준(2002). 사회복지의 사상과 역사. 경기: 양서원.

박세경·김유경·이영민·정진경·이주연(2010). 민간복지자원 확충을 위한 자원봉사 활성화 방안의 모색. 한국보건사회연구원.

박용순·송진영·황치정·박현숙(2015). 자원봉사론. 서울: 창지사.

박윤애(2017). 국내·외 봉사활동간 파트너십 강화 방안 연구. 국제개발협력, 1: 41-77.

박차상(2014). 자원봉사론. 서울: 창지사.

박태규·정구현·김인춘·황창순(2016). 한국의 제3섹터-국가와 시장 사이에서 길을 묻다. 삼성경제연구소.

박태영(2005). 지역사회복지론. 경기: 학현사.

박태영·김숙경·오 주·이경은·장덕희·채현탁·최태자(2008). 자원봉사론. 경기: 공동체.

박태영·채현탁·정진석·조미정(2016). 자원봉사론. 경기: 공동체.

볼런티어 21(2004). 자원봉사 관리자 아카데미 일반과정.

서재익(1997). 기업자원봉사의 과제와 전략. 한국자원봉사포럼 창립 2주년 기념 국제학술대회.

송민경(2018). 학생 자원봉사활동의 쟁점 연구. 청소년학연구, 25(2): 499-532.

신복기·박경일·장중탁·이명현(2005). 사회복지행정론. 경기: 양서원.

승금희(2005). 자원봉사론. 경기: 대왕사.

안정선·최원희(2016). 사회복지 슈퍼비전의 이론과 실제. 서울: 신정.

양점도·김도희·류기덕·박귀영·박영국·오 주·이금자·이기량·이재모(2010). 자원봉사론. 경기: 양서원.

양정남·최선령(2005). 사회복지실천론. 경기: 양서원.

염동문·이한우·마은경·박정배·신청호(2017). 자원봉사론. 서울: 청목출판사.

오단이(2014). 국제자원활동 동기 및 현지적응과정에 관한 탐색적 사례연구: 국제개발협력민간협의회(KCOC)에서 파견한 캄보디아 L단체 단원을 중심으로. 한국사회복지행정학, 16(3): 373-399.

오세영(2009a). 사회복지행정론. 서울: 신정.

오세영(2009b). 원불교계 자원봉사활동의 실태와 과제. 재단법인 청호불교문화원 부설 불교복지문화연구소 제7회 사회복지학술세미나 자료집.

오세영(2011). 자원봉사론. 경기도: 창지사.

오세영(2018). 사회복지행정론(4판). 서울: 신정.

유승무(2009). 불교계의 자원봉사활동 실태와 과제. 재단법인 청호불교문화원 부설 불교복지문화연구소 제7회 사회복지학술세미나 자료집.

유용식·원요한·김봉순·유길준(2016). 자원봉사론. 경기: 양서원

윤삼호·김의수(2009). 장애의 이해. 사단법인 한국장애인 인권포럼 장애인복지정책모니터링센터.

윤석인(2009). 한국 가톨릭교계의 자원봉사활동 실태와 과제. 재단법인 청호불교문화원 부설 불교복지문화연구소 제7회 사회복지학술세미나 자료집.

이강현 역(2002). 세계의 자원봉사활동. 볼런티어 21.

이만식·김성호·오단이·전구훈·원도연(2017). 뉴패러다임 시대의 자원봉사론. 서울: 학지사.

이만식·손 신·신효진(2010). 21세기 자원봉사관리: 이론과 실제. 서울: 학지사.

이성록(1998). 제4의 물결 자원봉사활동. 서울: 학문사.

이영철·서화자 공역(1996). 지역복지. 서울: 홍익재.

이용환·송상훈·김진덕(2013). 자원봉사 가치 인식조사를 통한 자원봉사 활성화 방안연구. 경기개발연구원.

이재은·조영아(2015). 서울시 자원봉사센터 자원봉사 관리자의 역량모델 개발. 사회복지연구, 46(4): 173-198.

이종복·전남련·이권일·이상호·정현숙·권태연·김덕일·권경미·강상길·박순철·이숙자(2008). 사회복지개론. 경기: 학현사.

이종복(2009). 기독교계 자원봉사활동의 실태와 과제. 재단법인 청호불교문화원 부설 불교복지문화연구소 제7회 사회복지학술세미나 자료집.

이효선·D. Garz(2012). 인간행동과 사회환경: 인간발달과 사회구조. 경기도: 정민사.

임은희·김성기·홍숙자·김범수·이성은(2010). 자원봉사론. 경기: 학현사.

전국경제인연합회(2020). 2020 주요 기업의 사회적 가치 보고서.

전병태(2014). 생활문화 활성화를 위한 문화자원봉사자 활동 지원 방안. 한국문화관광연구원.

정길영·정요한(2017). 자원봉사론. 서울: 동문사.

정무성·김성철·나임순·노승현·유용식·이제윤(2010). 사회복지개론. 서울: 신정.

정무성·양희택·노승현·현종철(2012). 장애인복지론. 경기도: 정민사.

정무성·황정은(2014). 사회복지마케팅. 서울: 신정.

정민숙·양정남·이형하·박일연·김혜선(2015). 사회복지개론. 경기도: 공동체.

조성우·안정선·최승희(2018). 쉽게 배우고 바로 활용하는 사회복지 프로그램 개발과 평가. 서울: 학지사.

조휘일(1990). 한국사회복지분야의 자원봉사행동과 관련된 개인 및 조직 특성에 관한 연구. 숭실대 박사학위논문.

조휘일(1996). 자원봉사의 효율적 관리-자원봉사관리자의 구체적 업무. 한국사회복지협의회 부설 사회복지자원봉사정보안내센터.

조흥식·정무성(2008). 사회공헌활동의 효율성 제고를 위한 방안 모색-기업 자원봉사활동 평가지표 개발. 사회공헌 자료집. 사회공헌정보센터.

종교계자원봉사협의회. www.krnv.org

찰스 자스트로(Zastrow, Charles) 저·강홍구 외 편역(2006). 사회복지개론. 서울: 시그마프레스.

최덕경·강기정·박경애·박창우·배은숙·이명원·이혜자·정은미·정혜선(2006). 자원봉사론. 경기: 공동체.

최유미(2012). 한국형 자원봉사관리 평가지표 개발연구. 한국지역사회복지학, 43: 115-135.

최일섭·이강현·이창호·주성수(1997). 미국의 자원봉사 유래와 현황: 정부, 기업, 학교, 민간단체별 총체적 접근. 한국사회복지관협회.

최종혁·이연·유영주(2015). 자원봉사론: 자원봉사에서 자원복지운동으로. 경기: 양서원.

한국보건사회연구원(2014). 2014 장애인 실태조사.

한국사회복지협의회(1992). 지역복지봉사의 이론과 실제. 한국사회복지협의회 출판부.

한국사회복지협의회(1997). 자원봉사의 기초. 한국사회복지협의회.

한국사회복지협의회(2021). 2020년 VMS 사회복지자원봉사 통계연보. 보건복지부.

한국장애인개발원(2012). 2012 장애인백서.

한국중앙자원봉사센터(2021). 2021년 자원봉사센터 현황: 통계편. 행정안전부.

한상철·김혜원·설인자·임영식·조아미(2003). 청소년 문제행동. 서울: 학지사.

행정안전부(2018a). 2018년도 자원봉사진흥 시행계획 Ⅰ. 행정안전부.

행정안전부(2018b). 2018년 자원봉사 활성화를 위한 자원봉사센터 운영지침. 행정안전부.

허숙민·박태영(2016). 장애인의 사회참여가 사회적 자본에 미치는 영향. 한국지역사회복지학, 58: 29-55.

현외성(2011). 자원봉사론 강해. 서울: 학지사.

홍봉선·남미애(2000). 청소년복지론. 서울: 양서원.

황보람·김환희(2010). 기업의 사회공헌활동에 영향을 미치는 요인: 기부활동과 자원봉사활동을 중심으로. 사회복지 정책, 37(4): 125-154.

홍송이(2015). 노인의 자원봉사 지속 가능성을 위한 제도적 역량 분석: 싱가포르의 경험적 연구. 한국사회복지조사연구, 43: 99-125.

황창순(2016). 기업자원봉사자의 자원봉사반응에 영향을 미치는 요인에 대한 연구. 한국콘텐츠학회논문지, 16(12): 492-506.

한국사회복지관협회. kaswc.or.kr

한국자원봉사문화. www.volunteeringculture.or.kr

한국자원봉사협의회. www.vkoreaedu.or.kr

大阪ボランティア協會(1993). ボランティアー參加する福祉. 京都: ミネルヴァ 書房.

川村匡由編著(2006). ボランティア論. 京都: ミネルヴァ書房.

Biestek, F. P.(1957). *The casework relationship*. Illinois: Loyola University Press.

Compton, B. R., & Galaway, B.(1994). *Social work processes*. 5th ed., Belmont: Wadsworth.

DiGeronimo, T. F.(1995). *A student's guide to volunteering*. Book Mart Press.

Dunham, A.(1970). *The new community organization*. New York Thomas Y. Crowell.

Friedlander, W. A., & Apte, R. Z.(1980). *Introduction to social welfare*. 5th ed., Englewood Cliffs, NJ: Prentice-Hall.

Hansmann, H.(1987). *Economic theory of nonprofit organization*. in Powell, W. W. ed., The Nonprofit Sector, Yale University Pres.

Ilsley, P. J., & Niemi, J. A.(1981). *Recruiting and training volunteers*. McGraw-Hill Book Company.

Johnson, H. W.(1983). *The social service: An introduction*. Itaska, HL: F.E. Peacock.

Katz, D., & Kahn, R.(1978). *Social psychology of organizations*. Rev. ed. New York: Wiley.

Kirst-Ashman, K. K., & Hull, G. H.(1999). *Understanding generalist practice*. 2nd ed., Chicago: Nelson-Hall Publishers.

Pondy, L. R.(1967). Organizational Conflict: Concept and Models. *Administrative Science Quarterly, 12*(2): 296-320.

Poulin, M. J., and Holman, E. A.(2013). Helping hands, healthy body? Oxytocin receptor gene and prosocial behavior interact to buffer the association between stress and physical health. *Hormones and Behavior, 63*(3): 510-517.

Robbins, S. P.(1988). *Management*. Prentice-Hall, Inc.

Salamon, L. M.(1995). Partners in Public Service: Government-Nonprofit Relations in the Modern Welfare State. Johns Hopkins University Press.

Schmidt, S. M., & Kochan, T. A.(1972). Conflict Toward Conceptual Clarity. *Administrative Science Quarterly, 17*(3): 359–370.

Specht, R., & Craig, G. J.(1987). *Human development: A social work perspective*. Prentice Hall.

Stoner, J. A.(1978). *Management*. Englewood Cliffs: Prentice–Hall, Inc.

Thomas, K. W.(1976). Conflict and Conflict Management. in M. D. Dunnette(ed.), *Handbook of industrial and organizational behavior*. Rand McNally College Publishing Co.

Weisbrod, B.(1986). Toward a Theory of the Voluntary Nonprofit Sector in a Three-Sector Economy. in Rose-Ackerman, S. ed., The Economics of Nonprofit Institution: Studies in Structure and Policy. Oxford University Pres.

Wilson, M.(1976). *The effective management of volunteer programs*. Boulder, CO: Volunteer Management Associates.

자원봉사활동 기본법 (약칭: 자원봉사법)

[시행 2017. 7. 26] [법률 제14839호, 2017. 7. 26, 타법개정]

제1조(목적) 이 법은 자원봉사활동에 관한 기본적인 사항을 규정함으로써 자원봉사활동을 진흥하고 행복한 공동체 건설에 이바지함을 목적으로 한다.

제2조(기본 방향) 자원봉사활동의 진흥을 위한 정책은 다음 각 호의 사항을 기본 방향으로 하여야 한다.

1. 자원봉사활동은 국민의 협동적인 참여 능력을 높일 수 있는 방향으로 추진하여야 한다.
2. 자원봉사활동은 무보수성, 자발성, 공익성, 비영리성, 비정파성(非政派性), 비종파성(非宗派性)의 원칙 아래 수행될 수 있도록 하여야 한다.
3. 모든 국민은 나이, 성별, 장애, 지역, 학력 등 사회적 배경에 관계없이 누구든지 자원봉사활동에 참여할 수 있도록 하여야 한다.
4. 자원봉사활동의 진흥을 위한 정책은 민·관 협력의 기본 정신을 바탕으로 하여 추진하여야 한다.

제3조(정의) 이 법에서 사용하는 용어의 뜻은 다음과 같다.

1. "자원봉사활동"이란 개인 또는 단체가 지역사회·국가 및 인류사회를 위하여 대가 없이 자발적으로 시간과 노력을 제공하는 행위를 말한다.
2. "자원봉사자"란 자원봉사활동을 하는 사람을 말한다.
3. "자원봉사단체"란 자원봉사활동을 주된 사업으로 하거나 이를 지원하기 위하여 설립된 비영리 법인 또는 단체를 말한다.
4. "자원봉사센터"란 자원봉사활동의 개발·장려·연계·협력 등의 사업을 수행하기 위하여 법령과 조례 등에 따라 설치된 기관·법인·단체 등을 말한다.

제4조(국가와 지방자치단체의 책무) 국가와 지방자치단체는 자원봉사활동의 진흥에 관한 시책을 마련하여 국민의 자원봉사활동을 권장하고 지원하여야 한다.

제5조(정치활동 등의 금지 의무) ① 제14조, 제18조 및 제19조에 따라 지원을 받는 자원봉사단체 및 자원봉사센터는 그 명의 또는 그 대표의 명의로 특정 정당이나 특정인의 선거운동을 하여서는 아니 된다.

② 제1항에서 "선거운동"이란 「공직선거법」 제58조제1항에 따른 선거운동을 말한다.

제5조의2(자원봉사활동의 강요 금지) 누구든지 개인 또는 단체에 대하여 자원봉사활동을 강요하여서는 아니 된다.

제6조(다른 법률과의 관계) 자원봉사활동의 진흥 등에 관하여는 다른 법률에 특별한 규정이 있는 경우를 제외하고는 이 법에서 정하는 바에 따른다.

제7조(자원봉사활동의 범위) 이 법의 적용을 받는 자원봉사활동의 범위는 다음 각 호와 같다.

1. 사회복지 및 보건 증진에 관한 활동
2. 지역사회 개발·발전에 관한 활동
3. 환경보전 및 자연보호에 관한 활동
4. 사회적 취약계층의 권익 증진 및 청소년의 육성·보호에 관한 활동
5. 교육 및 상담에 관한 활동
6. 인권 옹호 및 평화 구현에 관한 활동
7. 범죄 예방 및 선도에 관한 활동
8. 교통질서 및 기초질서 계도에 관한 활동
9. 재난 관리 및 재해 구호에 관한 활동
10. 문화·관광·예술 및 체육 진흥에 관한 활동
11. 부패 방지 및 소비자 보호에 관한 활동
12. 공명선거에 관한 활동
13. 국제협력 및 국외봉사활동
14. 공공행정 분야의 사무 지원에 관한 활동
15. 그 밖에 공익사업의 수행 또는 주민복리의 증진에 필요한 활동

제8조(자원봉사진흥위원회) ① 자원봉사활동에 관한 주요 정책을 심의하기 위하여 국무총리 소속으로 관계 중앙행정기관 및 민간 전문가로 구성된 자원봉사진흥위원회를 둔다.

② 자원봉사진흥위원회는 다음 각 호의 사항을 심의한다.

1. 자원봉사활동의 진흥을 위한 정책 방향의 설정 및 협력·조정
2. 자원봉사활동의 진흥을 위한 국가기본계획과 연도별 시행계획에 관한 사항
3. 자원봉사활동의 진흥을 위한 제도 개선에 관한 사항
4. 그 밖에 자원봉사활동의 진흥에 필요한 사항

③ 제2항에 따른 심의 사항을 미리 검토하고 관계 기관 간의 협의 사항을 정리하기 위하여 자원봉사진흥위원회에 실무위원회를 둘 수 있다.

④ 자원봉사진흥위원회 및 실무위원회의 구성·조직 및 운영에 필요한 사항은 대통령령으로 정한다.

제9조(자원봉사활동의 진흥에 관한 국가기본계획의 수립) ① 행정안전부장관은 관계 중앙행정기관의 장과 협의하여 자원봉사활동의 진흥을 위한 국가기본계획(이하 "기본계획"이라 한다)을 5년마다 수립하여야 한다.

② 기본계획에는 다음 각 호의 사항이 포함되어야 한다.

1. 자원봉사활동의 진흥에 관한 기본 방향
2. 자원봉사활동의 진흥에 관한 추진 일정
3. 관계 중앙행정기관의 자원봉사활동에 관한 추진 시책
4. 자원봉사활동의 진흥을 위하여 필요한 재원(財源)의 조달방법
5. 그 밖에 자원봉사활동의 진흥을 위하여 특히 필요하다고 인정되는 사항

제10조(연도별 시행계획의 수립) 관계 중앙행정기관의 장과 지방자치단체의 장은 기본계획에 따라 연도별 시행계획을 수립·시행하여야 한다.

제11조(학교·직장 등의 자원봉사활동 장려) ① 학교는 학생의 자원봉사활동을 권장하고 지도·관리하기 위하여 노력한다.

② 직장은 직장인의 자원봉사활동을 촉진하기 위하여 노력한다.

③ 학교·직장 등의 장은 학생 및 직장인 등의 자원봉사활동에 대하여 그 공헌을 인정하여 줄 수 있다.

제12조(포상) 국가와 지방자치단체는 국가와 사회에 현저한 공로가 있는 자원봉사활동을 한 자원봉사자, 자원봉사단체, 자원봉사센터 등에 대하여 대통령령으로 정하는 바에 따라 포상할 수 있다.

제13조(자원봉사자의 날 및 자원봉사주간) ① 국가는 국민의 자원봉사활동에 대한 참여를 촉진하고 자원봉사자의 사기를 높이기 위하여 매년 12월 5일을 자원봉사자의 날로 하고 자원봉사자의 날부터 1주일간을 자원봉사주간으로 설정한다.

② 자원봉사자의 날 및 자원봉사주간의 행사에 필요한 사항은 대통령령으로 정한다.

제14조(자원봉사자의 보호) ① 국가와 지방자치단체는 자원봉사활동이 안전한 환경에서 이루어질 수 있도록 노력하여야 한다.

② 자원봉사자에 대한 보험의 가입 등 보호의 종류와 내용에 관하여 필요한 사항은 대통령령으로 정한다.

제15조(자원봉사활동의 관리) 자원봉사단체 및 자원봉사센터는 자원봉사자에 대한 교육훈련 및 안전대책 등이 체계적으로 관리될 수 있도록 노력하여야 한다.

제16조(국유·공유 재산의 사용) 국가와 지방자치단체는 「국유재산법」 또는 「공유재산 및 물품 관리법」에도 불구하고 자원봉사활동의 진흥을 위하여 자원봉사단체 및 자원봉사센터가 대통령령으로 정하는 특정한 사업을 수행하기 위하여 국유·공유 재산이 필요하다고 인정하면 이를 무상으로 대여하거나 사용하게 할 수 있다.

제17조(한국자원봉사협의회) ① 자원봉사단체는 전국 단위의 자원봉사활동을 진흥·촉진하기 위한 다음 각 호의 활동을 하기 위하여 한국자원봉사협의회를 설립할 수 있다.

1. 회원단체 간의 협력 및 사업 지원

2. 자원봉사활동의 진흥을 위한 대국민 홍보 및 국제교류
3. 자원봉사활동과 관련된 정책의 개발 및 조사·연구
4. 자원봉사활동과 관련된 정책의 건의
5. 자원봉사활동과 관련된 정보의 연계 및 지원
6. 그 밖에 자원봉사활동의 진흥과 관련하여 국가 및 지방자치단체로부터 위탁받은 사업

② 한국자원봉사협의회는 법인으로 한다.

③ 한국자원봉사협의회는 정관을 작성하여 행정안전부장관의 인가를 받아 등기함으로써 설립된다.

④ 한국자원봉사협의회의 조직과 운영 등에 필요한 사항은 대통령령으로 정한다.

제18조(자원봉사단체에 대한 지원) 국가 및 지방자치단체는 자원봉사단체의 활동에 필요한 행정적 지원을 할 수 있으며 「비영리민간단체지원법」에 따라 사업비를 지원할 수 있다.

제19조(자원봉사센터의 설치 및 운영) ① 국가기관 및 지방자치단체는 자원봉사센터를 설치할 수 있다. 이 경우 자원봉사센터를 법인으로 하여 운영하거나 비영리 법인에 위탁하여 운영하여야 한다.

② 제1항 후단에도 불구하고 자원봉사활동을 효율적으로 추진하기 위하여 필요하다고 인정할 경우에는 국가기관 및 지방자치단체가 운영할 수 있다.

③ 국가는 자원봉사센터의 설치·운영이 활성화될 수 있도록 적극 노력하여야 하며, 지방자치단체는 자원봉사센터의 운영에 필요한 경비를 지원할 수 있다.

④ 자원봉사센터 장의 자격요건과 자원봉사센터의 조직 및 운영 등에 필요한 사항은 대통령령으로 정한다.

제20조(벌칙) 자원봉사단체 및 자원봉사센터가 제5조에 따른 정치활동 등의 금지 의무를 위반한 경우에는 「공직선거법」 제255조제1항제11호에 따른 벌칙을 적용한다.

부칙 〈제14839호, 2017. 7. 26.〉 (정부조직법)

제1조(시행일) ① 이 법은 공포한 날부터 시행한다. 다만, 부칙 제5조에 따라 개정되는 법률 중 이 법 시행 전에 공포되었으나 시행일이 도래하지 아니한 법률을 개정한 부분은 각각 해당 법률의 시행일부터 시행한다.

제2조부터 제4조까지 생략

제5조(다른 법률의 개정) ①부터 〈77〉까지 생략

〈78〉 자원봉사활동 기본법 일부를 다음과 같이 개정한다.

제9조제1항 및 제17조제3항 중 "행정자치부장관"을 각각 "행정안전부장관"으로 한다.

〈79〉부터 〈382〉까지 생략

제6조 생략

자원봉사관리자(활동가) 윤리강령

전 문

자원봉사관리는 건강한 시민의 육성과 비영리단체의 성장에 기여하며, 이를 통해 지역사회의 복지 증진과 사회정의 실현, 지속가능한 생태환경 조성을 목적으로 한다. 자원봉사관리자는 자원봉사자를 위하여, 자원봉사자와 함께 일하며 개인, 가족, 집단, 지역사회의 공존과 변화를 촉진한다.

자원봉사관리자의 역할은 자원봉사의 가치를 수호하고 자원봉사자의 인권을 지지, 옹호하며 잠재력을 개발하고 성장할 수 있도록 지원, 촉진함으로써 자원봉사활동을 효과적으로 돕는 것이다.

이러한 사명을 실천하기 위하여 우리 자원봉사관리자는 자원봉사의 철학을 내면화하는 한편 자원봉사관리의 새로운 지식을 습득하고 기술 개발에 힘써 사회적 가치를 실현하는 전문가로서의 능력과 품위를 유지하기 위해 노력해야 한다. 이에 우리는 자원봉사관리자의 기본원칙과 윤리기준을 다음과 같이 선언하고 이를 준수할 것을 다짐한다.

1. 기본원칙

- ㅇ 인간의 존엄성을 존중하고 향상하기 위해 최선을 다한다.
- ㅇ 자원봉사활동에 관련된 사람과 조직의 요구를 존중하며 이를 실현하고자 노력한다.
- ㅇ 자원봉사활동에 관련된 모든 사람들의 종교, 인종, 성, 연령, 국적, 결혼상태, 성 취향, 경제적 지위, 정치적 신념, 장애 등을 이유로 차별하지 않는다.
- ㅇ 전문가로서의 품위와 자질을 유지하고 자신의 업무에 책임을 진다.
- ㅇ 전문적인 지식과 지위를 이용하여 어떠한 사적인 이익도 취하지 않는다.
- ㅇ 개인의 사생활을 존중하며 모든 형태의 사적인 정보를 보호한다.

2. 자원봉사자에 대한 윤리기준

- ㅇ 자원봉사자의 인격과 자기결정권, 자발성을 최고의 가치로 둔다.
- ㅇ 자원봉사자의 안전과 권익을 옹호하고 사회적 성취감과 유대감을 높이고자 노력한다.
- ㅇ 자원봉사자의 자기개발과 성장을 위해 교육하고 지원한다.
- ㅇ 자원봉사활동 중 문제가 발생할 경우 적절한 조치를 취하여 관련 조직과 개인을 보호한다.

3. 조직에 대한 윤리기준

- ㅇ 조직의 사업과 활동의 목적 달성, 효과성과 효율성의 증진을 위해 노력한다.
- ㅇ 조직의 자원봉사관리방침을 준수하며, 자원봉사자 활동자료를 성실하고 공정하게 기록하고 보관한다.
- ㅇ 전문적 가치와 판단에 따라 행동하고 부당한 간섭이나 압력이 있을 경우 타협하지 않으며 즉시 윤리위원

회에 보고한다.

4. 사회에 대한 윤리기준

- 사회적 약자를 옹호하고 대변하며, 사회 정의의 실현과 지속가능한 사회를 위한 생명권의 확장을 위해 노력한다.
- 공동체 의식의 함양과 시민사회의 건강한 발전을 위해 노력한다.
- 사회·생태 환경을 개선하기 위하여 사회정책의 수립·발전·입법·집행을 요구하고 적극적으로 참여한다.

5. 자원봉사관리자 윤리위원회 구성과 운영

- 자원봉사관리자윤리위원회를 구성하여, 윤리실천의 질적인 향상을 도모한다.
- 자원봉사관리자는 자원봉사관리자윤리위원회의 윤리적 권고와 결정을 존중한다.

선 서

우리 자원봉사관리자는 자원봉사자를 위하여 자원봉사자와 함께 일하며 인간의 존엄성과 다양성을 존중하고 시민정신과 박애정신의 확장을 통하여 더불어 사는 공동체의 건설과 사회정의의 실현, 지속가능한 생태환경 조성을 위해 노력한다.

이에 친절함과 관대함, 정의와 공정성, 성실과 정직을 바탕으로 자원봉사관리자의 책임성과 전문성을 발휘할 것을 선서합니다.

2015년 11월 5일

한국 자원봉사관리자(활동가) 일동

출처: 자원봉사이음 홈페이지(www.volunteereum.org).

저자 소개

■ 오 세 영

원광대학교 사회복지학과 졸업(문학사)

원광대학교 대학원 사회복지학과 졸업(문학 석사)

(일본) 붓교대학(佛敎大學) 대학원 사회복지학과 졸업(사회학 석사)

(일본) 붓교대학(佛敎大學) 대학원 사회복지학과 졸업(사회학 박사)

현) 원광대학교 복지보건학부 교수

[저 서]

「사회복지행정론」(4판)(신정, 2018)

「사회복지정책론」(2판)(신정, 2018)

「사회보장론」(2판)(신정, 2018)

「사회복지개론」(공저, 학지사, 2013)

「노인복지의 정책과 과제」(공저, 양서원, 2010)

「よくわかる社會福祉の歷史」(공저, ミネルヴァ書房, 2011)

■ 박 은 아

전북대학교 사회복지학과 졸업(문학사)

전북대학교 대학원 사회복지학과 졸업(사회복지학 석사)

전북대학교 대학원 사회복지학과 졸업(사회복지학 박사)

현) 원광대학교 복지보건학부 교수

[저 서]

「사례관리론」(양서원, 2017)

예비 사회복지사를 위한

자원봉사론

초판 1쇄 발행 2019년 8월 23일
초판 2쇄 발행 2022년 1월 7일

지 은 이 | 오세영 · 박은아
펴 낸 이 | 김기섭
책임편집 | 이윤미 · 이윤희
펴 낸 곳 | 창지사 www.changjisa.com
08589 서울시 금천구 가산디지털 1로 83 파트너스타워 1차 9층
전화(02) 719-2211~3
팩스(02) 701-9386
등 록 | 1977년 4월 28일·제1-421호

ISBN 978-89-426-1226-0 (93330)

값 20,000원